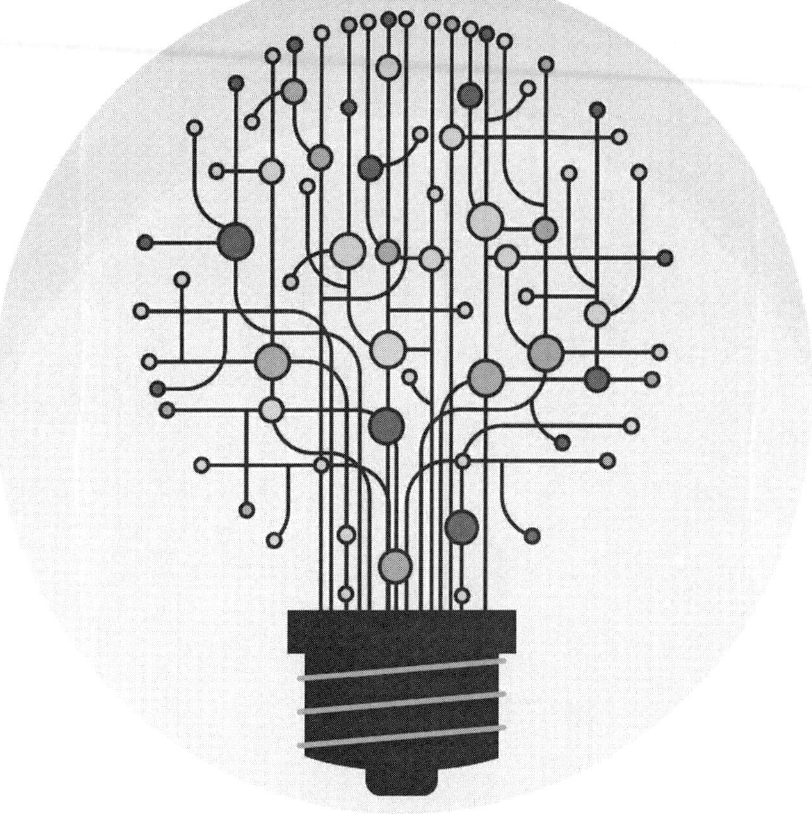

기본에 충실한 경영이야기

재미있는 경영이야기

남상완 지음

publishing and culture
피앤씨미디어

머리말

바바라 터크만Barbara W. Tuchman은 「독선과 아집의 역사」에서 경영은 비과학적인 규율이라는 면에서 역사history와 연관성이 있다고 주장한다. “만일 역사가 과학이라면 우리는 역사를 터득하고, 역사의 방식을 배울 수 있으며, 그 유형을 확립할 수 있고, 그리고 내일 무슨 일이 일어날지 예측할 수 있다.”

우리가 그렇게 하지 못하는 이유는 무엇일까?

그 질문에 대해 말할 수 있는 것은 예측할 수 없는 변수-즉, “인간 때문이라는 것이다.” “인간이라는 존재는 언제나, 그리고 끝까지 역사의 주체이기 때문이다. 역사는 모든 학문 중에 가장 매혹적이지만 비논리적이며 그래서 과학적인 체계화 방법에 영향을 받지 않으며, 끊임없이 많은 변수에 좌우되는 인간행동의 기록인 것이다. 역사와 마찬가지로 경영은 보이지 않는 변수로 가득 찬 비과학 그 자체이다.”라고 역설하고 있다. 새로운 변화의 추구는 새로운 시작보다 더 어려운 요소를 갖는다. 더더욱 그 속에 인간이 존재할 때다.

<사기> 화식열전貨殖列傳에 상즉인商卽人이라 했다. 사업이란 결국 사람에 의해 이루어지는 것이다. 과학적 기법은 물리적 법칙에 지배되는 대상에 적용되지만, 경영기법은 인간을 대상으로 적용되며

그 결과의 성패는 개개인의 수행력에 달려 있다. 즉, 경영기법의 활용에 의한 성공여부는 이것을 사용하는 사람이 얼마나 사람을 잘 이해하느냐에 달려있다고 할 수 있다. 기욕난량器欲難量이다. 사람의 기량은 넓어 헤아리기가 어려운 부분이 있음을 알아야 한다. 경영의 요체는 관계다. 관계의 요체는 인간이다.

상商에는 상의商議나 상담商談처럼 '만나서 의논하다'는 뜻도 들게 되었다. 그래서 비즈니스를 만남의 경영이라 부른다. 성공은 사람을 통해 이루어진다. 기업경영에서의 만남이란 동력자 즉, 종업원과의 건강한 만남의 바탕 위에 공급자와의 만남, 고객과의 만남, 그리고 환경과의 만남이다. 작은 씨앗이 좋은 토양과 만나면 엄청난 새 생명의 창조력을 발휘한다. 남과 여의 바른 만남은 사랑을 만들어 내며, 인간과 신의 인격적 만남은 구원과 해탈을 낳는다. 기업과 소비자와의 아름다운 만남을 가지게 되면 거래관계를 낳아 서로에게 이익을 준다. 기업의 영원한 생존 비법은 만남의 지속성에 있다.

기업 활동은 사람과의 만남을 통한 부가가치의 증식활동이며, 경영은 이의 효율적 운용이다. 관리는 경영활동의 정연화이다. 경영의 목표는 인간의 공동생활에 긍정적 영향을 만들어 가는데 있어야 한다. 경영목표의 구체성은 이용후생利用厚生이다. 이용利用이란 장인匠人이 물건을 만들고 상인이 재물을 운반하는 것 등이고, 후생厚生이란 옷을 입도록 하고 먹을 것을 풍족하게 하여 떨지 않고 굶주리지 않도록 하는 것 등의 이름이다. 건강한 삶을 위한 창조적 파괴 활동인 것이다. 대학大學의 경문편에서 공자는 경영을 "공은 이룩됨을 구하고 힘을 적게 들여 많은 공을 이루어 내는 것"이라 하였다.

인간의 성과에 좋은 인적 요소가 더하여지면 기업은 지속성을 갖게 된다. 비즈니스는 사람이 자본이라는 도구를 들고, 사람이 추진하고 결정하는, 그리고 사람들이 행동하는 사업이기 때문이다. 사람과의 관계형성은 비즈니스의 출발이자 철학이 된다. 가장 기본적인 원칙은 만남 속에서 도움을 주고받는 것이 비즈니스이기 때문이다.

기업경영에 있어서 생산성 향상은 기업성과의 향상을 의미한다. 이 기업성과는 인적 요소와 물적 요소의 결합에 의하여 성립된다. 이 중에서 기업성과의 향상에 대한 인적 요소의 공헌을 '인간의 성과'라 한다. 이와 같은 인간의 성과를 결정하는 것은 바로 능력과 동기부여의 두 요소이다. 먼저, 작업자의 능력은 지식과 기술의 상승으로써 측정된다. 다음으로 동기부여는 특정 환경 하에서 인간의 태도로써 나타난다. 그런데 동기부여와 능력은 다 같이 어떠한 활동에 있어서 인간의 성과를 결정한다.

따라서 다음과 같이 요약하여 표시할 수 있다.

인간의 성과 × 물적 요소 = 기업성과

동기부여에 의해 일어나는 열정은 $E=MC^2$이다. E(enthusiasm)는 <열정>, M(mission)은 <임무>, 그리고 C(congratulation)는 <격려>다. 칭찬은 독창적인 시각으로 다른 사람이 보지 못하는 장점을 보는 것이다. 다른 사람을 칭찬하는 것은 바로 스스로에게 자신이 있다는 것이다. 다른 사람의 장점 안에서 자신의 안목을 확인하는 것이다. 칭찬은 손해 보는 것이 아니다. 칭찬을 받아들일 줄 아는 상대방을 만나면 그 세심함과 자상함에 감동을 주는 도구가 된다. 진심어린 칭찬은 다른 사람의 장점을 배우는 첩경이 된다. 긍정적인 마인드 컨트롤의 출발점이 칭찬이다. 인간의 성과는 격려 즉, 추임새로 극대화 된다.

경영은 기업조직의 효율적 운용이다. 기업은 경영학이라는 학문의 실질적 연구대상이고, 국민경제를 구성하는 기본적 단위이며, 생산수단이면서 소유와 경영의 분리를 기초로 하고 영리목적을 추구하는 생산경영 조직체로써 생산주체를 의미한다.

경영학은 경영에 관한 인식론이다. 경영지식이 주는 유용성의 폭에 대한 인식이 어려운 영역이 존재하며 대학교에서 대학의 여러 기능들을 둘러 본 후 대학은 어디에 있느냐고 묻는 범주오류를 범할 영역이 존재하는 학문이기도 하다. 그래서 경영의사결정은 행동시스템에 기반을 둔 학제적 접근을 해야 한다. 감성적이 아닌 이성적 접근을 통한 경영관리를 추구해야 하지만 감성훈련도 충분히 되어 있어야 한다.

또한 경영학은 경영을 연구 대상으로 하는 사회과학으로 과학science과 기예art의 양면성을 지니며 이론과 실천적 응용을 포괄하는 의사결정론으로 볼 수 있다. 기업경영 변화의 체계적 정리를 우리는 경영의 과학성이라 하고, 상황적합적 의사결정 영역의 중요성을 기예의 영역이라 부르며, 그리고 경영을 과학과 기예를 포괄하는 실천학문이라 부른다. 경영능력이란 경영에 관한 지식을 상황적합적 지혜로 바꾸는 능력이다.

경영에 관한 과학은 그 성격상 환경의 적응을 위한 이론과 기법을 상황에 따라 달리 하고 있는 유동적인 학문이기도 하다. 부단한 변화를 추구하는 경영의 속성이 있다. 그러나 기본에 충실한 경영이 요구 될 때가 있다. 그래서 경영학을 실천과학인 동시에 경험과학이라 부른다. 그러나 학문하는 사람들은 기술주의와 인간주의 가운데 어느 한쪽으로도 치우치지 않고 균형감각을 유지하려는 부단한 노력을 경주해야할 것이다.

이처럼 경영학을 실천과학인 동시에 경험과학이라 부르는 것은 경영에 있어서 경험적 실천이 없이는 합리적 인식이 없다는 사고를 바탕으로 하고 있기 때문이다[경영학business administration = 과학science + 기예art]. 골프 장비를 보자. 골프도구를 만드는 기술자들은 최고의 비거리를 위하여 모든 기술을 동원하여 골프도구를 생산해 낸다. 그러나 이 도구를 아무나 휘두른다고 해서 공을 의도하는 방향으로 날려 보낼 순 없다. 춤의 스텝을 완벽하게 외워도 춤을 출수 없는 것과 같다. 실천적 기예를 가져야 한다.

조선 후기 문인 이덕무는 「이목구심서耳目口心書」라는 책에서 '삶의 근본 이치는 옛날과 지금이 다를 수 없다'고 했다. '그러나 그것을 담는 그릇은 시대마다 같지가 않다'라는 의미의 글을 남겼다. 여기서 우리에게 경영의 과학성과 상황적합적 의사결정 영역인 기예의 중요성을 다시 한 번 생각나게 한다.

사마천 <사기>에 대도 도적이 졸개도적에게 가르치는 도적의 5도道가 있다. 그 중 1도道를 <성聖>이라 하여 집안에 간직한 재물을 밖에서 추측할 수 있는 능력이라 하였고, 2도道를 <용勇>이라 하여 선두에 서서 남의 집에 들어가는 것이라 했다. 3도道를 <의義>라 하여 나중에 나오는 것을 말하며, 4도道를 <지知>라 하여 성공 확률을 가늠하는 것이라 했으며, 그리고 맨 나중의 도 즉, 5도道를 <인仁>이라 하여 훔친 재물을 공평하게 나누는 것이라 했다. 성공하는 도적에 있어도 이와 같은 어려운 도道가 있음을 볼 때 하물며 성공하는 기업인의 상도常道를 학습하고 연구하여 숙지하지 않아도 될까?...

한 번은 순간이고, 두 번은 우연이다. 그러나 세 번째부터는 패턴이다. 계속해서 막히고 안 될 때는 관섬을 바꾸어야 한다. 만물은 유전한다. 무상이다. 통찰력을 갖추고 있다면 불규칙하게 보이는 변화 속에서도 패턴을 찾을 수 있다. 패턴을 안다는 것은 변화에 주의

한다는 것이다. 일반인들에게 집을 그려보라고 하면 지붕부터 그린다. 그러나 경영자의 집 그림은 지붕부터 그리는 순서와는 반대로 그려야 한다. 먼저, 주춧돌을 그린 다음 기둥-도리-들보-서까래-지붕의 순서로 그려야 한다.

높이뛰기를 할 때 맨손으로 뛰어오르면 몇 메타를 뛰어오르지 못한다. 그러나 긴 장대 하나를 손에 쥐어 주면 몇 배의 높이를 뛸 수 있게 된다. 이것이 경영이다. 본서를 통하여 기업의 유지·성장과 경쟁의 역동적 원리를 이해하여 경쟁력을 갖기 위해서는 찰랑거리는 파도의 표면이 아니라 흔들리지 않으면서 정체되어 썩지 아니하여 생명력을 영존시켜 가는 깊은 바다의 안목 즉, 원리에 깊은 뿌리를 두고 변화를 추구하는 기업 관리의 기본원리를 이해하게 되기를 바라는데 있다. 비 오는 날에도 가려진 뒤편에 태양은 있다. 그것은 늘 거기에 존재한다. 기본을 관리할 줄 아는 것이 중요하다.

본서는 기본에 충실한 경영이야기를 담기 위해 노력하였다.

저자 남상완

차 례

1장

함께 있되 거리를 두라

관계경영	도불원인 道不遠人 → 득현즉창 得賢則昌 → 병개가묘 並皆佳妙 → 약팽소선 若烹小鮮 → 물경소사 勿輕小事

인재를 가까이 해야 한다(도불원인道不遠人). 인재를 얻어야 성공한다(득현즉창得賢則昌). 만남으로 기묘한 조화를 이루어 낸다(병개가묘並皆佳妙). 인재를 성공적으로 경영하는 비결은 일을 맡기데 그 과정에 끼어들지 않는 인내가 필요하다(약팽소선若烹小鮮). 그리고 조그만 일이라도 가볍게 여기지 말아야 하며 작은 일에도 최선을 다해야 한다(물경소사勿輕小事)는 마음가짐을 가질 때 관계경영은 성공한다.

1. 율기솔신의 기저

옛날 우리 아낙네들은 집주변에 서식하는 쥐들을 위해 늘상 식후에 잔반을 남겨 두고, 선비들은 등불로 날아들어 타죽는 나방들을 불쌍히 여겨 책을 읽다 어두워져도 등불을 켜지 않았으니, 옛 사람들의 이런 생각들은 우리 인간들과 더불어 살아왔고 앞으로 더불어 살아갈 모든 생물들을 귀하게 여기는 마음의 한 단편이었다(생생지기生生之氣). 조선 후기의 문인 이덕무는 재주 재才, 일만 만萬, 어조사 야也, 기운 기氣의 재만야기才萬也氣라 했다. 사람과 사람의 관계는 거울과 같은 것이라 밝은 <기氣>를 발산하면 밝은 <기氣>가 반향 된다는 생생지기生生之氣의 또 다른 측면인 것이다(이목구심서耳目口心書).

남의 약점을 다른 사람에게 말하지 말며, 남의 약점을 말하는 사람을 신뢰하지도 말라는 것이다. 그 이야기를 듣고 같이 웃는 사람들의 웃음의 반은 다음 번 희생자가 자신이 될 수도 있다는 불안감에서 나온 웃음일 확률이 높다. 망담피단罔談彼短이다(천자문). 나의 단점을 남에게 말할 필요가 없고 남의 단점 또한 말할 필요가 없다.

순자筍子는 의義(리더십)로서 나눔分이 행해지면 화和가 이루어지고, 화和에 의해 하나가 될 수 있으며, 하나가 되면 힘이 많아지고, 힘이 많아지면 강해지고, 강해지면 환경(만물 물物)을 극복(이길 승勝)할 수 있다고 했다. 율곡은 이성의 절대적 기준보다는 정의 상대적 기준, 그리고 사물과 인간의 독립된 개체로서의 존재보다는 그 연계성을 강조하였다.

자기의 욕심만 채우면 높고 편안한 지위는 지속되지 않는다. 나눔으로 성취한다는 안고동리安高同利다. 어느 것도 그 자체로 고유한 존재란 없다는 것이 상즉상입相卽相入이다. 독립된 특성의 부재를 <공空>이라고 일컫는다. 상즉상입은 상즉相卽과 상입相入의 합성어로 불교 화엄사상(불교의 세계관view of the world)의 주요 개념이다. 상입相入은 사물이 서로 융합하는 것이라 한다면, 상즉相卽은 겉으로 보기에는 별개의 사물 같지만 그 본체는 하나라는 것이다. 사전적 의미는 모든 현상의 본질과 작용은 서로 융합하여 걸림이 없다는 뜻이며, 공과 만물의 상즉상입을 알아야 한다는 것이다.

실용주의자pragmatist는 전략가가 아니며, 전략가strategist 또한 실용주의자가 아니다. 그 둘이 만나서 의기투합하면 한 사람이 두 가지 가지고 있는 것 보다 훨씬 강력해진다. 그래서 조직효율을 높이기 위해서 동력자와의 만남의 중요성이 강조되는 것이다. 병개가 묘竝皆佳妙다(천자문). 모두가 아울러 지면 기이한 아름다움을 만들어 낸다는 의미다.

칼릴 지브란Kahil Gibran은 「예언자」란 책에서 그대와 다른 사물과는 세 가지 관계가 있다고 말했다.

첫째는 그대를 둘러싸고 있는 육체와의 관계,
둘째는 만물이 생성되는 원인과의 관계,
그리고 셋째는 그대와 함께 살고 있는 사람들과의 관계라고 말했다.

기업도 하나의 유기체organism로서 존속하고 성장하려면 외부 환경에 적응해 나가지 않으면 안 된다. 환경의 자극에 대해 반응 내지 반작용함으로써 균형상태 내지 평행상태를 유지하여 생명력을 유지해 나가야 한다.

어느 날 갑자기 하늘에서 떨어진 창의는 없다. 과거라는 역사의 토양 속에서 자라난 신보 또는 변형 내지 모방일 따름이다. 벤치마킹benchmarking 과정에서 추구되는 목적은 환경인식을 통한 자기발견이며 자기인식이지 모방을 통한 동질성 달성을 의미하는 것이 아니다. 군자 혼연화기渾然和氣요 화이부동和而不同이다(논어). 주위와의 원만한 관계성은 유지하나 동질성 추구를 하지 않는 사람이 뛰어난 사람이라는 의미다.

인간관계에 있어서 율기솔신律己率身해야 한다. 엄격한 개인거리personal distance의 의미를 갖는 율기솔신의 정중함은 상대방에 대해서도 같은 정도의 예우를 요구하기 위해서다. 내가 이렇듯이 예의를 다하니 내게도 예의를 다해 주기 바라오. 이런 메시지를 발하고 있는 것이다. 율기솔신의 첫 번째 의미다. 이쪽에서 개인 거리를 지켜 주지 않으면 저쪽에서 개인 거리를 무시하고 쳐들어온다. 개인 거리를 무시하는데서 얼마나 많은 갈등이 빚어지는가?

칼릴 지브랄의 <함께 있되 거리를 두라>는 시가 생각난다.

함께 있되 거리를 두라.
그래서 하늘 바람이 너희 사이에서 춤추게 하라.
서로 사랑하라.
그러나 사랑으로는 구속하지는 마라.
그보다 너희 혼과 혼의 두 언덕 사이에 출렁이는 바다를 놓아두라.
서로의 잔을 채워 주되 한쪽의 잔만을 마시지 말라.
서로의 빵을 주되 한쪽의 빵만을 먹지 말라.
함께 노래하고 춤추며 즐거워하되 서로는 혼자 있게 하라.
마치 현악기의 줄들이 하나의 음악을 울릴지라도 줄은 서로 혼자이듯이
서로의 가슴을 주라.
그러나 서로의 가슴속에 묶어 두지는 말라.
오직 큰 생명의 손길만이 너희의 가슴을 간직할 수 있다.
함께 서 있으라.
그러나 너무 가까이 서 있지는 말라.
사원의 기둥들도 서로 떨어져 있고
참나무와 삼나무는 서로의 그늘 속에선 자랄 수 없다.

'관계 거리relational distance'라는 것을 생각해보자. 승부를 가릴 때 가장 위험한 '거리distance'는 무엇일까? 서로 떨어지면 떨어질수록 위험에서 멀어지지만 승부인 이상 상대에게 다가가지 않으면 안 된다. 호랑이를 잡으려면 호랑이 굴 가까이 가야한다. 적진 깊숙한 곳이 가장 위험하지만 가장 효과적인 공격 장소다.

목에 뼈가 박힌 이리가 견딜 수 없이 아파서 누군가가 빼주기를 바라며 헤매고 다녔다. 마침 맞은편에서 해오라기가 오기에 "목에 걸린 뼈를 빼다오, 답례를 할게."하고 부탁했다. 해오라기는 이리의 목 깊숙이 머리를 집어넣고 뼈를 빼준 후 답례를 하라고 했다. 그러자 이리가 말했다. "내 입안에 들어갔다가 머리에 상처 하나 없이 나올 수 있었던 것만으로도 충분한 답례다. 뭘 더 바라는 게야."

일찍이 시성詩聖 백낙천도 "인생행로人生行路의 어려움은 물에 있는 것도 아니요, 산에 있는 것도 아니다. 인간관계human relations의 어려움에 있다"라고 말했다. 인간관계가 다른 환경 요인보다도 중요함을 알게 하는 말이다.

피곤하고 졸린 두 고슴도치가 추위에 떨며 서로 끌어안고 있었다. 그러나 서로 몸에 가시가 있어 찔리지 않기 위해 어느 정도 거리를 두고 있었다. 그러다 추위를 못 견디면 다시 모였다. 이러기를 몇 차례 반목된다. 결국 두 마리 고슴도치는 적당한 거리를 찾아냈다. 서로의 온기를 얻으면서도 서로에게 찔리지 않는 거리였다.

백치의 미beauty of idiot라는 말이 있는데 그 원조는 이러하다. 친구들로부터 바보라 불리는 한 사람이 있었는데 실은 이 사람이 바보idiot가 아니라 그의 마음이 너무 크고 맑아 그를 속이고자하는 사람의 마음이 투영되어 의도하는 바를 미리 알아 버리는 사람이 있었다. 이 사람은 어지간하면 속아 줘버리고 그러하지 아니한 경우에는 바보처럼 비시시 웃기만 하는 것이었다. 그래서 그의 미소를 백치白癡의 미美라 불렀다. 친구들은 사람을 잘못 본 것이었다. 일단 모든 사람이 나보다 나은 생각을 하고 있을 것이라는, 내가 가진 확신이 틀렸을 수도 있을 것이라는 마음으로 인간관계를 시작해야 하는 것이 사람을 바로 보는 율기솔신의 두 번째 의미다. 이는 인간경영human management에 실패하지 않는 비결이다. 기욕난량器欲難量이다. 그릇 '기器' 하고자할 '욕欲' 어려울 '난難' 헤아릴 '량量'으로 사람의 기량은 넓어 헤아리기가 어려운 부분이 있음을 알아야 한다는 뜻이다.

인간경영은 인간적 경영human management의 준말이다. 인간적으로 경영한다는 것은 조직의 구성원인 인간을 중심으로 인간적으로 대해준다는 의미이며, 경영의 주요 투입요소인 인간, 자원, 자본, 정보, 그리고 전략 중에서 인적 요소 즉, 사람이 가지고 있는 여러 가지 특징, 능력, 그리고 한계를 가장 중요시 여긴다는 뜻이기도 하다. 인간을 인간으로 대한다는 것은 인간의 속성을 잘 이해하고 그것에 부합하게 한다는 것이다.

그렇다면 인간의 속성은 무엇인가? 인간은 기본적으로 생존과 안정을 원하고 그것이 충족되어 불만족이 제거되면 만족의 요소인 능력발휘를 통한 자아실현과 안정을 추구하기 위해 노력하는 것이다. 그러한 환경이 제공되기만 한다면 자발적으로 움직이는 내적 능력을 가지고 있는 것, 그것이 인간의 속성이다.

따라서 인간경영의 뜻은 조직 구성원의 필수 욕구인 임금, 복지, 그리고 고용의 안정성을 제공하는 가운데 그들이 능력을 발휘할 수 있는 환경environment을 제공하는 것이다. 이것은 인간 또한 경영의 한 요소이지만 다른 요소들에게 지배적으로 영향을 미치는 것이 인간이라는 믿음이 전제되어 있다. 따라서 경영은 타율에 의한 지시나 전략에 의해서가 아닌 자율적인 인간이 동기부여motivation된 상태에서 다른 경영요소를 운영할 때 가장 효과적이라는 신념 그것이 곧 인간경영이다.

이덕무의 「선귤당농소蟬橘堂濃笑」라는 책에 춘우윤春雨潤, 초아분草芽奮, 추상숙秋霜肅, 목성손木聲遜이라 했다. 남을 향한 마음을 봄비처럼 지니고, 내 자신의 마음자리를 가을 서리 같이 엄숙히 지닐 수만 있다면 그 삶이 비로소 헛되지 않으리라. 율기솔신의 세 번째 의미다.

율기솔신의 네 번째 의미는 인간행동의 책임은 전후좌우 관계성 속에서의 책임뿐만 아니라 간접적으로 준 상처에 대한 책임도 질 줄 알아야한다는 것이다. 종교인의 이기, 교육자와 지도자의 위선 등이 주는 간접적 상처가 예로 된다.

율기솔신의 다섯 번째 의미는 앞에서 언급했던 것처럼 망담피단罔談彼短이다. 남의 약점을 다른 사람에게 말하지 말며 남의 약점을 말하는 사람을 신뢰하지도 말라는 것이다. 또한 나의 단점도 남에게 말할 필요가 없고 남의 단점을 말할 필요도 없다는 것이다. 인간관계는 유리와도 같은 속성을 갖는다. 성경에도 비슷한 내용이 있다. "어찌하여 형제의 눈 속에 있는 티끌은 보고, 네 눈 속에 있는 들보(기둥)은 깨닫지 못하느냐? And why beholdest thou the mote that is in thy brother's eye, but considerest not the beam that is in thine own eye?(마태복음 7장3절) 남보다도 나의 잘못이 훨씬 큼에도 불구하고, 그저 남의 잘못만을 지적하려고 들지 말라는 것이다. 다른 사람의 작은 단점을 지적하기 보다는 오히려 자신을 되돌아보고 반성하라는 것이다.

'세퀴이아sequoia'라는 나무는 그 뿌리가 거의 땅 표면에만 붙어 있고 땅 속 깊이 박히질 않는다고 한다. 그런데도 강풍이 종종 부는 미국의 서부 해안에서 잘 자라고 있다. 세퀴이아는 혼자 자라지 않고 꼭 여럿이 숲을 이룬다는데 지표 바로 밑에서 뿌리들이 서로 얽혀 있어서 강풍이 불어도 끄떡없다는 것이다. 관계의 기저를 보여준다.

2. 인식의 경제적 가치

바다에서 사는 새 한 마리가 원님 네 마당에 날아와 앉았다. 이런 새를 생전 본 적이 없는 원님은 이 새를 신령이 내려 보낸 신조라고 여기고 사람들을 불러다 진수성찬을 차리게 하고 나팔을 불고 북을 치면서 신조를 위해 큰 잔치를 베풀었다. 이렇게 귀빈처럼 정성껏 공양했다. 그런데 원님의 이런 정성은 도리어 새를 두렵게 만들었다. 갈수록 무서워진 새는 온종일 겁에 질려 고기 한 점, 물 한 모금도 먹지 못했다. 결국 사흘이 지나자 새는 그만 죽고 말았다. 고객의 입장에 바탕을 둔 고객만족전략의 수립이 필요하다.

역지사지易地思之다. 바꿀 역易, 곳 지地, 생각 사思, 어조사 지之로 입장을 바꾸어 생각해야 한다는 것이다.

고객을 찾아 가는 길－어느 건축가가 녹지대 한복판에 여러 개의 사무실 건물을 세웠다. 조경을 맡은 사람들이 '건물과 건물을 잇는 보도를 어떻게 냈으면 좋겠느냐?'고 물었다. 그는 '잔디나 심어두라.'고 대답했다. 저명한 성공학자 카네기가 이렇게 말한 적이 있다. "나는 딸기를 좋아한다. 물고기는 지렁이를 좋아한다. 때문에 물고기를 낚을 때나는 딸기를 미끼로 하지 않고 지렁이를 미끼로 한다."

<김립金笠(김삿갓)과 평양기생平壤妓生의 합작 시詩>

김립金笠	**평양기생하소능平壤妓生何所能**(평양기생에게 무슨 재능이 있는가?)
기생妓生	**능가능무우시능能歌能舞又詩能**(음악과 춤 또 시에 능하답니다.)
김립金笠	**능능기중별무능能能其中別無能**(다능하다는 사람에게 능함을 보지 못했다오.)
기생妓生	**월야심갱평부능月夜三更呯夫能**(월야삼경月夜三更에 정인을 불러오는 기능技能이 대능大能이 아닐런지요?)

그래서 평양기생이 김삿갓의 발걸음을 하룻밤 붙들었다는 것이다. 기생이 자신의 비즈니스를 성공시켰다는 뜻이다.

어느 기업의 한 신입사원이 얼굴에 미소를 가득 머금고 자신만만해서 그의 상사에게 보고서를 올렸다. 신입사원이 올린 보고서를 읽는 순간 상사는 놀라움을 금할 수 없었다. 상사는 믿어지지 않는 표정으로 신입사원의 웃고 있는 얼굴과 보고서를 몇 번이나 번갈아 들여다보았다. 어느 모로 보나 깔끔한 신입사원이 쓴 보고서라고는 할 수 없을 만큼 띄어쓰기와 철자법이 엉터리였고 격식도 갖추지 못한 것이었다.

'오널 나는 도니 한푼도 업을거 가튼 사람에게 물거늘 파랐습니다…'

"자네…"

너무 어이가 없어 말문이 막힌 상사는 신입사원에게 이렇게 엉터리 보고서가 어디 있냐며 다시 써오라고 돌려보냈다. 그런데 다음 날 그가 다시 가져온 보고서도 어제와 별반 다를 것이 없었다.

한 줄을 마저 읽기도 전에 상사는 보고서를 집어던지며 신입사원이 자신을 놀리고 있든지 아니면 자신들이 자격을 갖추지 못한 엉뚱한 사람을 뽑는 실수를 했다는 생각이 들었다. 상사는 더 이상 이러한 상황을 두고 볼 수가 없어 사장에게 그 신입사원의 보고서를 보여 주고 그를 당장에 해고시킬 것을 건의했다.

한참 만에 사장으로부터 결재서류가 내려왔다. 그런데 그 서류에는 상사가 바라던 대답은 단 한 줄도 없었다. 대신 이런 글이 적혀 있었다.

"우리 기어베 정말 피료한 인재가 드러왔소.

자네는 그의 틀린 철짜에만 신경스지 말고 보고서의 내용을 잘

일거보고 다른 사람들또 그를 따라서 물거늘 마니 파는 방버블 차즈시오.”

“인식(사물을 분별하고 판단하여 아는 것)은 극히 복잡한 과정이다. 사람들이 파악하고 있는 자료의 양이 다르고 문제를 관찰하는 각도와 깊이가 다르며 연구하는 방법이 다르기 때문에도 진리와 오류간의 차이가 생긴다. 그리고 일부 낡은 전통, 습관, 편견 등으로 인해서도 진리는 불가피하게 투쟁 속에서 발전할 수밖에 없게 된다. 그래서 고객의 변화하는 니즈를 끝없이 추적해 가야하는 인고의 노력이 필요하다.” 변화란 그것이 살아 있다는 증거다. 모든 살아있는 것들은 변화한다. 변화하지 않는 것은 죽은 것이다.

3. 병개가묘의 역할

실질적 결과를 중시하는 사람(실용주의자)은 전략가가 아니며, 전략을 세우는 데 능숙한 사람(전략가)은 실용주의자가 아니다. 그러나 이 둘이 만나면 한 사람이 두 가지를 한꺼번에 하는 경우보다 훨씬 강력해진다. 그래서 동력자와 만남의 중요성이 강조되는 것이다. 인간은 누군가와 껴안을 때만 날 수 있는 외짝 날개의 천사들이다. 병개가묘竝皆佳妙다. 천자문에 나오는 사자성어 아우를 병竝, 모두 개皆, 아름다울 가佳, 기이할 묘妙로서 모두가 아울러 지면 기이한 아름다움을 만들어 낸다는 의미다.

A.D.502~549년 사이에 중국 양梁나라 무제武帝가 학명이 높은 주흥사周興嗣를 시기하여 그를 죽이기 위해 하루의 말미를 주면서 한편의 시詩를 짓도록 한다. 사자일구四字一句(네 글자가 구절을 이루는 형식)의, 소위 사언고시四言古詩(한 구句가 넉 자로 이루어진 한시)로서 도합 250구句요, 125대구對句의 글로 한 글자도 중복이 없으며

우주의 형상에서부터 삶의 모든 내용을 포함해야 한다는 조건을 붙여서 만들어오라고 명했다. 여기에 쓰인 한자가 모두 일천자一天字이므로 오늘날 천자문이라고 칭하게 된 것인데, 기氣를 전부 소진하여 쓴 후 천자문을 바칠 때 백발로 변했다는 전설에 의해 백두문白頭文이라고도 부른다.

주홍사는 천자문에서 단 한 글자一字의 유일한 중복을 숨기는 반항을 했는데 이것이 아우를 병並자다. 만나 아우른다는 의미인 병並자는 두 사람이 나란히 서있는 모습의 설 립立자 두 개(立+立)로 쓰여 진 병竝자와 두 사람이 창이 달린 방패(방패 간干)를 들고 있는 병并자로도 쓰인다. 아름다운 만남beautiful encounter의 모습인 병竝과 적대적 만남hostile encounter의 모습인 병并을 은유하고 있는 것은 아닐까한다.

작은 씨앗이 좋은 토양과 만나면 엄청난 새 생명의 창조력을 발휘한다. 남과 여의 바른 만남은 사랑을 창출하며, 인간과 신의 인격적 만남은 구원과 해탈을 낳는다. 기업과 고객이 아름다운 만남을 가지게 되면 거래관계를 낳아 서로에게 이익을 준다. 기업영생corporate eternal life의 비법은 만남의 지속성에 있다.

비즈니스라는 의미의 상商은 중국의 허난성 동북부에 위치했던 은허殷墟를 상商이라 불렀는데, 그곳은 당시 중원의 핵심지역으로 교통이 편리해 교역이 성행했다. 상에 거점을 두었던 상족들은 장사수완이 대단히 뛰어났던 것으로 알려져 있다. 그들은 '상에 사는 사람'이라는 뜻의 '상인商人'으로 불렸는데 이후 장사꾼이라는 뜻으로 쓰였다. 장사에는 언제나 가격 흥정이 있게 마련이다. 상商에는 상의商議나 상담商談처럼 '만나서 의논하다'는 뜻도 들게 되었다. 그래서 비즈니스를 만남의 경영이라 부른다. 성공은 사람을 통해 이루어진다.

기업경영에서의 만남이란

- 동력자 즉, 종업원과의 건강한 만남의 바탕 위에

- 공급자와의 만남

- 고객과의 만남

- 그리고 환경과의 만남이다.

나에게 없는 기술과 내가 가진 특성이 무엇인지 먼저 파악하고(내적 분석internal analysis : 강점strength과 약점weakness 파악), 그리고 나에게 없는 그것을 갖고 있는 사람과 특성들을 만나러 나서면(외적 분석external analysis : 기회요인opportunity과 위협요인treat 파악)된다. 모든 것은 서로 관련되어 있다. 실존으로부터 떨어져나가 존재할 때 고통 속에서 존재하게 된다. 즉, 실패한다는 말이다.

유기적인 관계성 속에서 시장가능성을 갖게 된다. 이것이 경영 시스템이론에서의 사업지기事業之基다. 즉, 사업의 기본이 건강해야 성공한다는 의미인 기본요소다. 포유류 암컷이 출산하려면 성적 능력을 갖추어야 하고 정액을 제공할 수 있는 수컷과 배란하고 정자를 수용하고 새끼를 키울 수 있는 자궁이 이어야 한다. 인간, 자본, 핵심역량core competence들의 아우름 위에 열정적 실천력을 더할 때 성공경영에 이르게 된다.

자동차의 왕이라 불린 미국의 헨리 포드는 1889년부터 그는 자동차 공장을 두 번이나 개설했으나 모두 실패했다. 1903년에 그가 세 번째로 자동차 공장을 세웠을 때, 그는 관리전문가인 제임스 커슨즈James J. Couzens(1872~1936)를 지배인으로 임용했다. 커슨즈는 철저한 시장조사market research를 거쳐, 포드 자동차의 대중화popularization를 주창했고, 포드사를 위해 처음으로 자동차 컨베이어 벨트를 설계하여 노동생산성labor productivity 즉, 일정한 단위

시간에 투입한 노동량에 대한 산출량을 기존보다 무려 80배나 더 높였다. 헤라클레이토스는, 잠자고 있는 사람조차도 우주에서 일어나는 일의 실현자요 협력자라고 말한 바 있다. 사람은 잠잘 때에도 협력하고 있는 것이다.

제갈량은 득현즉창得賢則昌이라 했다. 얻을 득得, 어질 현賢, 곧 즉則, 창대할 창昌의 의미다. 즉, 현명한 인재를 얻어야 발전할 수 있다는 뜻이다. 인재는 마치 기술이 빼어난 장인의 날카로운 도구나, 솜씨 좋은 목수의 먹줄처럼 조직에 없어서는 안 될 존재다.

아침마다 '두부 사려'하고 큰 소리로 외치는 것을 멋쩍어하는 소심한 두부장수가 있었다. 큰 소리로 외치지 않으니 장사가 잘될 리 없었다. 그러다 어느 날 묘안을 찾아낸다. 된장찌개에는 반드시 두부가 들어간다는 사실에 착안하여, 목소리 큰 된장장수 뒤를 졸졸 쫓아 다니기로 한 것이다. 그래서 앞에서 '된장 사려'하고 큰 소리로 외치면, 그 뒤를 따르면서 모기소리로 '두부도'라고 덩달아 외쳤던(?) 것이다. 된장장수 덕분에 힘들이지 않고 성공했다는 두부장수의 이야기이다. 아마도 몇 달 뒤에는 서로 역할을 바꾸어 하게 되었을지도 모른다. 분명한 것은 두 사람 모두 혼자 다닐 때보다 매상이 늘었다는 것이다.

아랍의 어느 왕이 「오차」라고 하는 아주 맛있는 과일이 열리는 과수를 가지고 있었다. 그래서 그는 두 사람의 파수꾼을 두어 그 과일나무를 지키게 했다. 한 사람은 키 큰 장님이었고 또 한 사람은 난쟁이 절름발이였다. 그런데 이 두 사람이 흉계를 꾸미고 한패가 되어 과일을 따먹자고 의논하였다. 그리하여 장님이 절름발이를 어깨위에 올려 앉히고 절름발이는 방향을 가리켜서 두 사람은 맛있는 과일을 실컷 훔쳐 먹었다.

그 사실을 알게 된 왕은 몹시 노하여 두 사람을 심문하였다. 장님은 앞을 볼 수 없기 때문에 자기는 과일을 따먹을 수 없다는 변명이었고, 절름발이는 저렇게 높은 곳에 자기가 어떻게 올라가 과일을 따먹을 수 있겠느냐고 반문했다. 왕은 그것도 그렇겠다고 생각했다. 어떤 일을 처리할 때 둘의 힘은 하나의 힘보다 훨씬 더 강하다.

철새들도 먼 대륙을 횡단할 때에는 상승기류를 타고 날아간다고 한다. 날개는 가장 편하게 접어두고, 선두가 일으키는 기류를 타고 날아가다가 선두가 지치면 교대하면서 그 먼 거리를 날아간다. V자 행렬을 만들어 서로에게 상승기류를 만들어주니, 혼자 나는 것보다 무려 71%를 떠 멀리 날아간다고 한다. 이것이 효율적 내부관계 efficient internal relationships의 운영이며 외부경제의 활용utilization of external economies이다.

외부경제external economics는 동일한 또는 유사한 기능이 모여 있음으로 인해 서로의 이익에 영향을 주는 경제현상을 말한다. 이러한 효과로는 승수효과, 예비능력의 비축효과, 그리고 접촉효과로 구분된다. 승수효과는 기업의 활동이나 산업이 입지하면서 그에 연관된 지원 기업이 파생적으로 입지해서 외부이익을 얻게 되는 것을 말한다. 예비능력의 비축효과는 여러 기업이 인접함으로써 변동되는 상황에 대비해 비축해야 할 재고량을 기업들이 서로 분담함으로써 비용을 줄이고 그만큼 더 투자할 수 있는 효과이다. 그리고 접촉이익은 관련부서나 기업 전문영역업체 등과 인접함으로써 기술과 정보에의 접근가능성을 높이는 효과를 말한다.

어떤 사람이라도 그 혼자서 모든 것을 해결할 수 있을 정도로 만능일 수는 없다. 강점과 함께 약점이 늘 존재한다는 것이 경영시스템이론이며 관계경영이다.

4. 관계경영의 흐름

기업은 재화와 용역을 지속적으로 공급하는 조직체로서 수익 목표를 갖는다. 이때 기업은 수익 창출을 위해 통합계complexity system로서의 관계성을 갖기 위해 조직을 갖는다. 통합계의 원활한 관계성 속에서 이윤이 창출되기 때문에 관리를 하게 된다. 여기서의 통합계의 관리란 소비자와의 만남, 공급자와의 만남, 종업원과의 만남, 그리고 환경과의 만남이 균형 있고 건강하도록 유지관리 하는 것이다.

- **만남은 관계를 구축하고,**
- **관계가 가치를 구축하고,**
- **가치가 시장점유를 구축하고,**
- **그리고 가치가 부를 구축한다.**

이처럼 비즈니스는 관계경영의 흐름이다.

기본에 충실한 관계경영chain management은 마땅히 해야만 할 일을 기초로 시작한다. 그것은 상황에 초점을 맞추는 것이 아니라 과업에 초점을 맞춘다. 그것은 기존의 프로세스를 완성시키며, 결함이 있는 부분을 보완하며 새로운 지식과 지혜를 활용하여 낡은 프로세스를 다시 디자인한다. 때로는 잃어버린 연결고리missing chain를 찾음으로써 프로세스를 완성시킨다. 관계성의 건강한 회복을 도모한다.

이 흐름 속에는 띠의 정신chain spirit이 살아 있어야 한다. 띠의 정신은 기업 활동의 처음에서 끝까지 흐르는 관계 흐름supplier－customer chain management(SCCM)의 <기氣>다. 이 흐름 속에 띠의 정신이 살아 있어야 한다는 것이 관계경영의 핵심이다. 조직 구성원은 공급자와 고객의 사이에 존재하는 연결고리로서 즉, 하나의 연결고리에서의 문

재발생은 전체조직의 기능저하로 이어진다는 것이다. 조직 구성원은 공급자와 고객의 사이에 존재하는 작은 공급자인 동시에 소비자가 된다. 일의 일부를 앞으로 진행시키는 띠의 역할을 담당하는 실체로 존재하는 연결고리다.

유대 사상가 마틴 부버Martin Buber는 인생에서 가장 소중히 여겨야 하는 것은 인간적인 관계라고 했다. 인간에 대한 애정이 유대 비즈니스의 지침이 되는데 기여했다.

조회를 구성하는 작은 것 하나가 중요하다. 하나의 사소한 것에서 전체 회사의 이미지가 결정 될 수도 있다. 회사에 대한 인상을 결정할 자료가 빈약한 가운데 사소한 잘못의 충격이 전부가 되어 고객은 부정적인 인상의 지배를 받는다. 이것이 통합계의 원리다.

기업의 경영을 시스템적으로 이해하여야 하며 관계경영으로 인식해야 한다는 것은 기업경영의 중심에 수익(돈)과 사람이 있다는 것이다. 수익(돈)은 모든 사람이 갖기를 희구希求하기 때문에 성공경영을 이룩한다는 것이 만만하지 않다. 그저 대충해서 이룰 수 있는 것이 아니다. 운이 좋아 작은 성취를 이룬다 해도 결코 오래가지 않는다. 사람 또한 지극히 어려운 관리요소 중의 하나다. 신을 창조 할 재주를 가진 고등동물higher animal이 인간이기 때문이다. 그래서 내부 구성인자들 간의 관계성뿐만 아니라 공급자에서 최종 소비자에게 이르기까지의 복잡한 관계를 효율적으로 유지해 가야 성공한다.

개인적인 힘만으로 모험기업venture business 즉, 전문 지식과 새로운 기술을 가지고 모험적 경영을 하는 기업을 일으킬 수도 있다. 그러나 록펠러나 카네기 같은 유명한 경영자들도 경영관리의 능력 없이는 사업을 진전시킬 수 없다는 사실을 알고 주저 없이 관계경영의 중요성을 인정했다. 최고경영자가 되려면 관계가 가장 중요하다는 것을 알아야 한다. 성공은 지식을 통해서가 아니라 관계되는 사람들에게 비친 이미지 즉, 관계성에서 찾아온다.

소비자의 반복구매를 유도하는 비즈니스의 동력과 수단인 차별화는 마케팅의 4가지 요소, 제품product, 가격price, 유통place, 그리고 촉진promotion이다. 4p보다 효과적이고 효율적인 것이 다섯 번째의 p가 관계경영relationship management 즉, 사람people이다. 그것은 회사를 대표하는 사람과 고객의 상호작용, 관계경영을 의미한다. 유능한 판매사원이 제일 먼저 파는 것은 그들 자신이다. 고객의 신뢰를 얻는 것이다. 수익은 건강한 고객과 관계의 부산물이 된다.

5. 고객관계의 관리

성공 마케팅의 요체는 고객의 니즈needs가 구매로 연결되게 하는 것이다. 어느 대기업의 한 계열사의 백화점 지배인은 새로 채용한 판매사원이 한 사람의 고객과 몇 시간째 대화를 나누고 있는 것을 보았다. 손님과 노닥거리고 있는 것으로 생각한 지배인이 손님이 구매를 끝내고 가자말자 그 판매사원을 불러 못마땅한 어투로 묻는다.

"오늘 손님을 몇 사람이나 대했나?"
"한 분요." 신입 판매사원이 대답했다.
"한 사람밖에 못 받았다구? 그럼 판매액은?" 지배인이 물었다.
"5만 8999달러요." 판매사원이 대답했다.
지배인이 놀라며 "어떻게 그렇게 많이 팔았느냐"고 물었다.
"제일 먼저 대나무 낚싯대 한 대를 팔았죠." 판매사원이 대답했다.
"다음에는 릴을 팔았죠."
이어 제가 손님에게 어디서 낚시 하실 거냐고 물었죠. 그러자 저 아래 바닷가에서 할 거라고 하더군요. 그래서 나는 그럼 소형 모터보트가 필요할거라고 했더니 그 사람은 저 소형 모터

보트를 사더군요. 그리고 나서 그 사람은 자기의 폭스바겐이 모터보트를 끌지 못할 거라고 하더군요. 그래서 저는 그 사람을 우리의 계열사 자동차 판매부로 데리고 가서 커다란 레저용 차를 한 대 계약을 했죠.

놀란 지배인이 물었다. "낚싯대 하나 사러온 사람한테 그 모든 비싼 물건들을 다 팔았단 말인가?"

"아닙니다. 지배인님." 그 사람은 실은 자기 부인이 골치 아프다고 해서 아스피린 한 통을 사러 왔었죠. 그런 걸 제가 "선생님 이번 주말을 잡쳤군요. 차라리 낚시나 하러 가시죠 하고 권했죠." 판매사원이 대답했다.

기업이 광고 선전을 하는 것도 사람들에게 그전에는 존재하지 않았던 욕망wants들을 불러일으키는 것이다. 고객과 만남의 방법론이 마케팅이다. 홍보는 이것을 아름답게 가꾸어서 알리는 방법론이다. 마케팅marketing이란 제품과 서비스가 생산자에게서 소비자에게 전달되는 과정에 관련된 기업 활동을 계획하고 실행하는 과정 그 자체다.

6. 상호관계의 범위

물고기 떼들이 성문 아래 연못에서 유유자적하며 노닐고 있었다. 한창 신이 나서 놀고 있는데 물고기 한 마리가 기겁을 하며 소리쳤다.

'야단났소! 큰 화를 입기 전에 어서 피합시다!'

그러나 다른 물고기들은 '성문에 불이 났지만 연못에서 멀리 떨어져 있는데 뭐가 걱정이야. 넌 참 겁쟁이구나!' 라고 하면서 대수롭지 않게 여겼다.

다른 물고기들을 설득시킬 수 없게 된 그 물고기는 하는 수 없이 혼자 조그마한 개울로 도망쳤다.

이윽고 사람들은 물 담을 그릇들을 들고 연못가에 우르르 몰려왔다. 그들은 못으로부터 성문에 이르기까지 몇 줄로 길게 늘어섰다. 이어 수많은 사람들이 못의 물을 퍼서 앞으로 전해 주며 성문의 불을 끄는 것이었다. 불이 다 꺼졌을 때에는 못 속의 물도 다 말라 물고기들은 흙탕 속에서 헐떡거리고 있었다. 사람들은 불을 다 끈 다음 흙탕 속의 물고기들을 주워 가지고 돌아갔다. 물과 함께 물통 안에 들어갔던 물고기들은 중도에 땅에 떨어져 사람들의 발에 밟혀 죽었거나 불 속에 뿌려져 산채로 타죽고 말았다.

이 우화에서 '물水－불火－물고기魚'는 서로 연관되어 있음을 알 수 있다. 이를 지어지앙池魚之殃이라 한다. 화가 엉뚱한 곳에 미친다는 것이다.

여씨춘추呂氏春秋 필기必己편과 장자莊子 등에서 비롯되었다.

현대과학은 상호관계의 범위가 폭넓게 적용됨을 말하고 있다. 아마존강의 열대 우림에서 불타고 있던 나무가 어떤 이유에서인지 프랑스 파리의 시민들이 숨쉬는 공기로 바뀌고, 멕시코 유카탄 반도를 날아다니는 나비의 날개 짓이 스코트 랜드의 헤브리디스 열도에 있는 양치류의 삶에 영향을 미친다는 사실을 생태학자biologist들은 알고 있다. 생물학자들은 개체와 그 정체성identity 즉, 자신의 변하지 아니하는 존재의 본질을 창조하는 유전자의 환상적이면서도 복잡한 춤 즉, 먼 과거로부터 비롯하며 이른바 개개의 <정체성>이 다양한 영향력들의 연속으로 구성되어 있음을 보여주는 춤을 밝혀내기 시작했다.

어떤 것이든 제대로 본다면, 어느 것도 그 자체로 고유한 존재란 없음을 알 수 있다. 이렇게 독립된 특성의 부재를 우리는 <공空>이라고 일컫는다. 나무를 생각해 보자. 우리가 자연환경 속에 자라고 있는 나무에 대해 생각할 때, 나무는 분명하게 규정된 무엇이라고 생각하는 경향이 있다. 그러나 어떤 차원에서 가까이 보면 나무는 그것이 궁극적으로 독립된 존재가 아님을 알게 된다. 나무에 대해 좀 더 깊이 생각해 보면, 나무는 우주로까지 뻗어나가는 지극히 미묘한 관계의 그물 속으로 용해되는 것을 알아차리게 된다. 나뭇잎에 떨어지는 빗방울, 나무를 흔드는 바람, 양분을 공급해 주고 나무를 지탱해주는 토양, 사계절과 날씨, 그리고 달빛과 별빛 등 이 모든 것이 나무의 일부를 이룬다. 나무에 대해 생각하면 할수록 우주의 모든 것이 나무가 현재의 모습을 이루도록 돕는다는 사실을 발견하게 된다. 예컨대 나무는 어느 한순간도 다른 어떤 것으로부터 분리된 적이 없으며, 매 순간마다 그것의 품성은 그들의 환경 속에서 미묘하게 변하고 있다. 바로 이것이 일체는 <공空>하다는 말의 참뜻으로, 홀로 독립해 있는 존재는 없다는 것이다. 공과 만물의 상즉상입성相卽相入性을 알아야 한다는 것이다.

햄버거를 먹으면 사막이 늘어난다. 열대우림 지역의 원주민들은 눈앞의 이익 때문에 나무와 풀을 모조리 베고 '카사바'를 재배한다. 카사바 열매인 '타피오카'로 사료를 만들면 열량이 높아 소를 빨리 살찌운다. 그 쇠고기가 햄버그 속에 들어간다. 많은 물을 대기에 공급하는 열대우림이 없어지면 날씨가 건조해져 사막이 늘어난다.

기업도 하나의 유기체로서 존속하고 성장하려면 외부환경에 적응해 나가지 않으면 아니 된다. 환경의 자극에 반응 내지 반작용feed back함으로써 균형 내지 평형상태를 유지하여 생명력viability을 유지해 나가야 한다. 우리는 순기능의 의무를 지닌 자연 속의 한 부분이다. 전체 속의 한 부분이다. 우리는 자연이라는 세상의 한 부분이다. 세상이란 구체적으로 존재하는 개개인의 현실이다. 그래서 우리는 관계 속에서 갈등하고 사랑하며 서로 얽혀서 살아간다. 이것이 우리의 실존이다. 순기능적 의무를 저버릴 때 자연let it be을 파괴한다는 것을 의미하며 언제인가 제거 또는 도태된다.

들짐승wild animal들은 자신들의 둥지를 결코 더럽히는 법이 없다. 오늘의 기술문명technological civilization 즉, 우리 인류가 이룩한 물질적, 기술적, 그리고 사회 구조적인 발전은 자연이 낳은 이자만으로도 모자라서 자연이 축적해 놓은 자본까지 갉아먹고 있기 때문에 환경문제를 우리가 인식하게 된다.

양자론에서 밝혀낸 물질세계의 실상은 이 세계는 반드시 <타他>가 있어야 <아我>가 존재할 수 있는 상대성에 바탕을 둔 세계라는 것이다. 원자의 크기는 수백만분의 1mm에 불과하며, 원자핵의 부피는 수백억분의 1mm³에 지나지 않는다. 즉, 원자핵은 원자 크기의 1만분의 1에 지나지 않으며 나머지 1만분의 9천9백99는 물체가 아니라 전자들이 돌고 있는 공간인 셈이다. 전자가 돌면서 만들고 있는 공간은 텅 비어 있으면서도 1백억분의 1mm 크기의 다른 입자 하나도 침입할 수 없는 공간이 바로 물질의 기본 입자들이다. 내가 침범하지 않으니 너도 침범하지 말라는 율기솔신律己率身이다.

전자는 광자라는 초미립자ultrafine particles를 주고받음으로써 서로의 정보를 교환하면서 존재를 인식하는데 광자는 물이 분사되듯이 연속적으로 오가는 것이 아니라 사격을 할 때처럼 단속적으로 던져진다. 그 던지는 시간차는 수백만 분의 1초에 불과하지만 그 정보의 전달자가 오가는 순간순간, 원자핵과 전자는 서로의 정보를 분실하는 극히 짧은 순간들을 경험한다. 이 찰나刹那(불교에서 시간의 최소단위를 나타내는 말)마다 전자는 자신의 정보를 확인하지 못하고 허깨비(없는데 있는 것처럼)가 되는 것이다. 다음 순간 돌아온 정보의 충격이 전자를 뒤흔들 때 전자는 다시 존재하게 되어 새로운 위치에 나타나고, 그 정보가 사라지면 다음 번 메신저가 도착할 때까지 전자는 비존재의 세계로 잠시 사라진다.

미립자의 세계를 살펴볼 때 확인할 수 있는 사실은 모든 정보는 상대가 있어야만 확인 가능하다는 점이다. 다른 어떤 입자도 없이 홀로 있는 입자는 자기 정보를 확인할 수 없으므로 정체성을 상실하고 곧바로 비존재의 상태로 떨어지고 만다는 것이다. 물질이 정보와 힘으로 구성된 것임을 알 수 있는 부분이며 무형의 것에 의해 이루어진 허상의 세계imaginary world라고도 부를 수 있는 것이 바로 이 세상이다.

존재의 실상이 물질이다. 물질을 구성하고 있는 정보와 힘은 우리 눈에 보이지 않는 허상으로 존재하기 때문에 때로 우리는 있는 것이 없는 것과 같다는 표현을 하기도 한다. 색즉시공色卽是空이다. 현실의 물질적 존재는 모두 인연에 따라 만들어진 것으로서 불변하는 고유의 존재성이 없음을 이르는 말이다. 반야심경般若心經에 나온다.

양성자와 중성자는 분리되어 있을 때는 각각의 고유한 힘과 정보를 가지고 있지만 이 둘이 결합해서 하나의 원자핵을 이루게 되면 양성자와 중성자로서는 가지고 있지 않던 통합된 새로운 물질의 성질을 가지고 하나의 원자핵atomic nucleus으로 활동한다. 마찬가지로 원자핵과 전자가 결합하여 하나의 원자를 이루게 되면 그것을 구성하고 있는 개개의 전자들의 성질은 통합된 원자의 특성 속에 묻혀버리고 양성자나 중성자 또는 전자의 성질들과는 전혀 다른 하나의 원자로서의 특성을 가진다.

모든 원자들을 구성하고 있는 양성자나 중성자 또는 전자들은 모두 각각의 힘과 정보들의 소유체이지만, 그 결합 방식에 따라 산소 원자나 수소 또는 헬륨 원자들은 전혀 다른 성질을 가지게 됨으로써 서로 구별되는 것이다. 모든 물질의 기본 입자가 가지고 있는 정보는 상대와 결합하는 순간, 입자라는 유형의 물질적 결합만을 이루는 것이 아니라 그것들이 가지고 있는 정보가 모아져서 하나의 통합된 정보를 창출해낸다는 사실이다.

두 개의 수소(H_2)가 가진 정보와 한 개의 산소(O)가 가진 정보가 결합해서 새롭게 창출해낸 통합된 정보가 바로 물분자(H_2O)의 정보다. 그런데 이 통합된 물분자의 정보는 결합되기 이전의 산소나 수소보다 훨씬 복잡하고 조직화된 정보를 가지고 있다.

이 물분자들은 같은 물분자와 동료들을 만나면 물이라는 물질을 이루는데, 이때도 마찬가지다. 각각의 분자가 가진 정보들이 통합된 하나의 상위 정보체를 형성해서 각각의 물분자에는 없던 빙점이나 비등점, 그리고 결빙될 때의 결정의 모양이라든가, 표면장력 같은 고도의 정보를 유지하면서 주위환경에 반응하게 되는 것이다. 그리고 이 물들이 엄청난 양으로 모이게 되면 또다시 대규모 정보체로서 행동을 통일하는 것을 볼 수 있다. 바닷물이 달의 인력에 의해서 밀물flood tide과 썰물ebb tide을 보이거나, 열熱정보에 의해서 해류를 만들어 가는 것이 그러한 예다. 관계성의 시너지 효과synergy effect다.

그래서 관계성 속에서 있는 그대로를 보아야 한다. 산은 산이며 물은 물로 보아야 하며 자연이 자연임을 알아야 한다는 것이다. 자연스런 관계성 속에서 아름다운 결실이 창조된다. 구성인자가 가진 속성으로 그 존재를 규명하면 모든 것이 무無다. 관계는 만남이다. 만남의 속성이 그 내용을 규정하며 의미를 부여한다. 남자와 여자의 바른 만남은 사랑을 만들어 내고, 인간과 신의 인격적 만남은 구원과 해탈을 낳으며, 그리고 기업이 고객을 만나면 거래관계를 발생시켜 서로에게 수익과 만족이라는 이익을 준다. 작은 씨앗이 좋은 토양과 만나면 새로운 생명을 탄생시키고 변화와 혁신의 창조력을 발휘한다. 이것이 시스템이론의 요체다.

에너지와 정보로 구성된 인간이 우주의 방대하고 밝은 에너지인 신과 동행할 때 영적인 불안감을 최소화시켜 경이적phenomenal

이고 정신적 능력을 발휘하기도 한다. 이것이 인간이 가진 신앙의 힘이며 성공의 역동적 에너지원의 하나인 신의 사랑에 대한 확신의 믿음이다. 신과의 관계성이기도 하다.

사랑할 줄 아는 사람은 성공한다. 이는 사랑하는 사람에게 기쁨을 주기 위해, 보다 나은 자기 모습을 보여 주기 위해 부단히 정진하는 과정 속에서 자기발전의 열매를 결실하기 때문이다. 그러나 사랑하는데 있어서 자기를 사랑할 줄 아는 것과 자기만을 사랑하는 것과는 실로 엄청난 차이가 있으며 그 도달점도 다르다. 자기만을 사랑하는 것을 우리는 이기체己라 부른다. 이기는 자기만족만을 추구하는 경향을 나타내기 때문에 관계성을 갖는 환경에 상처를 주며 <부否>의 영향을 미치게 되며 궁극적으로는 자기 자신을 파멸의 길로 가게 만든다.

자기사랑self－love이란 인간 본성상human nature의 이성에 복종한 결과로 생기는 자아에 대한 사랑을 단순히 욕구만족을 추구하는 이기성과 구별한다. 따라서 인간에게 본성적 이성에 따르는 삶이 최선이며 즐거운 것이 되는 까닭은, 선에 바탕을 둔 본성적 이성이 오직 인간에게만 있기 때문이다. 따라서 이러한 삶은 가장 행복한 삶이기도 한다. 모든 사람이 그들 내부의 가장 고귀한 것을 위해 전력을 다할 때 공동이익은 성취될 것이다. 자신을 사랑하지 않고는 다른 사람을 사랑할 수 없다. 애이신愛以身하면 위천하爲天下다. 자기 몸을 사랑하면 그것이 바로 천하를 위하는 것이리라.

인간은 영의 동물이기 때문에 다른 사람에게 거리감feeling of distance과 적대감hostility을 보내면 이것이 반향이 된다. 뉴턴이 밝혀 낸 세 가지 운동 법칙은 실제현실 속에서 에너지의 균형을 다스리고 있다. 운동 제3의 법칙인 작용과 반작용의 법칙law of action and reaction 즉, 작용과 반작용은 방향이 반대이지만 그 크기가 같다는 원리는 구체적인 사물과 현상의 영역 안에서 인연의 법칙low of causality을 반영하며 에너지의 균형을 다스리고 있는 것이다. 이렇게 해서 다른 사람에게 의도적으로 증오를 보낸 사람은 다른 사람들로부터 오는 증오를 고스란히 체험하게 된다는 것이다.

우리가 자신을 사랑하며 반드시 참된 본성에 따라 살아야 하는 것은 아니지만, 참된 본성을 외면할 때 우리는 본성을 실현할 수 없거나 행복을 얻을 수 없게 된다. 우리가 본성을 거역한다면 반드시 어떤 대가를 치르게 된다. 우리의 천부적 잠재력을 실현할 때 우리는 잘살게 된다. '가치values'는 독립된 개인이 선택하여 창조한 것이 아니라, 우주를 구성하고 있는 것으로서 발견되어야 하는 것이다.

자유와 다양성이 강조되는 시대에서의 다양성이란 규칙과 관행을 떠나 원칙이 지배하는 일상으로 회복하는 것을 의미한다. 자유 가운데는 자신에 대한 존중이라는 핵심적 가치core values와 원칙이 자리 잡고 있다. 자신의 삶을 사랑하는 사람은 타락하지 않는다. 삶을 통해 세상의 한 부분을 아름답게 바꾸어 놓는다. 변화의 정체는 다양성을 기초로 세상과 자신, 과거와 미래 사이에서 현재의 위치를 잡아가는 것이다. 그러므로 변화는 언제나 현재적이다. 바로 지금 일어나야 하는 새로운 균형을 향한 역동적인 조율이다.

가끔은 나의 정체성identity에 대한 물음이 있어야 한다. 나는 어디로 가는 누구냐를 때때로 물어야 한다는 것이다. 나의 정체성은 나를 알고 나를 사랑하는 사람들이 정의 내리는 나인바 나이기 때문이다. 그래서 보다나은 나의 모습을 사랑하는 사람들에게 보이기 위해 노력하게 되며 발전하게 된다.

기업도 인간과 마찬가지로 자기만을 사랑하는 기업이 아니라 자기를 사랑하는 이해관계자 집단을 사랑할 줄 아는 기업이 되어야 한다. 이윤극대화profit maximization(이윤=수입−비용=재화가격×생산량−비용)를 통한 우수한 기업을 만들기 위해 모든 수단과 방법을 도모 하는 자기만을 사랑할 줄 아는 기업이 아니라 유지-존속-성장을 위한 최소한의 영양확보 즉, 이윤추구를 통하여 기업의 사회성을 확보할 때 보다 긴 생명력을 갖게 된다.

자기발전을 통한 사회발전, 사회발전을 통한 국가발전, 그리고 국가발전을 통한 자기발전의 기회추구opportunity pursuit가 합하여 선을 이루는 기업의 자기사랑self-love이라 할 것이다. 만족의 경영이 아니라 극대화 추구를 고집하면 스스로 새로운 도전자인 신입을 창조하는 우를 범하게 된다. 적을 다른 침실에서 편하게 자게 하는 인고의 준비가 필요하다. 물고기를 물고 가다가 물속에서 비친 자기의 모습을 보고 욕심이 동하여 갑자기 짖다가 물고기를 연못에 빠트리는 개의 우를 범해서는 안 될 것이다.

관계성의 출발은 경쟁자를 <전쟁의 적>으로 생각하는 것보다는 <경기의 적수opponent of game>로, 경쟁의 파트너로 생각하는 것이다. 전쟁이란 슬픈 것이다. 그 슬픔을 아는 자가 정의를 안다. 정의를 아는 자가 전쟁에서 이긴다. 애자승의哀子勝矣라 한다. 그래서 기업 경쟁은 방어지 공격이 아닌 사고에서 출발해야 한다. 그래야 불필요한 대결을 피하게 되며 전략적 취약점을 드러내지 않는 유연성을 확보할 수 있게 된다. 완벽한 강자는 없다. 완벽에 가까운 강함이란 강함 그 자체가 뒤집어 보면 약점이 될 수 있다.

호모의 대서사시 '일리아드'에 나오는 그리스의 불사신의 영웅 아킬레스는 그를 패망으로 이끈 건腱이라는 약점을 가지고 있었다. 공존도 필요하다. 1인자의 자만을 공격할 수 있는 2인자의 위치에 있을 때가 더 행복하다는 것을 인지할 줄 알아야 한다.

인생여정에서 하나의 길을 선택하면 다른 길은 가보지 못하는 운명의 여정으로 남는다. 한 길을 가며, 다른 길의 모습을 그리워하지 않길 바란다. 그래서 선택은 다른 것을 버리는 것이다. 여행은 어디에 도착하는 것이 아니다. 그것은 기차 안이고, 거리며, 만난 사람들이며, 골목 안의 주점이며, 산이며 바다이다. 선택한 여정을 따라 보고 느끼며 그때 그 장소에서의 숨결이 되어 가는 것이다. 모든 사람을 다 사랑할 수는 없지만 몇 사람이라도 사랑하며 사는 것이다. 인생을 살면서 누군가가 당신이 함께 있어서 좋았다고 말해 준다면, 당신은 훌륭한 사람이다. 생은 너무 짧다. 서로 사랑하자. 오늘의 적이 내일의 친구가 될 수 있다. 반대자까지 사랑하도록 노력하자. 그리고 서로 돕자. 경영은 사람과의 관계론이다. 그래서 아름다운 관계는 행복과 동시에 성공을 낳는다. 우리는 이제까지 만나지 않았던 잠재적 친구다.

서로서로 자신의 업무가 최고라고 잘난 채 하는 다섯 손가락이 있었다.

- 인사가 만사라고 뽐내며 엄지로 자부하는 인사조직,
- 지속적 재화와 공급의 제시 그리고 기업의 방향타인 검지의 역할을 자부하는 생산,
- 고객과의 최전선에서 만나면 제일 큰 키를 자부하는 중지의 마케팅,
- 중요한 재화를 관리하며 반지를 끼고 다니는 약지의 재무회계,
- 그리고 기업을 둘러싸고 있는 경쟁 환경에 대한 정보뿐만 아니라 기업 내의 미세한 구석까지의 문제를 해결하는 애지의 경영정보다.

이 다섯이 만나 서로를 뽐내며 거만하게 굴면서 앞으로 고개를 숙이지 않고 서로 협력도 하지 않고 있었다. 이때 손바닥(기업조직)이 말하길 나에게 붙어 있지 않으면 생명을 유지 할 자 있으면 나와 보라고 모두를 나무랬다. 그로부터 다섯 손가락은 겸손하게 안으로 굽어지게 되어 유기적인 관계기능을 발휘하게 되었다고 한다.

효율적 조직effective organization의 목적달성을 위해서는 구성체 전체가 유기적으로 작용하면서 구성체 하나하나는 각자의 장점을 가져야 한다. 장기 말 하나하나의 장점을 살리지 않으면 장기에서 이길 수 없는 것과 같기 때문이다.

'스타그래프', '디아블로' 등 전략 시뮬레이션 게임으로 유명한 미국의 벤처기업 블리자드사에 근무할 때 빌 로퍼는 아이디어를 잘 규합하는 재능을 인정받아 게임개발 주역을 담당했다. 그는 자신보다 멋진 사람들과 함께 일한다고 믿는 습관이 있었다. 자신의 동료가 누구보다 뛰어나다는 믿음, 이것이 그의 성공전략이었다. 혼자만의 능력을 과신할 때가 위험에 노출될 가능성이 가장 클 때다(It's difficult to work in a group when you're omnipotent).

10분 이내의 완독할 수 있으며 전 세계에 걸쳐 약 4000만 권 이상 팔린 알버트 허바드의 「가르시아 장군에게 보내는 메시지」라는 작은 책에 보면 1898년 스페인과 미국이 전쟁을 하게 되었을 때 쿠바의 반군 지도자 가르시아 장군의 도움을 필요로 하는 미국의 매킨리 대통령이 앤드루 로완 중위를 불러 가르시아 장군에게 메시지의 전달을 지시했을 때 로완 중위는 어떠한 이유와 반문도 없이 가르시아 장군의 위치를 묻지도 않고 적의 포위망을 뚫고 스스로 사력을 다해 임무 수행을 완수해냈다.

지금의 기업들도 이러한 동력자를 갈구하고 있다. 오늘 믿고 맡길만한 인재를 발굴하기 위해 고용과 해고의 어려운 투쟁을 수행하고 있는 것이다. 회사가 나를 위해 무엇을 얼마나 하고 있는가를 생각하기에 앞서 회사가 전폭적으로 신임할 수 있는 구성원인가를 돌아볼 필요가 있는 사례다. 온전한 사람들의 협력이 있는 곳을 경영학에서는 시스템이라 부른다.

만물작언이불사萬物作焉而不辭 생이불유生而不有다. <작作>은 만든다는 뜻이며 <언焉>는 어찌 언焉 인데 문미에 쓰일 때 강조하는 의미를 갖는다. 불사不辭는 말하지 않는다는 뜻이다. 번역하면 아무리 거창하고 대단한 일을 해낸다 해도 자랑하지 않고 실천으로 행하며 함께 있으면서도 말로 떠들거나 다투는 법이 없이 항상 조용하게 자기 일만 성실히 하는 사람이다. 노자가 희구했던 동력자의 상이며 로완 중위의 자세다.

모세가 이스라엘 백성을 이끌고 이집트를 출발하여 이스라엘로 향하는 도중에 백성사이에 많은 다툼이 일어났다. 현명한 모세였지만 혼자서 재판하느라고 이스라엘을 향해 앞으로 나아가지 못하고 있었다.

모세의 장인 이드로는 모세가 백성을 다스리느라고 애쓰는 모습을 보고 말하였다. "백성을 이렇게 다스리다니, 이게 무슨 일인가?" 모세의 장인이 충고하였다. "이렇게 해서야 되겠는가?" 자네뿐 아니라 자네가 거느린 이 백성도 아주 지쳐 버리고 말겠네. 이렇게 힘겨운 일을 어떻게 혼자서 해내겠는가? 자네는 백성의 대변인이 되어 그들이 제시하는 소송들을 하나님 앞에 내어놓게, 그리고 지켜야 할 규칙을 알려 주어 어떻게 살아야 하며 무엇을 할지를 가르쳐 주게. 그래서 모세는 장인의 말을 듣고 그대로 하였다.

모세는 이스라엘 백성 가운데서 유능한 사람들을 골라내어 백성의 지도자로 삼았다. 천 명을 거느릴 사람, 백 명을 거느릴 사람, 오십 명을 거느릴 사람, 그리고 십 명을 거느릴 사람을 세워 늘 백성을 다스리게 하였다. 그들은 어려운 일은 모세에게 가져왔지만 사소한 일들은 모두 자기네가 처리하였다. 역할분담과 체계적 조직구조로 정비한 것이다. 그래서 마침내 복지의 땅 가나안에 도착하게 된다. 이것이 관계시스템이다.

하이에나들의 관계시스템 앞에 사자와 표범들도 굴복하는 정글의 법칙rule of jungle이 경영에도 상존한다. 세계적인 경쟁력을 갖춘 기업을 만들기 위해서는 '최우수 선수most outstanding player'들로 구성된 강한 조직을 만들어야 한다. 루즈벨트F. D. Roosevelt대통령은 최상의 경영자는 자기가 성취하기를 바라는 일을 처리해 줄 인재를 발굴할 줄 아는 안목을 가지고 일을 맡긴 후 그 과정에 끼어들지 않는 사람이라고 했다.

노자의 생지축지生之畜之의 리더십이다. '짐승들이 하는 것처럼 하는' 것이다. 모든 짐승은 자기들 집단의 우두머리를 둔다. 사자를 보면 수사자male lion는 아무 것도 하는 짓이 없이 빈둥거린다. 어쩌다가 마지못한 듯 영토 내를 한번씩 둘러보면 그걸로 끝이다. 그러나 수사자가 한번 크게 울면 사바나 전체의 동물들이 숨을 죽인다.

코끼리도 마찬가지다. 늙은 수코끼리 한 마리가 수백 수천 마리의 대가족을 거느리고 있지만 간섭하며 통치하는 행위를 하는 게 없다. 그저 우두머리라고 있을 뿐이며 집단이 그 권위를 인정만 하는 것이다. 그러나 초원에 가뭄이 들면 우두머리 명령일하命令一下에 수천 마리의 코끼리 떼가 수백킬로미터의 행군을 시작한다. 자연은 신의 산 교육장이다.

조직의 리더leader 스타일 네 가지 유형을 살펴본다.

- **영리하면서 부지런한 영부의 유형,**
- **영리하면서 게으른 영게의 유형,**
- **멍청하면서 부지런한 멍부의 유형,**
- **그리고 멍청하면서도 게으른 멍게의 유형 등이다.**

이중에서 바람직한 리더십이 영게의 유형이다. 영리하면서 본인은 약간 게으른 듯한 모습을 부하에게 보이며 부하의 아이디어를 존중하는 스타일이다. 아이디어 제공에 있어서도 힌트를 줄뿐 지시나 명령조로 하달하지 않는다. 부하는 자기의 아이디어인양 신이 나서 추진한다. 성공 확률이 높아진다. 이것이 경영학에서의 바텀업 bottom up 시스템이다.

이것이 더 나아가 미들 업다운middle up-down 시스템으로 발전하여 지혜경영시대를 만드는 동인drive이 되었다.

경쟁력 확보를 위해서는 자기기업과 경쟁기업과의 관계성을 알아야 한다. 뿐만 아니라 그 업종 바닥에 잠재해 있는 위험의 요소와 자연환경과의 관계성까지 고려할 줄 알 때 삼위일체 성공요인을 확보했다고 할 수 있다. 손자孫武(중국 춘추전국시대의 전략가)는 전쟁에 있어서 결정적 실패요인 중의 하나가 문화적·사회적 배경의 간과라고 했다. 보이는 요소도 중요하지만 보이지 않는 요소와의 관계성의 중요성을 역설하고 있다.

7. 오만과 비하의 중간

고전 라틴어로는 중용을 nihil nimis라고 하는데 <지나침이 없다>라는 뜻이다. 위엄이 있으나 사납지 않는 중심을 잡아가는 것이며 '미발의 중'이며 포텐시알리티potentiality이다. 빛을 고르게 하여 화한다는 것으로 유리처럼 반짝거리는 빛보다는 <옥玉>과 같은 정감이 있는 빛이 좋다는 말이다. 중용은 타협의 비굴함이 아니며 이쪽도 저쪽도 아닌 기회주의자의 위치를 가르키는 것도 아니다. 진리의 길을 찾아가는 외줄 타기며 긴장이다.

성선설과 성악설 그 어느 쪽도 절대 진리가 아니라는 것이다. 욕심을 나쁘다고 정의 내릴 수 있겠는가? 욕심은 삶의 원동력이기도 하다. 그래서 흑백의 논리는 바뀌어야 한다. 흑과 백의 조화로 한 폭의 아름다운 세상이라는 그림을 그릴 수 있다는 것이다. 그 어느 한 쪽으로 기울지 아니하며 성격변화의 폭이 적은 사람을 일반적으로 우리는 사귀기 쉽고 원만한 성격의 소유자를 군자라 부른다. 군자는 치우치지 않고 보편적이며 소인은 보편적이지 않고 잘 치우친다는 것이다. 군자는 관계하기 쉬운 사람이다.

생산에 있어서도 마찬가지다. 가능한 공정별로 소요시간의 변화의 폭이 적어야 한다. 장기적 전략요소와 단기적 전술적 요소를 고려하여 단순 또는 복합전술을 구사하여 안정적 생산 공급을 추구하는 생산평활production smoothing이 중용이다. 절장보단絕長補短이다.

경영에 관한 과학은 그 성격상 환경의 적응을 위한 이론과 기법을 상황에 따라 달리 하고 있는 유동적인 학문이기도 하다. 부단한 변화를 추구하는 경영의 속성이 있다. 그러나 기본에 충실한 경영이 요구 될 때가 있다. 그래서 경영학을 실천과학인 동시에 경험과학이라 부른다. 그러나 학문하는 사람들은 기술주의(기술에 가치의 중심을 두는 사고방식)와 인간주의(인간에 가치의 중심을 두는 사고방식) 가운데 어느 한쪽으로도 치우치지 않고 균형감각을 유지하려는 부단한 노력을 경주해야할 것이다. 그래서 경영이 어렵다는 것이다.

우리가 해야 할 일은 균형을 잡고 중도中道를 발견하는 것이다. 또한 본질과 무관한 활동이나 편견에 지나치게 걸려들지 않는 것이고, 우리의 삶은 더욱 단순화하는 것이다. 현대의 삶에서 균형을 잡아 행복하게 사는 열쇠는 단순함에 있다.

태양의 열과 빛은 일정한 온도를 유지하면서 지상에 방출되고 있다, 지구의 운동도 일정한 리듬을 유지하면서 자전rotation과 공전revolution을 계속하고 있다. 자연계는 그처럼 모자람과 넘침도 없는 중도의 가장 안정된 축을 중심으로 삼고 서로 조화를 이루며 공존하고 있다. 따라서 중도의 정신은 만물을 살리는 조화의 마음이다.

그런데 그 속에 주도권을 갖고 존재하는 인간은 선택과 창조의 자유를 부여받고 태어났기 때문에 중도에서 빗어나 제멋대로 기울어지는 경향이 있어서 오늘날 인류사회는 온갖 갈등과 투쟁과 파괴가 그칠 날이 없다 이것은 개인의 입장을 버리고 객관적 입장에서 사물을 볼 줄 알아야 하는데 자신의 문제가 되면 어느 새 자기 보호의 마음이 작용하여 사욕에 사로잡혀 정각의 길을 포기하기 때문이다. 우리는 보통 남의 문제에 대해서는 비교적 정확한 판단을 내린다. 그러나 자신의 문제, 더욱이 이해관계가 얽힌 문제가 되면 시비의 판단discrimination of right and wrong이 흐려져 이따금 후회스러운 결과를 빚는다.

노자는 인간이 결혼을 하여 자식을 가지는 한 이러한 마음에서 해탈하는 것이 불가능하다고 했다. 동물은 새끼가 자라 분가하면 철저하게 남이 된다. 그러나 인간은 그렇지 못하다는 것이다. 생지축지가 안 되기 때문이라는 것이다. 그래서 정각의 도를 추구하며 줄여가는 노력밖에 해결의 길이 없다고 했다. 갈등의 존재 인정이며 삶의 정확한 정의이다. 재상평여수財上平如水 인중직사형人中直似衡이라는 말이 있다. 재물은 평등하기가 물과 같고 인간 내면의 마음의 바르기가 저울과 같아야 한다는 것이다.

제조기업 경영에 있어서 균형을 잡고 중도를 발견하는 것을 우리는 라인밸런싱line balancing이라 부른다. 라인밸런싱은 노동 및 설비의 효율을 극대화하고 유휴시간을 최소화하기 위하여 연속된 작업 활동을 각 작업장으로 할당하는 것이다. 작업 활동들은 각 작업자에게 거의 균일한 소요시간을 갖도록 집단화하거나 하위단위로 나누어져야 한다는 것이다. 이것이 애로공정의 배제 즉, 병목현상 bottle neck의 배제다.

과학자들은 하늘에 인공위성을 띄울 때는 그 접선방향의 속도가 초속 8킬로미터는 되어야 한다는 사실을 알았다. 이보다 작은 속도에서는 인공위성이 지구의 중력을 못 이겨 떨어지고, 이보다 큰 속도에서는 중력보다 원심력이 더 커져서 궤도를 벗어나 우주의 미아가 된다. 이처럼 우리가 원하는 어떤 목표를 더도, 덜도 아니게 최적으로 달성시켜주는 변수의 값을 최적해라고 부른다. 자연 속에 존재하는 최적해의 개념이 인간사회에 오면 과유불급過猶不及이라는 표현으로 나타난다. 과유불급은 '논어' [서진편]에 나오는 말로, '지나칠 과過, 같을 유猶, 부족할 불不, 미칠 급及으로 지나친 것은 부족한 것과 마찬가지로 나쁘다는 뜻이다. 동양의 공자는 이미 2500여 년 전에 최적해의 개념을 알아낸 것 같다.

태양신 아폴로에게는 인간 여인에게서 낳은 아들인 파에톤이 있었다. 파에톤은 아버지 아폴로 신을 만나기 위해 만남의 여정을 거쳐 신전을 찾는다. 아들을 만난 반가움에 아폴로는 파에톤에게 무슨 소원이든 들어 주겠노라고 약속한다. 아폴로에게 당시 불길이 타오르는 사륜마차가 있었다. 파에톤은 그 마차를 꼭 타고 싶다고 조른다. 오랜 시간동안 아들을 방치한 잘못을 속죄한다는 심정으로 아폴로는 마지못해 허락하면서 당부한다. 너무 낮지도, 너무 높지도 않게 달려야 한다. 너무 높으면 신의 궁전이 불타버리고 너무 낮으면 대지가 까맣게 타버린다. 중간을 가는 것이 안전하다며 신신당부한다.

그러나 운전에 미숙한 파에톤은 너무 낮게 달린 나머지 땅위의 모든 것을 불태워버린다. 더 이상 두고 불수만 없었던 제우스가 번개를 내려 파에톤은 최후를 맞는다. 생각도 마찬가지다. 오만arrogance과 비하self-deprecation의 중간을 달리게 해야 한다.

8. 시스템의 조화경영

기업 활동 중에서 제일 중요한 요소가 조화다(The most important thing in business is coordination). 생각과 행동의 부조화를 한번 보자.

나는 당신의 느릿한 행동에 대해 사람이 왜 그렇게 둔한지 모른다고 비난한다. 그러나 나의 느림에 대해 당신은 신중하다고 말한다.

당신이 일을 서두를 때 나는 당신을 조급하여 일을 그르친다고 질책한다. 그러면서 나는 매우 신속하다고 말한다.

당신이 실패했을 때 나는 당신을 본래부터 어리석고 모자라는 사람이라고 비난한다. 그러나 나에게는 어쩌다가 저질러진 실수일 뿐이다.

당신이 힘들어 할 때 나는 당신이 연약하고 무능해서라고 꾸짖는다. 그러나 나의 힘듦은 환경 탓일 뿐이다.

당신이 내놓은 의견을 주장할 때 나는 당신을 고집쟁이라고 몰라 부친다. 그러나 나에게는 그 고집이 소신과 신념이 되어 버린다.

나와 당신의 차이는 바로 이것이다. 당신은 나의 그런 모습에서 어떤 동료애도 애정도 느끼지 못한 채 비참함만 더해지는 눈물을 삼켰을 것이다.

이제 당신과 나와의 차이, 거기에 하나를 향한 몸부림이 필요하다는 것을 인식한다. 당신의 미세한 사랑의 음성을 듣기를 원한다. 내가 당신으로 여겨지고 당신이 내가 될 때 우리는 서로의 차이를 없앨 수 있을 것이다.

관중열전管仲列傳편에 관중管仲과 포숙아鮑叔牙의 우정 이야기가 나온다.

이 두 사람의 각별한 우정을 관포지교管鮑之交라 부르는데, 관중은 자신의 친구였던 포숙아에 대해 다음과 같이 술회하고 있다.

나는 젊었을 때 포숙아와 장사를 함께 한 일이 있었는데 늘 이익금을 내가 더 많이 가졌으나 그는 나를 욕심쟁이라 하지 않았다. 내가 가난하다는 것을 잘 알고 있었기 때문이다. 또 그를 위해 한 사업이 실패하여 그를 궁지에 빠뜨린 일이 있었지만, 그는 나를 용렬하다고 여기지 않았다. 때에는 이로움과 불리함이 있다는 것을 잘 알고 있었기 때문이다.

나는 또 벼슬길에 나갔다가는 물러나곤 했지만 나를 무능하다고 말하지 않았다. 내가 때를 만나지 못한 것을 알고 있었기 때문이다.

어디 그뿐인가. 나는 싸움터에서 도망친 일이 있었지만 그는 나를 겁쟁이라고 말하지 않았다. 내겐 늙은 어머니가 계시다는 것을 잘 알고 있었기 때문이다.

오랜 죽마고우였던 포숙아에 대하여 훗날 대재상大宰相이 된 관중의 술회다.

인간의 뇌에는 태어날 때부터 약 1백억 개에 달하는 뉴런neuron(신경계의 단위)이 존재한다. 하나의 뉴런은 약 8천 개의 다른 뉴런과 시냅스synapse라는 약간 볼록한 모양의 연결고리와 연결되어 있으며, 전기적인 반응을 같이 일으키는 약 2천5백 개 정도의 뉴런이 집단 단위로 반응한다고 한다. 이것을 신경세포 집단이라고 하여 뇌 속에서 정보가 전달되는 기본단위가 되고 있다. 이 뉴런 집단을 모듈이라고 부르는데, 인간의 뇌 속에는 약 2백만 개의 모듈이 있는 것으로 추정된다. 하나의 모듈은 각기 20개의 다른 모듈에서 정보를 받고 또 20개의 다른 모듈에게 정보를 건네준다. 이 모듈들이 결합하여 하나의 특정한 전기적 흥분을 형성하는 패턴을 만들며 이것의 보존이 기억이다.

엔트로피는 열역학thermodynamics(thermo(열량단위)+dynamics(역학))에서 사용되는 개념으로 재생불능 또는 회수불능 에너지의 증대를 뜻하며, 시스템 이론에서는 이러한 에너지의 소모에 따른 쇠퇴 또는 무질서를 의미한다. 그러므로 엔트로피의 증대는 질서의 파괴 또는 기능의 상실을 의미한다. 시스템이 계속 존속하고 성장하기 위해서는 소모된 에너지 이상을 외부로부터 받아 들어야만 하는데 이를 반反엔트로피라 한다. 그래서 기업 시스템은 폐쇄 시스템이 아니라 개방 시스템이 되어 외부정보를 자양분으로 흡수해야 한다.

어느 날 갑자기 하늘에서 떨어진 창의는 없다. 과거라는 역사의 토양 속에서 자라난 진보 또는 변형 내지 모방일 따름이다. 이것이 신과 인간의 능력을 구분 짓는 영역의 한계다. 이것을 벤치마킹 benchmarking이라 한다. 환경인식을 통한 자기발견이며 자기인식이지 모방을 통한 동질성 달성을 의미하는 것이 아니다. 군자 화이부동和而不同(The exemplary person pursues harmony, not sameness)이다.

과일 나무가 과수원에서 과일을 생生하는 상태는 자연의 범주에 속한다. 자연의 일부로써 열매를 생하여 나누기 때문이다. 그러나 소유의 집착이 강하여 지면 분재의 상태가 된다. 분재는 더 이상의 나눔의 열매를 생 할 수 없는 상태를 갖는다. 언젠가 그 상태로 죽음을 맞는다. 우리는 이 우주의 선물을 신이 주신 선물을 잠시 맡아서 관리하는 것일 뿐이다. 그 기간이 끝나거나 관리를 잘못하면 곧바로 회수 당한다. 이것이 우주의 리듬이다. 리듬의 흐름을 읽었다는 것은 성공에 가까이 이르렀다는 의미이기도 한다.

흔히 생산부서와 마케팅부서의 관계에서 최적이 발생하기도 한다. 전통적으로 마케팅기능과 생산기능 사이의 관계는 서로 융합할 수 없는 상충적인 것으로 인식되어 왔다. 영업부서에서는 다품종 소량생산체제하에서 방대한 유통망을 통하여 저가격으로 납기를 빠르게 하고자 노력하는 반면에, 생산부서에서는 소품종 대량생산을 통하여 1회 생산량의 규모를 크게 함으로써 효율적인 생산체제를 구축하고자 노력한다는 것이다.

이와 같이 생산과 마케팅을 각각의 단일기능 부서로 방치한다면 서로 상반된 이해관계를 표출하기 때문에 기업 전체로 볼 때 총괄적 시스템이 깨어지고, 이로 인해 생산 활동이 경쟁무기로써 전략적으로 사용할 수 없게 된다. 생산전략은 경쟁우위를 높일 수 있도록 생산 활동과 타부서의 기능을 조종하는 역할을 해야 한다. 관계조화의 필요성이다.

치열한 경쟁 환경 속에서도 일부 우수기업들은 그들의 경쟁자competitor보다 우수한 품질과 우수한 신뢰성을 갖고 있으며, 다양한 시장요구에 신속하게 대응할 뿐만 아니라 낮은 가격을 유지하고 있다. 이것은 하나의 경쟁력competitiveness을 얻기 위해 다른 경쟁능력을 희생시켜야 한다는 전통적인 생산관리의 논리를 부정하는 것과 조직행위를 단편적인 기능문제로 인식하지 않는 사고의 전환에서 가능해진다.

관계조화의 출발이 배품이다. 도덕경에 욕취선여欲取先與라는 말이 있다. 바랄 욕欲, 취할 취取, 먼저 선先, 줄 여與다. 얻기 위해 먼저 베풀라는 뜻이다. 인간관계의 기저다.

부처님은 7가지 보시를 말씀하였다.

- **첫째, 화안시和顔施 : 온화한 얼굴을 하는 것이 보시 즉, 배품이다.**
- **둘째, 언시言施 : 따뜻한 말로의 배품이다.**
- **셋째, 심시心施 : 진심으로 대하는 배품이다.**
- **넷째, 안시顔施 : 부드러운 눈빛으로 대하라.**
- **다섯째, 신시身施 : 행동으로 실천하는 배품을 주라.**
- **여섯째, 상좌시床座施 : 좋은 자리를 먼저 양보하라.**
- **일곱째, 찰시察施 : 계속하여 보살펴 주는 배품이다.**

- 나아가 육보시肉布施가 있다. 인간의 몸으로 세상에 와서 대속의 재물로 자신의 몸을 사랑의 제물로 준다는 의미다.

옛적 수태가 불가능한 남편을 가진 아낙이 정성을 다해 공양하며, 죽기로 기도하니 수도사는 어쩔 수 없는 측은지심惻隱之心에 육보시하였다. 그 후 아들을 가지게 되었는데 이것이 신묘하다는 소문을 일으켜 많은 기도 여인들을 모이게 했다.

세월이 흐른 후 수도사님도 인간인지라 자기의 핏줄이 보고 싶어 새해 첫날 공양을 갈 테니 색동옷을 입혀 놀이터에서 놀도록 아이 어미니들에게 부탁했다. 여럿 아이들이 색동옷을 입고 노는 것을 보고 이유모르는 이웃 아낙도 따라서 자기의 어이들에게 색동옷을 만들어 입히기 시작했다. 색동옷 유래의 속설이다.

2장

미쳐야 미친다

재물취득	군자애재 君子愛財 → 불갈물력 不竭物力 → 취지유도 取之有道 → 견리사의 見利思義 → 숭덕광업 崇德廣業

군자는 재물을 사랑하는데(군자애재君子愛財), 재물이 없으면 무능하다고 불린다(불갈물력不竭物力). 그래서 재물을 취하는데 거기에는 도리가 있다(취지유도取之有道). 재물을 취하기 전에 의로운 재물인가를 먼저 파악해야 한다(견리사의見利思義). 그리고 덕을 높여 일을 넓힌다는 뜻으로 덕을 많이 쌓으면 사업이 발전한다(숭덕광업崇德廣業).

1. 불갈물력의 사고

인간을 인간 되게 한 최초의 출발이 불확실성을 최소화시켜 생존하겠다는 물질축적의 욕망 즉, 경영학에서의 용어로 보면 재고관리inventory management에서 시작한다고 할 수 있을 것이다. 물질이 어느 정도 존재해야 삶의 행복도 존재한다는 아닐 불不, 없앨 갈竭, 물질 물物, 힘 력力의 불갈물력不竭物力이다. 불갈물력의 사고가 기업경영의 주요한 동인이 되며 갈등해소conflict resolution를 위한 리더십 발현의 단초가 된다.

인도의 한 현자가 돈에 대한 욕망을 가지지 않으면 고뇌도 없다는 깨달음을, 짧은 외국어 실력을 동원하여, "노 머니 노 프로블럼no money no problem"이라는 '만트라mantra' 즉, 경구를 지나가는 한 외국인에게 던졌다. 삶을 달관한 듯한 외국 지식인이 "노 프로블럼 노 스피릿no problem no spirit"이라고 화답했다고 한다. 이러한 '만트라'라는 말은 산스크리트어에서 온 단어이다. 이는 두 가지 의미를 갖고 있는데 '만'은 사람의 마음을 의미하고, '트라'는 보호를 의미한다. 즉, 사람의 마음을 보호하는 의미다. <석가의 깨달음과 진실한 불교의 주문>을 통해 자신의 몸과 마음을 치유하는 의미를 담고 있다.

두 사람 대화의 시작과 끝을 보면 돈에 대하여 이야기를 하고 있다. 이 두 사람은 돈에 대하여 초연한 듯 하지만 결과적으로 돈이 없으면 인간과 고매한 정신도 존재할 수 없음을 시사하고 있다는 것을 감지할 수 있다. 맹자는 항산항심恒産恒心, '항산이 없으면 항심도 없다'고 했다. 일정한 소득이 없으면 안정된 마음이 없다는 것이다.

경영자는 돈에 대한 신념적 정의를 내리고 있어야 한다. 신념 없는 정의는 관념에 불과하다. 돈은 많은 기회를 우리에게 제공한다. 자본주의 사회에서 사람들은 돈으로 많은 가능성을 실현 할 수 있다. 가난은 시속에서는 아름답지만 집에서는 미움이다. 가난은 설교에서는 깨끗한 것으로 울리지만 실생활에서는 눈물겹고 가엾은 것이다. 독일의 속담에서 '가난이 대문을 두들기면 사랑은 창문으로 도망간다(When poverty comes in at the door, love flies out of the window).'는 것이다. 그러나 적당히 견딜만한 가난은 적절한 긴장과 자극, 건전한 위기의식을 불러와 삶을 역동적으로 만들기도 한다. 돈을 찬양해서도 안되지만 멸시해서도 안 된다. 돈은 더러운 것도 아름다운 것도 아니다.

돈은 사람이 사용하는 여러 도구 가운데 하나일 뿐이다. 돈은 유용한 도구이므로 되도록 많이 갖고 있으면 좋다. 그것을 어떻게 사용하느냐 하는 것은 갖고 있는 사람의 지성과 지혜에 달려 있다. 잘 쓰기 위해서 많이 맡아 갖고 있는 것은 좋은 일이다. 합하여 선을 위하여 쓸 수 있으면 더 좋다. 그러나 잘 쓰지도 않고 묵혀두는 것은 죄악이다. "부富는 지혜로운 이에게 노예이고, 어리석은 이에게는 주인이다." 봄에 내리는 비는 벚꽃을 피게도 하지만 목련을 지게도 하는 것과 같은 의미다. 돈은 산소와 같은 것이다. 산소가 많으면 숨쉬기가 편하고 산소의 중요성을 의식하지 못하게 된다. 산소로부터의 자유다. 이처럼 돈으로부터 자유로울 때가 행복의 확률도 높다고 한다. 충일한 감정full of emotions의 퇴적이 없는 곳에 사용한 재물로 얻은 만족은 공허한 영혼의 갈증만을 불러 온다.

재물이 없으면 인간의 고매한 정신도 존재할 수 없다(관자管者 국축편). 풍요를 위한 기업동인起業動因의 첫째가 불갈물력不竭物力이라 했다. 풍요affluence의 어휘에는 '거침없이 흐른다to flow to'는 뜻이 들어 있다. 돈은 힘의 한 형태이며, 피(혈액)와 마찬가지로 흐를 때 그 의미를 갖는다. 사고思考도 마찬가지며 재물도 또한 같다. 흐르지 않으면 죽은 것이다. 생각과 돈은 힘의 한 형태이다. 기쁘게 받아 감사의 노래와 함께 보내는 것이 비즈니스다.

이스라엘 헬몬산의 눈과 이슬이 녹아 흘러내려 갈릴리 호수sea of galilee를 만들고 갈릴리 호수의 물이 요단강으로 흘러 사해를 만든다. 헬몬산의 눈과 이슬이 물이 되어 흐를 때까지는 살아 있었다. 이 물이 사해로 들어와 고일 때 그 물들은 썩어가면서 죽었던 것이다. 살아 있다는 것은 받아 흘러 보내는 그 사이를 의미한다.

돈이 가장 효과적으로 흐를 때는 그것과 맞바꾸는 삶의 에너지가 타인에 대한 서비스의 형태로 발휘되는 경우이다. 애덤 스미스의 국부론에 나타난 분업의 자유경쟁시장 체제는 한 이기적 인간이 아침에 일어나 창밖의 세상을 바라본 후 자신이 원하는 것 대신 남들이 원하는 것을 생산하게끔 유도한다. 그것도 자신이 팔고 싶은 양만큼이 아니라 남들이 사고 싶어 하는 양만큼, 지신이 꿈꾸는 가격이 아니라 남들이 인정하는 가격에, 몰론 스미스는 인간이 오직 본능에 의해서 움직인다고는 하지 않았다. 다만 이기적 본능이 친절성, 박애심, 희생정신 같은 것보다 더 강력하고 지속적으로 인간에게 동기부여를 할 수 있다고 했다.

아름다움의 여신 아프로디테와 사랑을 나누기도 한 헤르메스는 제우스의 심부름을 도맡는 전령신이다. 지상에서부터 지하까지 가지 못할 곳이 없다. 그는 신의 세계, 인간의 세계, 지하의 세계를 자유자재로 넘나든다. 상업을 주관하는 신이기도 하며, 또한 '도둑의 신'이다. 기업윤리business ethics를 위반하고 부도덕한 경영자와 상인을 도적盜賊이라 부를 수도 있다는 은유적 표현이 아닐까 생각해 본다.

2. 경업낙군의 동기

기업목적은 치가동기値加動機(value adding motive)에 있다. 기업의 존재의의는 이윤이라는 가치증식 동기에서 찾아야 한다. 재화와 용역을 지속적으로 공급하는 조직체를 유지성장 시키는 것이며 기업목적 달성을 위해 기업목표를 갖는다. 이때 기업목표 달성의 단초가 수익이 됨을 알 수 있다. 어느 목공예의 귀재鬼才가 나무를 깎아 새를 만들어 하늘에 날렸는데 사흘이 지나도 내려오지 않았다고 한다. 그러나 그 뛰어난 솜씨가 실생활에서 경제적 도움에 있어서는 수레바퀴를 짜는 평범한 목수를 따르지 못한다.

<밀턴의 가면극 「코무스」에서>

지금도 금빛 해수레는
그 작열하는 수레의 굴대를
드넓은 바다 빠른 물살에 담그고,
지는 태양으로 그 빛을
흐린 북극의 하늘로 쏘면서
동방에 있는 거처로
서둘러 가고 있다.

앞에서 언급된 것처럼 아담 스미스는 이기적 본능이 친절성, 박애심, 희생정신과 같은 것보다 더 강력하고 지속적으로 인간에게 동기부여를 할 수 있다고 했다. 경업낙군敬業樂群이며 치가상도値加商道다. 일의 성취를 통해 기쁨을 누리고 아울러 관계되는 여러 무리를 즐겁게 하는 가치를 더해 가는 것이 영리를 목적으로 하는 기업조직의 존재이유가 되어야 한다. 경영조직에 보탬이 되지 않는 모든 것은 버려야 한다. 불가지해不加之害다. 보탬이 되지 않는 사람, 어떤 행위 등 이 모두가 해를 끼치고 있는 것이라는 논리다.

하딘G. Hardin이 제시한 공유재산의 비극현상tragedy of commons이 가장 심각하게 나타났던 역사는 바로 사회주의socialism 즉, 사회전체의 이익을 중요시 여기는 이데올로기의 실험이었다. 공동으로 생산하고 필요나 능력에 따라 분배한다는 이상은 누구에게도 공유재산의 창출에 주력할 인센티브를 주지 못했다. 북한에서는 개인이 가꾸는 '텃밭'의 생산성이 가장 높았고, 집단농장은 실패를 거듭했다. 풍년의 희망으로 농부는 씨를 뿌리고, 이익이란 희망으로 상인은 장사를 한다. 세상을 움직이는 큰 희망중의 하나가 독점적 소유다.

한결같은 마음을 가질 수 있기 위해서는 그것을 뒷받침해주는 물적 토대가 마련되어야 한다. 물적 토대는 일business을 통해서 이루어진다. 일의 영혼은 만족이고 육체는 재물이다. 일의 성취를 위한 스트레스stressed를 거꾸로 읽으면 디저트desserts가 된다.

고대에 후라는 사람이 있었다. 그는 죽자마자 자신이 매우 아름다운 곳에 있다는 것을 알게 된다. 꿈에서 그리던 안락함과 아름다움이 있는 곳이 있었다. 그때 하얀 옷을 입은 사람이 다가와 말했다.

"원하는 건 뭐든지 해도 됩니다. 무슨 음식이든 실컷 먹고 재미있고 즐겁게 지내세요." 후는 너무 기뻐서 그가 살았을 때 꿈꾸던 것을 다 해봤습니다. 수 년 동안 즐겁게 지내던 후는 어느 날 하얀 옷을 입은 사람에게 이렇게 말했습니다.

"이미 제가 하고 싶은 일은 다했습니다. 이젠 약간의 일이 필요합니다. 내가 쓸모 있는 사람이라는 느낌을 받고 싶습니다."

"미안합니다. 내가 당신에게 줄 수 없는 중요한 것이 하나 있는데 그게 바로 일business입니다. 이곳엔 전혀 할 일이 없습니다." 후가 말했다.

"그러면 영원히 지루하게 살라는 말입니까? 차라리 지옥에 가겠습니다." 그러자 하얀 옷을 입은 사람이 다가와서 낮은 목소리로 이야기 했습니다.

"지금 당신이 어디에 있다고 생각합니까?"

3. 불광불급의 인식

밤낮으로 실험에만 열중하는 에디슨에게 부인이 말했다. '당신은 너무 일만하니 어디서 좀 쉬고 오시는 게 좋겠어요.'

에디슨은 난감하다는 듯 아내의 얼굴을 물끄러미 바라보며 물었다. '어딜 가지?'

'어디든 당신이 제일가고 싶은 데로요.'

'그러지.' 이튿 날 에디슨은 제 시간에 연구실에 나타났다.

발명가 에디슨은 특허권 수가 1,000여종이 넘을 정도로 많은 발명을 하였고, 특히 중요한 것은 백열전구를 개선하여 발전시켰고 그것의 생산방법을 발명한 것이다. 전구실험 중에 발견한 '에디슨 효과Edison effect'는 20세기 들어와 열전자 현상으로서 연구되고, 진공관에 응용되어 전자공업 발달의 바탕이 되었다.

조선시대 사람 최응효가 과거를 보러 갔다가 답안지에 쓴 글씨 하나가 중국의 서예가 황희지 것보다 더 잘 쓴 것 같아 차마 답안지를 제출하지 못하고 품에 안고 집으로 되돌아 왔다는 것이다. 훗날 열심히 연습한 끝에 최응효는 조선 최고의 서예가가 되었다. 그는 서예에 미쳐 성공했던 것이다 "미치지 않으면 미치지 못한다는 불광불급不狂不及이라는 사자성어를 생기게 한 사람이다. 미쳐야 미친(도달한)다. 이처럼 불광불급은 미친 듯한 열정이 아니면 큰 성취를 이룰 수 없다는 뜻이다. 성공의 기저에는 미쳐야 도달한다는 불광불급이 있어야 한다.

공자는 '도를 아는 사람은 좋아하는 사람만 못하고, 도를 좋아하는 사람은 즐기는 사람만 못하다'고 했다. 자왈子曰 지지자知之者 불여호지자不如好之者요 호지자好之者 불여낙지자不如樂之者니라 했다(논어論語 옹야편). 자기가 즐거워하는 것을 업業으로 선택하면 성공할 확률이 그만큼 높다는 것이다. 길은 많다. 그러나 그 많은 길을 다 가보기에는 생이 너무 짧기 때문에 자기가 제일 잘 하는 것 제일 좋아하는 일을 하면 성공할 확률이 높아진다. 타고난 에너지를 부족한 곳에 채우려고 낭비해서는 안 된다. 추구하는 걸 얻는 건 성공이다. 그러나 뭔가를 추구하면서 좋아한다면 그건 행복이다.

중석몰촉中石沒鏃이다. 돌을 호랑이로 오인하여 화살을 쏘았는데 화살이 돌에 꽂혔다는 고사에서 비롯된 말로 정신을 집중하여 전력을 다하면 놀라운 결과를 얻을 수 있다. 흔히 성공의 비결은 선택과 집중choice and focus이라 한다. 선택도 좋아야 하고 집중도 뛰어나야 한다. 논리적 필연으로 어느 순간 하나를 선택하는 행위는 나머지 다른 것을 모두 버린다는 뜻이다. 이것저것 미련이 많이 남더라도 결국 다 버리고 하나만 선택해야 한다. 그러니 선택은 곧 버림의 아픔을 견디어 내는 것이다. 온전히 버리는 고통이 없이는 진정한 선택도 없다.

농사가 힘들어 뱃사람이 된 사람이 바다 일 힘들다고 한여름 농사일의 고통을 잊어버리고 풍요로운 가을 들판만 생각하면 죽도 밥도 안 되는 법이다. 귀가 얇아 전망 있고 좋다는 소리만 들으면 끼어들어 찔끔대는 사람은 백발백중 실패한다.

집중은 이미 버린 것에 미련을 두지 않고 선택한 것에만 매달리는 것이다. 선택에는 스스로 택한 것에 대한 책임이 뒤따르며 책임을 다하기 위해서는 엄청난 집중이 필요하다. 시간이 갈수록 책임의 중압감은 커지고 버린 것에 대한 미련도 새로워진다. 인간의 삶이란 매순간 선택과 책임choice and responsibility으로 이어지는 매듭과도 같은 것이다. 쉬운 길을 택하면 편하지만 결실이 시원찮고, 힘든 길로 들어서면 결실에 대한 보장도 없으면서 유난히 고통스럽기 마련이다. 무슨 분야든 거기서 더 세분화된 곳으로 파고들어 평생 한우물만 판다는 각오로 뛰어들어야 겨우 성공이 보일 것이다.

We need to accept that we won't always make the right decisions, that we'll screw up royally sometime–understanding that failure is not the opposite of success; it's part of success[우리는 우리가 항상 올바른 선택을 할 수 없다는 것을 수긍해야 한다. 가끔은 아주 훌륭하게 실패할 수도 있지만 그 실패가 반드시 성공의 반대는 아니라는 것을 알아야 한다. 그리고 그 실패 또한 성공의 한 부분이라는 것도 말이다.]

– 아리아나 허핑턴Arianna Huffington –

우리 인류사회가 이룩한 물질적, 기술적, 그리고 사회 구조적인 발전으로 이어지고 있는 이러한 문명civilization이 발전할수록 세밀한 분야로 파고들어야 성공한다. 역사적으로 보면 그것이 바로 분업화다. 백 년 전만 해도 시골 농사꾼은 제 먹을 것을 전부다 직접 생산하였다. 하지만 지금은 선택한 작물 한두 가지만 재배하여 시장에 내다 팔아도 여러 가지를 구매해 잘 먹고 잘 산다. 역사가 발전함에 따라 직업도 점점 더 세분화되고 시장도 점점 세분화되니 선택해야 하는 대상도 점점 더 세분화 되고 있다.

4. 직업의 소명의식

직업이라는 것은 소명의식召命意識을 갖고 온몸과 마음으로 갈망하고, 정서를 자극하며, 영혼을 채워주는 것으로 인식해야 한다. 성공하기 위해서는 자신의 전망에서 비롯된 열정이 담겨있을 때 성공확률이 높아진다. 건강한 욕망에서 출발한 열정은 모든 성취의 시작이다. 일을 통해 남을 즐겁게 하면서 나를 즐겁게 하는 것이 프로의식 즉, 천직으로의 인식인 소명의식vocation 즉, 책임 있는 의식이다. 직업에 대한 인식은 '알 지知' < '좋을 호好' < '즐길 낙樂' < '미칠 광狂'의 부등호에서 오른쪽에 있을수록 성공의 확률이 높다. 충일한 감정의 퇴적이 없는 곳에 마음을 두면 욕망의 갈증이 삶의 목을 조이게 된나. 직업에 대한 민음, 성취열정, 그리고 상식적 합리성 추구의식이 있는 구성원이 있는 조직은 살아 역동한다.

직업의식은 서비스정신의 모체다. 일반적으로 사람들은 자신에게 유익하지 않으면 남을 도우려하지 않는다. 판매수당을 받는 외판원에게 물건을 살 것처럼 보이면 대접이 얼마나 살뜰한지 모른다.

그러나 매상으로 이어지지 않으면 그의 태도는 갑자기 싸늘해진다.

애프터서비스after service란 맡긴 자동차를 찾으러 갔는데, 요청한 사항들이 제대로 처리되어 있고 비용도 예상했던 대로다. 계산대에 앉아 있는 사람은 바쁘지만 당신에게 시간을 할애하고 적당히 정중한데, 이 역시 기대했던 대로다. 이정도면 바람직하기는 하나, 이런 것을 우리는 최상의 서비스라고 하지는 않는다.

서비스는 기대하지 않았던 일을 해주는 것이다. 예를 들어, 차가 깔끔하게 손질되어 있고, 좌석에 이곳을 찾아주어 고맙다는 편지나 작은 선물 하나가 놓여 있을 때, 또는 점원이 특별히 시간을 내 당신을 위해 일할 수 있어서 진심으로 기쁘며 더 도와드릴 것이 없는가를 물어 올 때 우리는 세상에서 제일 중요한 사람이 된 듯한 흐뭇함을 느끼게 된다. 이 정도면 다음번에도 그곳을 찾는다. 우리가 일개 점포운영 경비나 수익의 대상이 아니라 소중한 고객이라는 느낌을 받을 때, 이런 것을 서비스라 한다.

따지고 보면 좋은 서비스는 오히려 비용이 적게 든다. 사람들이 좋은 서비스를 받으면 돈 몇 푼 더 내는 것을 아깝게 여기지 않기 때문이다. 직업을 사랑하는 소명의식이 있어야 진정한 서비스를 할 수 있게 된다. 감동서비스가 고객을 다시 돌아보게 만든다. 고객과의 관계는 지속된다. 수익은 건강한 관계의 부산물이다.

5. 피그말리온의 효과

행함이 없으면 이로운 어떤 것도 이룰 수 없다는 이이행지利而行之다. 일은 소망하는 데로 이루어진다는 것이 사여원동事與願同이다.

심리학자 케스틀러A. Koestler에 의하면 창조자들은 해결하려는 문제가 풀릴 때까지 모든 정열을 거기에 쏟아 부으며 계속 고민하고 방황한다. 그러다가 어떤 순간 그때까지 서로 관계가 없었던 어느 경험과 자신의 목표의식이 돌연 관계를 맺게 된다고 한다. 이런 관계형성을 케스틀러는 '이연연상二連聯想'이라고 불렀다. 이연연상으로 인하여 그동안 모호했던 생각이 적절하고 우아한 개념으로 머릿속에 번쩍이게 되는 것이다.

양자역학量子力學 쪽의 견해는 보는 행위는 반드시 보고자 하는 대상의 변화를 수반한다는 것이다. 인지심리학에서는 이를 기대이론expectancy theory이라 부른다. 마음이 뭔가 일어나기를 기대한다면 그 일이 일어난다는 것이다. 일작지다一勺之多라 했다(중용中庸 제26장). 청나라 건륭황제는 6,350km나 되는 만리장성의 맨 동쪽 시작점인 산해관山海關(산하이관)을 순회할 때 문무백관들과 많은 사람들이 보는 가운데 노룡두老龍頭(라오룽터우)에 서서 발해만 바다를 바라보면 이런 말을 남겼다. '일작지다'라. '발해가 한 숟가락 크기밖에 안 된다'라고 하며 황제는 한바탕 호탕하게 웃으며 천하의 사내대장부답게 호기를 부렸다. 다르게 표현하면 '일작지다'는 '한 숟가락의 물도 많다'라는 뜻으로 한잔 술잔 작勺에 많을 다多로 표현되는 이 사자성어는 '지성이면 지극한데 미쳐 한 잔의 술이 바다와 같아지다'라는 의미이다. 달성 가능한 긍정적 비전의 설정이 성공의 열쇠가 된다.

성공한 사람은 노련한 선원과도 같다. 그는 바다가 언제 썰물이 되고 밀물이 되는지를 안다. 또한 파도가 높을 때 항해를 시작해야 한다는 사실을 알고 있는 사람이다. 그래서 가능하면 식종을 바꾸지 않는 것이 좋다. 기예는 경험의 축적accumulation of experiences에서 나온다. 일을 중도에 그만두면 아무 쓸모가 없어진다는 단기지계斷機之戒다(후한서後漢書). 맹모단기孟母斷機에서 유래되었다(열여전). 축적된 경험에서 관리능력이 나온다. 양체재의量體裁依다. 체중을 가늠한 후라야 몸에 맞게 옷을 재단할 수 있게 된다. 인종 sufferance(忍從) 즉, 묵묵히 참고 따름과 지속적 노력의 결실이다.

사이프러스의 왕자로 태어난 피그말리온Pygmalion은 조각가로 유명했다. 여자는 결점이 많기 때문에 독신으로 지내야 한다고 믿었던 그는 마침내 세상에서 찾아볼 수 없는 이상적인 여인상을 상아로 조각했다. 그리고 시간이 흐를수록 그 여인상에 심취하여 온갖 정성과 사랑을 쏟으며 실제 연인으로 환생할 수 있기를 간절히 열망했다. 드디어 사랑의 여신 아프로디테는 그의 간절한 소망을 알고, 피그말리온이 비너스의 축제날 그 여인에게 키스하는 순간, 실제 인물로 환생시키게 된다는 그리스 신화다. 경제학적 용어로 갈망하면 그대로 이루어지는 현상이 나타난다는 것이 피그말리온 효과Pygmalion effect다. 그래서 경영학에서는 달성 가능한 긍정적 비전의 설정MBO (Management By Objective)이 성공의 열쇠가 된다는 것이다.

한 선비가 마을을 지나다 어느 여인이 정한 수를 떠놓고 치성드리는 것을 보았다.

'이보시오 목이 말라 그러니 그 물 좀 마시게 해 주면 안 되겠소?'

여인이 말했다. '이것은 물이 아닙니다.'

'물이 아니면 무엇이요?'

'죽이옵니다.'

'아니, 죽을 떠놓고 지금 무엇을 하는 거요?'

그러자 여인이 하는 말 '옛말에 죽은 사람의 소원도 들어준다고 하지 않았습니까.' '하물며 산사람의 간절히 소원하는 것이야...

달성하고자하는 의지가 중요하다. 일념통천一念通天이라 한다. 진정으로 원하면 하늘이 응답한다는 뜻이다.

6. 성공의 방정식

세상에서 쉬운 일은 하나도 없다. 모든 일은 인내심patience을 가지고 착실하게 해나가야 한다. 잘하면서 빨리 끝낼 수 있는 일은 매우 드물다. 급하게 성공을 이루려고 하거나 눈앞의 이익에만 급급하면 잘못을 저지르기 쉽다. 높은 누각도 땅에서부터 시작된다. 꾸준히 쌓아갈 때 질적인 비약을 할 수 있다. 멘탈mental은 정신력(마음)을 나타내고 인내심은 멘탈에 의한 영향력을 나타낸다. 즉, 의지−근성−인내−판단−사고−사기 등 이 모두를 포함하는 것이 인내심이다. 괴로움이나 어려움을 참고 견디는 훈련이 필요하다.

밭을 가는 경험을 축적하면 농부가 되고, 나무를 쪼개고 파는 경험을 축적하면 목공이 되며, 그리고 물건을 파는 경험을 축적하면 상인이 된다. 성공하는 공식은 직선이 아닌 곡선이다. 정확히 말하면 성공은 직선의 함수(예 : 투입1에 대한 산출1)가 아니라 곡선의 함수 즉, 지수함수exponential function(예 : 투입1에 대한 산출0.8, 또는 1 또는 1.5, 2 등등)다. 성공은 완만한 누적 과정이자 학습과정이다. 높은 봉우리에 오르기 위해서는 한 발 한 발 내딛는 것부터 시작해야 하며 한 순간에 산 정상을 밟을 수는 없다. 성공은 지식 속에 있는 것이 아니라 지속적인 행동 속에 있다.

로키산맥 해발 3,000미터 높이에 수목한계선인 지대가 있다. 이 지대의 나무들은 강하고 매서운 비바람으로 인해 곧게 자라지 못하고 '등이 굽고 무릎을 꿇고 있는 듯한 모습을' 한 채 혹한을 견디며 자라고 있다. 이 나무들은 열악한 조건이지만 생존을 위해 무서운 인내를 발휘하며 지낸다. 그런데 놀라운 사실은 이 나무들이 척박한 환경에서 어떻게 생존할 수 있느냐는 것보다는 세계적으로 가장 공명이 잘 되는 명품 바이올린은 바로 이 등굽고 무릎을 꿇고 있는 듯한 이 나무로 만든다는 것이다. 아름다운 영혼을 가지고 인생의 절묘한 선율을 내는 사람은 아무런 고난 없이 좋은 조건에서 살아온 사람이 아니라 온갖 역경과 아픔을 겪어온 사람이다. 의미 있고 감동적인 삶은 고난과 역경을 동반해온 삶이다.

음악가는 음악을 만들어야 하고, 화가는 그림을 그려야 하고, 소설가는 소설을 써야 하며, 그리고 시인은 시를 써야 한다. 진정한 마음의 평화를 얻고자 한다면 자신이 원하는 일을 해야 한다. 좋아하는 일을 직업으로 삼아라. 그러면 평생 동안 억지로 일할 필요가 없다. 그냥 자기가 좋아하는 일을 계속해나가고 나머지는 섭리providence에 맡기는 것이 최선이다. 그다음, 마지막 걸음은 신께서 옮겨 놓으신다. 성공은 첫째 근면, 둘째 끈기, 그리고 셋째 상식이다. 나아가 백만장자가 되는 비결의 공통점은 부지런함early bird, 일을 통한 삶의 기쁨enjoy working, 그리고 관계성 확보make network에 있다.

3장

사고의 과학성과 기예

기업의식	영업소기榮業所基 → 소명의식召命意識 → 장이부재長而不宰 → 경업낙군敬業樂群 → 자심무경藉甚無竟

번영하는 사업에는 기본에 충실한 무엇이 있다(영업소기榮業所基). 열정적 직업의식이 요구된다(소명의식召命意識). 기르되 지배의식을 버려야 성공 한다(장이부재長而不宰). 이해관계자 집단의 만족을 고려해야 한다(경업낙군敬業樂群). 그러면 자신의 명예스러운 이름이 길이길이 전하여질 것이다(자심무경藉甚無竟).

1. 기업의 이해하기

1) 기업이란?

기업은 경영학이라는 학문의 실질적 연구대상이고, 국민경제를 구성하는 기본적 단위이며, 생산수단이면서 소유와 경영의 분리를 기초로 하고 영리목적을 추구하는 생산경영 조직체로써 생산주체를 의미한다. 기업가적 기업entrepreneurial business이란 기본에 충실한 경영의 과정을 바탕으로 혁신하고자 하는 욕망을 유발할 정책, 그리고 기업가 정신과 혁신의 습관을 조직 전반에 걸쳐 창출할 수 있는 정책을 도입하는 기업이다. 혁신을 하려는 기업, 그리고 성공할 기회를 갖고 또 번영하기를 바라는 기업은 기업가적 경영시스템entrepreneurial management system을 자신의 시스템 내에 구축해야만 한다.

기업가적인 기업이 되기 위해서는 새롭고 독특한 특성을 가져야만 한다. 그들은 뭔가 새로운 것과 뭔가 다른 것을 창출해야 한다. 그들은 가치를 바꾸거나 변형한다. 그러나 그들은 기초적이고도 잘 알려져 있는 경영의 원칙을 무시하지 않는다. 기업가적 경영관리를 수행하는 데는 다섯 가지 실천 활동이 필요하다.

첫째 혁신조직innovative organization **만들기,**
둘째 학습조직learning organization **만들기,**
셋째 조직organization **및 인적자원관리**
human resource management **잘 하기,**
넷째 하지 말아야 할 일들을 하지 않기
Don't do things we shouldn't do,
그리고 다섯째 건강한 관계chain management **만들기이다.**

2) 기업가란?

기업가entrepreneur란 불확실한 환경과 경쟁 속에서 새로운 사업을 개척해 가는 혁신자나 모험가로서 경영자 정신entrepreneurship을 발휘하는 사람을 말한다. 야망은 목적이 중요해서 목표를 이루면 허망하지만 도전 정신은 끝이 없고 도전자체가 기쁨임을 아는 사람이다. 이런 기업가들, 특히 성공한 기업가들의 특성을 정리하면 다음과 같다.

생각의 유연성flexibility of thought을 갖고 기존의 것을 보다 더 나은 것으로 만들어 가는데 보람과 삶의 의미를 느끼는 사람으로 정의한다. 장 바티스트 세이J. B. Say(1776~1832)가 '기업가'라는 용어를 만들 때 뜻했던 바다. 성공한 사람들의 다수는 외길을 열정을 갖고 나눔의 정신spirit of sharing으로 달려간 사람들이다.

3) 경영이란?

경영은 기업조직의 효율적 운용이다. 경영은 3C(connection, calmness, contentment)다. 즉, 조우遭遇(만날 조遭, 만날 우遇 : connection) 안安(편안 안安 : calmness)과 락樂(즐길 락樂 : contentment)을 제공하는 것이다.

어느 날 한 수도원장이 두 수사에게 임무를 맡겼다. '들에 나가 밀을 거두어들이게.' 밀이 노랗게 익은 들판은 황금빛으로 빛났고, 두 수사는 기쁜 마음으로 아침부터 열심히 낫을 이용해서 밀을 베었다. 첫 번째 수사는 한 번도 쉬지 않고 열심히 밀을 베었다. 그러나 두 번째 수사는 한 시간마다 쉬면서 일했다. 어느 덧 날이 저물고 일을 다 마친 두 수사는 이마의 땀을 닦아 내며 서로의 수고를 격려했다.

그런데 두 사람이 쌓아 올린 단을 보니 쉬지 않고 일만 한 첫째 수사보다 시간마다 쉬면서 일한 둘째 수사의 단이 두 배나 높은 것이 아닌가? 첫째 수사가 무척 놀라며 물었다. '아니, 어떻게 쉬지 않고 일한 나보다 쉬어 가며 일한 자네의 밀단이 더 높단 말인가?' 둘째 수사가 방긋 웃으며 대답했다. '저는 틈틈이 쉬면서 낫을 갈았지요.' 이것이 경영의 진수essence of management다.

일반인들에게 집을 그려보라고 하면 지붕부터 그린다. 그러나 경영인의 집 그림은 지붕부터 그리는 순서와는 반대로 그려야 한다. 먼저, 주춧돌을 그린 다음 기둥-도리-들보-서까래-지붕의 순서로 그려야 한다. 기본에 충실한 경영이다.

「헤라클레이토스의 망치」라는 책의 저자 로저 본 외흐Roger von Oech가 토론토에 사는 친구로부터 다음과 같은 편지를 받았다. “저는 친구들과 알곤킨공원에 카누를 타러 갔어요. 날씨가 너무 더워 녹초가 돼서 도착했는데, 카누대여점에서 강까지 3킬로미터나 떨어져있었고 대여점에서 빌린 카누는 너무 무거웠어요. 우리가 땅바닥에 주저앉아서 어떻게 저 무거운 카누를 메고 강까지 가야 하나 하고 한숨을 쉬고 있는데 강 쪽에서 어떤 사람들이 가방을 메고 오는 것이 보였어요. 그들은 원래 우리와 같은 대여점에서 카누를 빌려 놀다가 돌아가는 중이였는데 날이 너무 더워 일단은 가방만 옮겨 놓고 그 다음에 카누를 가지러 갈 거라고 말했어요. 우리도 그 사람들에게 무거운 카누를 들고 험한 돌길을 3킬로미터나 가야 할 걸 생각하니 괴롭다고 불평을 털어 놓았죠.

그런데, 갑자기 저에게 아이디어가 떠오른 거예요. 처음에는 그냥 단순하게 우리와 그 사람들이 카누를 메고 중간에서 만났다면 어떻게 됐을까 상상했는데 그러다 아이디어가 나온 거죠. 나는 그 사람들에게 카누를 교환하자고 했어요. 어차피 같은 가게에서 빌렸고 모양도 같았어요. 그 사람들도 동의했죠. 그래도 혹시 나중에 무슨 문제가 생길까봐 주소와 전화번호를 교환했어요. 이 거래로 양쪽 모두 카누를 옮길 필요가 없게 되었죠. 우리는 가방만 들고 강가로 가서 그들이 두고 온 카누를 탔어요. 그 사람들하고 연락할 기회는 없었지만 아마 그들도 가끔씩 그 여행과 카누를 바꿨던 그 일을 기억할 거예요. 노력은 줄이고 성과를 극대화시키는 것이 경영의 요체다(The core of management is to reduce effort and maximize performance.).

경영의 별칭을 정리해 본다.

첫째, 기본에 충실한 경영이다. 사상적 뼈대의 논리reason of the thought framework가 건강해야 관계 조직이 긍정적으로 공명

resonance한다.

둘째, 만남의 경영이다. 고객에게는 니즈보다 더 큰 가치의 제공, 종업원에게는 기여에 합당한 보상을, 공급자에게는 동일 가족조직체로서의 대우로 만나야 한다.

그리고 셋째 나눔의 경영이다. 사회적 조직의 책무감당이며 상하동욕上下同欲의 인식이다.

손자병법에 상하동욕이라는 말이 나온다. 조직을 이끄는 리더leader들이 가장 고민하는 것 중에 하나가 같은 꿈을 꾸게 만드는 것이라고 한다. 리더leader가 가지고 있는 목표와 꿈을 조직의 모든 구성원들이 함께 공유하게 할 수만 있다면 어떤 어려움이라도 극복할 수 있고, 어떤 목표라도 달성할 수 있다는 것이다. 손자병법에 보면 장군과 병사들이 하나가 되어 전쟁터에 나서면 반드시 그 전쟁에서 승리할 것이라고 강조하고 있다. 상하동욕자승上下同欲者勝이라! 조직의 상층부(上)와 하층부(下)가 같을 동同자에 하고자 할 욕欲자, 동욕, 즉, 같은 욕심, 같은 목표, 같은 꿈을 꾼다면 이길 승勝자, 반드시 이기리라! 손사병법의 구절이다. 남녀 사랑의 실패는 상하동욕이 이루어지지 않을 때라 했다.

2. 경영의 본질

기업 활동은 사람과의 만남을 통한 부가가치의 증식활동이며, 경영은 이의 효율적 운용이다. 관리는 경영활동의 정연화이나. 경영의 목표는 인간의 공동생활에 긍정적 영향을 만들어 가는데 있어야 한다. 경영목표의 구체성은 이용후생利用厚生이다. 이용利用이란 장인匠人이 물건을 만들고 상인이 재물을 운반하는 것 등이고, 후생厚生(welfare)이란 옷을 입도록 하고 먹을 것을 풍족하게 하여 떨지 않고 굶주리지 않도록 하는 것 등의 이름이다. 건강한 삶을 위한 창조적 파괴 활동이다. 대학大學의 경문편에서 공자는 경영을 "공은 이룩됨을 구하고 힘을 적게 들여 많은 공을 이룩하는 것"이라 하였다.

① 효율성 추구logic of efficiency : 최적해를 도출하는 결정 룰의 개발을 추구

② 경제성 추구logic of cost : 최소의 희생으로 최대의 성과를 추구

③ 행동성 추구logic of sentiment : 인간의 '사회적 사상'에 관한 행동 과학성 추구

④ 윤리성 추구logic of ethics : 내외적 책임조직으로서의 인식추구 즉, 기업의 유지존속을 위한 위험의 최소화를 추구하는 경제인의 논리인식과 이해 관계자집단 속에 존재하는 구성원으로서의 책무감당이다.

⑤ 그리고 유연성 추구logic of agility : 상황적합적 지혜의 발휘 역량이 경영 능력이다. 진리도 시간의 연장선상에서는 변한다. 그래서 태산 같은 자긍심에 바탕을 둔 자기 확신과 변환하는 환경에 순응하는 유연성의 마인드를 동시에 갖도록 노력해야 한다.

사고의 영역에서는 때로 우회하는 길도 발견할 줄도 알아야 한다. 이것이 물의 도며 유동성이다. 희랍의 신화 중 티레시아스 Teiresias는 잠자리에서 남자보다 여자가 더 재미를 본다는 말을 했다가 헤라의 분노를 사서 시력을 잃었다. 조선왕조 대사헌 조광조는 직선적 개혁만을 주장하며 왕을 괴롭히다가 처형된다. 직선의 길이 최단이 될 수는 있으나 성공의 확률과 비례하는 길은 아니다. 비선형non-liner의 길도 존재함을 알아야 성공한다.

여호와가 맨 처음에 새나 짐승을 만들었을 때 새에게는 아직 날개가 없었다. 그래서 새는 신에게 적으로부터 자신을 지킬 수 있는

것을 아무것도 가지지 못했다고 불평했다.

"뱀은 독을 가지고 있고, 사자에게는 날카로운 이빨과 함께 힘이 있고, 그리고 말에게는 튼튼한 다리와 빠르게 달릴 수 있는 발굽이 있습니다. 그러나 새에게는 아무것도 없습니다. 자신을 어떻게 지키면 좋을까요?"

여호와는 새의 불평을 그럴 듯하게 여기고 깃과 날개를 주었다. 그러나 얼마 뒤, 새는 다시 돌아와서 또다시 불평을 늘어놓았다.

"날개는 쓸데없는 것이고 무거운 짐이 될 뿐입니다. 날개를 몸에 달고 있기 때문에 전과 같이 빨리 뛸 수가 없습니다."

"이 어리석은 새여." 신은 말씀하였다.

"그 몸 위에 있는 날개를 <어떻게 썼으면 좋은가How would you like to use it?> 생각해 보는 것이 어떨까? 너희들에게 두 날개를 준 것은 결코 무거운 짐을 지고 걷게 하려고 한 것이 아니다. 날개로 하늘 높이 날아서 너희에게 해를 끼치려고 하는 것으로부터 자유로이 도망칠 수 있게 하기 위해서 준 것이다."

인간은 가끔 자신에게 능력이 주어지지 않았다고 불평할 때가 많다. 그러나 인간은 자신에게 주어진 능력을 충분히 이용하고 있지 않을 때가 많다. 그리고 위대한 학자라고 해도 성공적 경영자가 될 수 없고, 위대한 경영자라 해도 훌륭한 학자는 될 수 없음을 알아야 한다. 태풍이 불어와도 풀이 뿌리째 뽑히는 일은 없다. 풀은 부드럽기 때문이다. 태풍에 이기지 못하고 쓰러지는 것은 꼿꼿하게 서 있는 높은 나무다. 유연성이 없기 때문이다.

경영학은 경영을 연구 대상으로 하는 사회과학으로 과학과 기술의 양면성을 지니며 이론과 실천적 응용을 포괄하는 의사결정론으로 볼 수 있다. 기업경영 변화의 체계적 정리를 우리는 경영의 과학성science이라 하고, 상황적합적 의사결정 영역의 중요성을 기예

art의 영역이라 부르며, 그리고 경영을 과학과 기예(기술)를 포괄하는 실천학문practical studies이라 부른다. 경영능력이란 경영에 관한 지식을 상황적합적 지혜로 바꾸는 능력이다.

조선 후기 문인 이덕무는 이목구심서耳目口心書에 '삶의 근본 이치는 옛날과 지금이 다를 수 없다'고 했다. '그러나 그것을 담는 그릇은 시대마다 같지가 않다'라는 의미의 글을 남겼다. 여기서 우리에게 경영의 과학성science과 상황적합적 의사결정contingency decision making 영역인 기예art의 중요성을 다시 한 번 생각나게 한다.

자로가 스승 공자에게 이런 질문을 던졌다.

'도리道理(어떤 일을 해 나갈 방도方道)를 들으면 곧 이행해야 합니까?'

'부형父兄이 계시거늘 어찌 들은 것을 곧바로 행한다 하겠느냐.'

그러자 염유가 물었다.

'도리를 들으면 어떻게 해야 합니까?'

'듣거든 곧 이행해야 한다.'

이때 공서적이 사뭇 볼멘소리로 물었다.

'선생님, 자로가 '도리를 들으면 곧 이행해야 합니까?'라고 여쭈었을 땐 '부형이 살아 계신다.'라고 제지 하시면서, 염유가 '도리를 곧 이행해야 합니까?'라고 여쭈었을 땐 '듣거든 곧 행하라' 하시니 저는 헷갈려서 이해할 수 없습니다.

그러자 공자는 빙그레 웃었다.

'염유는 매사에 물러서는 편이므로 앞으로 나아가게 하고, 자로는 남의 일까지 받아 하려 하므로 물러나게 한 것이다. 이것이 상황적합론이다.

경영의사결정이란? 옛날에 아주 못생긴 국왕이 있었다. 한쪽 눈은 먼데다가 한쪽 다리가 절름발이여서 보기에 흉측했다. 하루는 국왕이 전국의 화가들을 모아 놓고 자기의 모습을 그리라고 엄명했다. 잘 그리면 상을 주고 잘못 그리면 엄벌을 내리겠다고 덧붙였다. 거룩한 국왕의 모습을 제대로 그려 내지 않으면 안 된다고 한 화가는 국왕의 초상을 미남자처럼 아름답게 그려 바쳤다. 그런데도 뜻밖에 국왕은 이 그림을 보고는 몹시 화를 내며 호령했다. '거짓을 꾸며 아첨하는 사람은 음흉한 야심을 품고 있다는 증거이니 즉시 끌어내어 처단해라!'

이 광경을 보고는 눈치가 빠른 한 화가는 국왕의 실제 모습대로 그림을 그려 바쳤다. 그런데 국왕은 그 그림을 보자마자 또 화를 크게 내며 엄명했다. '국왕을 추악화 한 사람은 역적과 다를 바 없으니 즉시 끌어내어 처단하라!'

이때 한 화가가 나서서 자기가 그린 그림을 국왕에게 바쳤다. 국왕은 그 그림을 보더니 만면에 희색light of face을 띠면서 손뼉을 치며 칭찬하더니 상금으로 돈 천냥을 주라고 명령하였다. 이 화가는 국왕이 사냥하는 장면을 그렸다. 국왕의 한쪽 다리는 땅에 서있고 다른 한쪽 다리는 나뭇등걸에 놓여 있었으며 한쪽 눈은 감겨져 있었고 다른 한쪽 눈은 총을 조준하고 있었다. 그야말로 기백이 있고 멋진 모습이었다.

같은 국왕을 그리면서 어찌하여 어떤 화가는 처형당하고 어떤 화가는 상을 타게 되었는가? 첫 화가는 아첨하기 위해 사실을 왜곡하여 그렸기 때문에 마땅한 벌을 받았고, 두 번째 화가는 직접적이고 실제적인 모습만 고려하여 그림을 그려 일종의 예술art이라는 것을 몰랐을 뿐만 아니라 '국왕을 추악화' 한 죄로 생명을 잃었다. 그러나 세 번째 화가는 실제적인 사물을 구체적으로 분석하고 상황적합적 태도를 취했기 때문에 국왕의 본래의 면모를 그대로 반영했을 뿐만 아니라 예술 작품work of art이라는 점을 고려하여 아름다움을 첨가하고 창조적인 구상을 거쳐 사냥하는 장면을 그림으로써 국왕의 신체적 결함을 교모하게 처리했던 것이다. 이것이 상황적합적 고객만족 경영의사결정이라 할 수가 있다.

폴 고갱Paul Gauguin이 그린 타히티의 여인들, 그 투박하고 무뚝뚝한 남태평양 섬의 여인들, 두터운 입술, 검은 얼굴에 무우통 같은 정강이에 퉁명스럽게 삐져나온 마당발... 참으로 못생긴 모습이라 아니할 수 없겠지만, 그의 붉은 색조와 함께 발하는 아름다움의 마력은 누구도 거부할 수 없는 것이다. 맨하탄의 늘씬한 서구의 조각과 같은 여인들이 그 고갱의 그림 앞에서 자신들의 아름다움에 대한 초라함을 탄식하고 있다면 과연 무엇이 천하의 정색이란 말인가? 그래서 행동과학behavioral science인 경영학 즉, 기업을 연구하고 가르친다는 것은 쉬운 것이 아니라는 것이다. 인간이 배울 수 있는 잠재력에는 어두운 일면이 있다. 그리고 의식이 없는 동물에게는 정신분열증schizophrenia이 일어날 리 없다. 사회과학에서 최적의 단일 안optimal single plan이 긴 시간 속에서는 분명 존재하지 않는다. 진리도 시간의 연장선상에서는 변화 한다. 그래서 태산 같은 자긍심에 바탕을 둔 자기 확신self-confidence 즉, 주어진 과제를 해낼 수 있다는 자기 능력에 대한 신념과 들풀같이 변환하는 환경에 순응하는 유연성flexibility의 마인드를 동시적으로 갖도록 노력해야 한다.

신라시대 한 행려승이 무상선사無相禪師의 법력이 높다는 소문을 듣고 불법에 대해 토론해 보고 싶어 한 선사를 찾아왔다. 마침 선사(선종의 법리法理에 통달한 승려)가 외출중이라 어린 사미승이 대신 그를 맞이했다. '선사께서는 출타 중이시라 궁금한 게 있으시면 제게 물으시지요.' '아니다. 너는 아직 너무 어리다.' '나이는 어려도 지혜wisdom는 어리지 않습니다.' 당돌한 사미승의 대답에 행려승은 한 손으로는 작은 원을 만들고 다른 쪽 손가락을 하나 앞으로 내밀었다. 그러자 사미승은 다섯 손가락을 내밀었다. 잠시 생각하던 행려승은 다시 손가락을 세 개를 들어 보였다. 사미승이 손으로 눈을 가리키자 행려승은 크게 놀라 무릎을 꿇고 절을 세 번 하고는 풀 죽은 모습으로 떠나갔다.

행려승은 마음속으로 이렇게 생각했다. '한 손으로 작은 원을 만들고 다른 쪽 손가락을 앞으로 하나 내 민 건 도량의 크기를 묻는 것이었다. 사미승은 두 손으로 큰 원을 그려 바다처럼 넓다고 대답했다. 다시 손가락을 내밀어 네 몸가짐은 어떠하냐고 묻자 다섯 손가락을 내밀며 불교의 오 계율(살생, 도둑질, 음행, 거짓말, 술)을 지킨다고 대답했다. 마지막으로 세 손가락으로 생사유전의 삼계는 어디 있느냐는 질문에 눈을 가리키며 바로 눈앞에 있다고 대답했다. 일개 어린 사미승이 저 정도인데 무상선사의 법력은 얼마나 높겠는가? 내 주제에 감히 그런 분과 법력을 논하겠다고 덤비다니...'

얼마 후 무상선사가 돌아오자 사미승은 낮에 있었던 일을 보고하며 말했다. '스승님 제 불가 입적 전의 속가에서 떡을 판다는 것을 그 분은 어떻게 아셨을까요? 정말 신기해요. 그런데 우리 집 떡이 작다며 손가락으로 작은 원을 그리시더라고요. 그래서 제가 이만큼 크다고 두 손으로 원을 만들어 보여드렸어요. 그런데 5전은 너무 비싸고 3전만 해도 충분하다고 하시잖아요. 전 정말 그 분이 괘씸했어요. 그래서 제 눈을 가리키면서 그 따위 눈은 갖다 버리라고 했죠. 그랬더니 겁먹었는지 가버리시더군요.' 사미승의 말을 듣고 무상선사가 '모든 것이 법이오. 모든 것이 선禪'이라고 말했다. 자기가 생각한 만큼만 보인다. 자기인식의 폭이 세상의 크기다. 인식의 폭을 넓히기 위해 고뇌하며 사유해야 한다.

어느 시골에 도끼를 잃어버린 노인이 옆집 청년을 의심했다. 그 때부터 그 청년은 도둑같이 말하고 도둑같이 행동했다. 얼마 뒤 노인은 우연히 도끼를 찾았다. 그때부터 옆집 청년은 보통 사람같이 말하고 행동했다. 다른 예를 하나 보자. 사막에서 물을 조심하라. 흔히 사막에서는 물이 부족하기 때문에 탈수로 죽는 경우가 많을 거라 생각하지만 익사하는 경우가 더 많다. 사막에서는 비가 드물게 오지만 한번 내리면 폭우가 쏟아져 갑자기 물이 불어나기 때문이다. 단 한 번의 폭우로 사하라 사막에서 300명 이상이 익사하는 경우도 있다. 러시아에서는 에어컨을 팔고 중동에서는 난로를 팔면 성공한다. 러시아인은 더위를, 중동인은 추위를 참지 못하기 때문이다. 러시아의 짧은 여름도 여름이며 중동에서의 짧은 겨울도 겨울이다.

슈로이메는 바싹 여위었고 병약한 행상인이었다. 그는 햇볕이 쨍쨍 내리 쪼이는 길을, 등에 짐을 지고 다리를 질질 끌며 걸어가고 있었다. 그때 힘이 장사이고 돈 많은 장사꾼 이완과 만났다. 슈로이메가 이완에게 부탁했다.

"이완, 이 짐 좀 져다 주지 않겠나? 그러면 그 대가로 20크로이차를 주겠네."

이완은 화가 났다. 제 놈의 짐을 나한테 져다 달라니...... 그는 한 마디로 거절했다. 두 사람은 나란히 걸어갔다. 슈로이메는 더 이상 견딜 수 없을 만큼 지쳐 있었다. 그때 슈로이메의 머리에 기막힌 아이디어가 떠올랐다.

"이완, 자네는 부자이고, 나는 요즈음 돈 때문에 곤란한 지경일세, 어떤가? 높은 이자를 붙여 줄 테니 5굴덴만 꾸어 주게나, 그 담보로 이 물건을 잡히겠네."

슈로이메는 짐을 끄르고 그 속에 있는 잡화를 이완 앞에 펼쳐놓았다. 이완의 눈이 빛났다. 이완은 얼른 슈로이메에게 5굴덴을 주고 짐을 넘겨 받았다.

두 사람은 다시 나란히 걷기 시작했다. 저녁때가 되자 신선한 바람이 불고 저 멀리 마을이 보이기 시작했다.

"이완!"

갑자기 슈로이메가 말을 꺼냈다.

"아무래도 돈을 꾸지 말아야겠어, 자네에게 꾼 5굴덴은 여기 있네. 그리고 이것은 잠깐 빌려 쓴 이자 5크로이차야, 어서 그 담보물을 돌려주게나."

<밀턴은 「실락원」에서>

아침부터 한낮까지.

한낮에서 밤이슬 지는 저녁까지,

그는 긴긴 여름 하루 종일 떨어져 내렸다.

석양과 더불어

하늘에서 흐르는 별처럼 떨어졌다.

에게 해의 섬 렘노스로.

어느 날 저녁 공자가 수제자인 안회顔回를 데리고 여행하던 중에 노자가 떨어져서 끼니를 굶게 되었다.

어느 마을에 이르자 공자는 제자 안회에게 음식점에 가서 찬밥이라도 한 그릇 얻어 오라고 일렀다.

음식점 주인은 안회에게 자기가 쓰는 글을 알아맞힌다면 공짜로 음식을 주겠다고 말했다.

"나는 대학자의 손꼽히는 제자입니다. 제가 모르는 글자는 한 글자도 없습니다." 라고 안회가 말하자 그 주인은 '진眞'이라는 글씨를 써 보였다.

안회가 '참 진眞'자라고 대답하자 주인은 "너는 너무 무식한 바보 엉터리 식자識者다." 라고 호통을 치며 그를 내쫓았다.

빈손으로 돌아온 안회에게서 자초지종自初至終을 듣고 이번에는 공자가 직접 그 음식점에 가 보기로 했다.

음식점 주인은 공자에게 똑같이 '眞'자를 써 보이며 읽으라고 했다.

공자는 주저하지 않고 "이 자는 '직팔直八' 이라고 읽는다."고 대답했다.

그러자 주인은 "당신이야 말로 훌륭한 선생님"이라며 공자 일행에게 한상 잘 차려 주었다.

제자 안회는 공자에게 귀엣말로 물었다.

"선생님 왜 '진眞'이 '직팔直八'이 되는 것입니까?"

안회의 질문에 공자는 미소 지으며 대답했다.

"참되고 옳다고 항상 옳은 것은 아니란다."

공자도 거짓말 할 때가 있었다.

곽말약郭沫若의 실록소설 <공자>에 나오는 이야기다.

3. 창조에 의한 진화경영

화이부동和而不同이라는 고사성어가 있다. 시대를 따라가되 동질성homogeneity을 추구하여 그 속에 묻히라는 것은 아니라는 것이다. 성공 경영을 이룬 이들은 나름의 비결이 있다. 푸른 호수 위에 유유자적悠悠自適하고 있는 백조의 두발은 쉴 사이 없는 자맥질에서 이루어낸 품위다. 단지 죽은 물고기만이 물살의 흐름에 따라서 그대로 흘러간다.

생명력 있는 창조물은 변화한다. 환경적응을 위해 변화하기도 하며 부족을 충족시키기 위해 변화를 도모하기도 한다. 기업 또한 환경 적응을 위해 부단한 변화를 추구하며 요동하는 소비자 욕구에 부응하기 위하여 새로운 이론을 개발한다. 현상의 부족을 채우기 위해 현재 환경 하에서의 최적안 마련을 위해 노력한다. 그러나 그때 그 상황에 적합한 최적의 단일의 안은 한 순간 존재하기도 하나 달성되는 순간 깨어져 버린다. 의사결정에 있어서 가치전제value premises가 존재하기 때문이다. 가치전제는 특정 사태의 '바람직함'을 제시하는 가치판단으로 사실전제factual premises와는 구분된다. 사실전제는 관찰이 가능한 환경이나 그것이 작용하는 상태에 대한 사실적 판단에 따른 제시이고 그 제시가 진실인지의 여부는 경험적으로 또는 과학적으로 검증할 수 있다. 그러나 가치전제는 그 전제가 옳은지의 여부는 경험적으로 또는 과학적으로 검증할 수는 없지만 조직의 의사결정에서 중요하다. 사이먼은 가치전제로 조직의 목적, 능률의 기준, 공정의 기준, 그리고 개인적 가치를 들고 있다. 특히 기업의 사회적 책임은 경영자의 의사결정에 대한 매우 중요한 가치전제가 되고 있다.

절대 가치absolute value와 절대 진리absolute truth는 인간을 창조한 신 이외에는 존재하지 않을 것이다. 그래서 인간에 의해 창조되어 인간을 닮아 있는 기업을 영원히 좇기는 도망자(경쟁자에 좇기는 도망자)로 부르기도 한다. 수정도 재설계도 없이 오랫동안 지속되는 프로그램이나 활동은 실질적으로 존재하지 않는다는 것을 인식할 필요가 있다. 궁극적으로 모든 활동은 시대에 뒤지게 마련이다. 그래서 조직은 진화해야 경쟁력을 갖게 된다.

과학으로서 경영의 기본 목표는 조직화된 지식의 체계와 실증적인 자료의 사용으로 거시적으로는 경제사회의 발전에 기여하며 미시적으로는 6가지 기업의 질병요인들 즉, 순이익의 부족, 내출채권의 과다, 고정자산의 과다 투자, 자기자본의 부족, 재고자산의 과대, 그리고 정보의 부재들을 배제시켜야 한다. 또한 자료의 체계적인 분석을 통하여 보다 나은 효율성을 지향하는 이론과 기법들을 발견하는 것으로, 이러한 기법과 이론들이 실제 상황에서 적용되어질 때 그 결과의 동일성, 반복성이 나타나도록 추구하는 것이다. 즉, 실사구시實事求是다.

뻐꾸기는 남의 둥지에 알을 낳는 속임수의 명수다. 남의 둥지에서 태어난 뻐꾸기 새끼는 가짜 어미의 알과 새기를 바깥으로 떨어뜨리고 둥지를 독점한다. 대부분의 새들은 '뻐꾸기 아빠'가 되지 않기 위해 뻐꾸기 알을 골라내는 기술을 갖고 있다. 하지만 일단 뻐꾸기 알이 자신의 둥지에서 부화한 뒤에는 자기 새끼인 것으로 철석같이 믿는다. 게걸스럽게 먹어대며 부모보다 5배나 몸집이 커지는데도 부모는 금이야 옥이야 하고 키운다.

최근 오스트레일리아 국립 대 조류학자인 나오미 랭모어Naomi Langmore는 굴뚝새가 알이 부화한 뒤에도 뻐꾸기 새끼를 눈치 채 굶겨 죽이는 것을 발견했다. 이런 굴뚝새에 맞서 뻐꾸기 새끼는 살아남기 위해 굴뚝새 새끼의 울음소리까지 흉내 내는 것으로 밝혀졌다. 진화에서 승리하려는 뻐꾸기와 굴뚝새 사이의 이런 '군비확대 경쟁arms race(상대에 비해 우위를 점하기 위한 서로의 경쟁)'이 과학 잡지 '네이처'에 발표된 적이 있다.

랭모어Langmore는 "이번에 오스트레일리아에서 발견된 굴뚝새는 뻐꾸기와 매우 비슷한 알을 낳기 때문에 어두운 둥지에서 구분하기가 쉽지 않다."고 말했다. 대신 굴뚝새는 자기 새끼가 모두 둥지 바깥에 떨어져 있다거나, 새끼의 울음소리가 약간 다르다는 것을 통해 자기 새끼가 아니라는 것을 알고는 뻐꾸기 새끼의 40%를 굶어죽게 만든다. 이런 굴뚝새의 방어에 맞서 뻐꾸기도 새로운 공격법을 개발해 냈다. 처음에는 굴뚝새의 알을 모방했지만, 이번에는 먹이를 달라고 외치는 굴뚝새의 울음소리를 흉내 낸다는 것이다.

지식의 속성이 시작의 끝에서 새로운 시작을 추구하며 비어 있음을 인지하면 움직이기 시작한다는 것은 창조적 파괴를 통해 무언가 보탬을 더할 수 있다면 변화한다는 것이다. 즉, 역사를 만들어간다는 것이다. 변화를 생존의 문제로 인식해야 한다. 만일 변화를 우리가 생존의 문제로 인식하고 받아들이게 된다면 승산이 있다. 그러나 그렇지 못한다면 시작하지 마라. 결코 승리하지 못한다. 변화에서의 승리 가능성은 생존의 문제로 접근할수록 높아진다. 변화를 생존의 문제로 인식하는 순간 승리를 향해 가고 있는 것이다.

변화는 치조직治組織 약팽소선若烹小鮮해야 한다. 같은 약若, 삶을 팽烹, 작을 소小, 생선 선鮮이다. 조직 관리를 작은 생선을 삶듯 하라는 말로 자기가 성취하기를 바라는 일을 처리해 줄 인재를 발굴하고 일을 맡긴 후 그 과정에 끼어들지 말라는 것이다. 섣불리 들쑤셔 대서 음식을 망치지 말라는 것이다. 한 면이 다 익었을 때 다른 한 면으로 돌려 익히는 느긋함도 필요하다는 것이며 역사의 한 페이지를 넘기는 것이다. 창조적 파괴creative destruction다. 이것이 개혁이며 패러다임의 변화다. 그리고 생선이 익어가기를 기다리며 모든 구성원들에게 나누어 맛볼 수 있는 그 파티party에 동참하고 있다는 희망과 비전을 제시해 주는 의미를 포함하고 있는 것이다. 변화에 임하는 자세이기도 하다.

자신이 지금 서 있는 곳을 어떻게 규정하는 것인지는 개인에 따라 다르다. 실제로 자신이 지금 어디에 있는지를 알아내는 것은 생각처럼 쉽지 않을 수도 있다. 자신이 어디에 서 있는가에 대한 판단은 객관적인 평가objective evaluation에 의해서만 가능하다. 자신이 지금 서 있기를 바라는 희망과 기대를 반영해서는 안 된다. 있는 그대로를 받아들여야 비로소 정확한 위치를 알 수 있다. 자신에게는 엄격해야 한다.

자신을 바꾸게 될 깨달음으로 우리를 몰고 가기 위해서는 자신에 몰두해 있어야 한다. 자신에 몰두하지 못하고 자신을 바꾸려고 하는 것은 어리석은 일이다. 자신에 대해 아무 것도 모르는 사람이 자신을 바꾸고 싶어 한다면 그것은 자신을 죽이는 일이다. 변화를 우리가 주도할 때 기쁨과 희열이 따른다. 그러나 변화가 우리에게 요구되어질 때 거기에는 적응을 위한 고통pain for adaptation이 수반된다.

오니쓰카 기하치로鬼塚八喜郎는 농구화 밑창이 미끄러워서 운동하기가 어렵다는 선수들의 불평을 듣고 새로운 농구화를 개발하기로 마음먹었다. 오랫동안 연구하며 고민하던 어느 날, 문어요리 식사를 하던 중 문득 문어 다리에 달려 있는 동그랗고 커다란 빨판을 보게 되었다.

"옳거니! 농구화 밑바닥을 이 빨판 모양으로 만들면 되겠군!" 그는 이 구상을 실행에 옮겨 빨판 모양의 밑바닥을 가진 농구화를 만들었다.

4. 개성중시의 전략

미국의 좋은 문화 중에 하나로서 그 나라 사람들의 내핍정신tighten one's belt을 엿볼 수 있는 '그라지 세일garage sale'이라는 것이 있다. 오래 사용한 낡은 물건들을 창고에 모아 두었다가 토요일 오전에 필요한 사람들에게 자기 집 창고 앞에서 동전 한입 정도의 가격으로 불필요한 잡동사니를 처분하는 문화다. 대체로 그것을 구입하는 사람들이 낮은 수입원을 가진 흑인들이 주 구매자가 되기도 한다. 다 헤어진 헐렁한 청바지를 입고 낡은 헌 구두를 사서 신고 걸어가는 모습을 상상해보자. 거기에 오랜 전통의 습관으로 머리에 빨갛고 노란 물감을 들인 모습을... 이들 중 음악과 예능분야에 재능이 있는 사람들이 무대 위에서 스포트라이트를 받은 경우가 생겨 TV로 세계에 중개되니 세계의 젊은이들이 헐렁한 힙합바지와 커다란 구두를 사서 신는 모방문화imitation culture가 생기게 되었다.

낡아빠진 리바이스 청바지가 새 바지보다 비싸다. 걸어가는 모습을 유심히 보면 신이 먼저 걸어가는지 사람이 걸어가는지 구분이 곤란하다. 신발 본연의 기능성과 효용이 무시된 새로운 문화다. 이러한 시대문화를 이해하고 접근하는 마케팅 시스템이 소비자 인지가치customer－perceived value 마케팅이다. 인풋in put분에 아웃풋out put의 효율성과 효용을 따지는 전통적 가치관으로 접근하면 망하는 문화다.

지혜경영시대를 새로운 중세장인시대new craftsmanship라 부르기도 한다. 개성중시의 전략이 필요 된다. 효과와 효율에 앞서 인지가치를 높여야 생존할 수 있다.

5. 기저의 이론

전통적 산업사회에서는 아침에 일어나 출근하면 하루의 정형적 일과가 우리를 기다리고 있었다. 그러나 지혜경영의 시대에서는 정형적 업무는 컴퓨터 속으로 흡수되어 버리고 비정형적 의사결정영역의 일을 만들어 처리해 주기를 원하는 조직이 우리를 기다리고 있는 상황이 되어 버렸다. 즉, 매일 매일 새로운 아이디어의 창발emergent을 요구하는 상황이 도래되었다. 세상의 모든 일이 어떻게 일어나는지를 설명하고 앞으로 어떤 일이 일어날지를 예측하는 것이 과학의 역할role of science이다. 그러나 어떤 경제모형이 자신 있게 경제위기를 예측했는가? 독일 통일을 어떤 사회·정치적 모형이 예측했는가? 북한의 핵무장과 한반도의 안보·정치·경제적 위협에 대한 대응전략은? 한반도의 통일문제는 예측할 수 있는가? 러시아와 우크라이나 전쟁은 앞으로 어떻게 전개될 것인가? 그리고 우주의 생명의 기원은 알고 있는가? 인간이 궁금해 하고 알고 싶어 하는 사실들에 대해서 현대 과학modern science이 발달했다 할지라도 그렇게 신통한 기능을 발휘하지 못하고 있다.

세상만사는 엄청나게 많은 구성요소들이 다양한 방식으로 서로 영향을 주고받으며 적응해 간다. 이러한 복잡계의 행동을 설명하고 예측하려는 연구행위를 가리켜 복잡성 과학science of complexity이라고 한다. 이러한 연구에 이용될 수 있는 비교적 새로운 수학적, 물리학적 개념과 방법들을 통틀어 복잡성 과학이라 부르기도 한다. 하위단계(구성요소)에는 없는 특성이나 행동이 상위 단계(전체구조)에 자발적으로 돌연 출현하는 현상을 일컫어 복잡성 과학의 용어로 창발emergence이라고 한다. 창발이란 용어는 철학, 과학, 생태학, 경제학, 정치, 조직이론 등 여러 학문 분야에서 광범위하게 사용하고 있다.

창발은 남들이 모르거나 하지 아니한 것을 처음으로 시도하거나 또 새롭게 밝혀내는 것을 말한다. 창업후의 연속적 창업으로 표현할 수도 있는 새로운 도전의 창조적 파괴의 길을 끝없이 추적해 가야하는 영원한 도망자의 삶의 과정과도 같은 인고의 길을 가야하는 것이 오늘 우리가 처한 경영의 과정이라 하겠다. 창조적 파괴의 필연성과 방향인식의 경영기저經營基底를 갈등이론, 생명체이론, 그리고 시스템이론으로 정리한다.

6. 창조적 파괴와 갈등

우리가 아무런 생각 없이 사용하고 있는 갈등conflict이란 단어는 칡덩굴 갈葛과 등나무 등藤이 서로 엉켜있는 모습을 한자로 만든 것이다. 칡덩굴과 등나무 덩굴은 서로 감고 올라가는 방향이 다르다.

칡덩굴은 반시계방향 왼쪽으로, 등나무 덩굴은 시계방향인 오른쪽으로 감아 올라가며 자란다. 그래서 둘이 같은 장소에서 자라면 얽히고설키며 서로를 옭아맨다. 칡(칡덩굴 갈葛)과 등나무(등나무 등藤)의 얽힘과 다툼이 바로 갈등이다. 갈등은 살아 있다는 증거며 신이 인간에게 내린 축복 중의 하나며 발전의 원동력이다. 갈등은 관계성 속에서 일어나는 생명현상이다. 관계성이 좋을 때 갈등이 표면으로 들어나지 않아 인식하지 못할 뿐이다. 만남의 중요성이 적을 때 인간은 갈등을 회피 할 수 있다.

회피 할 수 없는 만남이 지속적이고 반복적으로 이루어져야하는 영역이 있다. 그것이 만남의 핵심이 되는 비즈니스이다. 그래서 기업의 경영이 어렵다는 것이며 건강한 기업가정신entrepreneurship을 소유한 리더leader의 리더십만이 갈등의 실타래 위에 실을 질서정연히 감아 가듯이 원만히 해결해 낼 수 있다.

그리스의 서사시인 호머가 쓴 고전 '오디세이'에는 오디세우스가 트로이 전쟁이 끝난 뒤 고향인 이타카로 돌아가기까지의 과정을 그리고 있다. 최고의 리더leader로써 내린 잘못된 의사결정 후의 고뇌, 부하들과의 의견충돌, 그리고 부하들 간의 갈등을 겪은 후 다수의 동료를 살리기 위해 여섯 명의 동료를 괴물 스킬라에게 내어주는 내키지 않는 최후의 의사결정을 내린 후 기어이 좁은 해협을 통과해 트로이 전쟁터에서 십 년이나 걸려 귀향하여 그는 마침내 사랑하는 아내 페넬로페와 아들 텔레마쿠스가 있는 집으로 돌아 왔다(management by objective). 이 대서사시를 경영학적으로 삶의 과정에 바탕을 둔 한편의 갈등이론conflict theory 즉, 투쟁의 역사인 관리의 과정이라 부를 수 있지 않을까 한다.

창조적 파괴과정에서 갈등이 발생할 수 있다. 이는 기업 갈등 또는 기업 대립이라고 번역되는데, 그것은 일정 목적을 달성하기 위해 대체 안 수단의 합리적인 선택을 행하는 의사결정의 표준적 메커니즘이 저해되어 의사결정에 도달할 수 없는 사태의 순간을 말한다. 이와 같은 갈등에는 개인적 갈등personal conflict, 조직적 갈등organizational conflict, 그리고 조직간 갈등interorganizational conflict의 3종류가 있다. 갈등은 양면성을 포용하지 못하는 것에 대한 심려를 뜻한다. 갈등은 존재의 여백이요, 포용의 여지다. 갈등은 남김이다. 그리고 갈등은 평형에서의 운명적이며 부득이한 새로운 출발이다.

갈등의 발생은 반드시 역기능적인 것만 아니고, 그것은 "진보나 혁신을 낳게 하는 모체의 역할을 하기도 한다. 그러나 조직 내의 투쟁이니 파벌 조성으로 악용되거나 최악의 경우에는 조직의 협동체계가 허물어지는 결과를 가져올 수도 있다. 따라서 갈등은 건설적으로 해결되어야 한다. 리더십이 필요 되는 순간이다. 갈등의 순기능화가 리더십이다.

7. 생물학적 유추

비즈니스에 '생물학적 유추'가 적용될 수 있을까? 신고전학파의 저명한 경제학자 마셜Alfred Marshall은 조직의 성장과 소멸을 삼림의 생활단계에 연관시켜 제품의 '라이프사이클life cycle의 개념을 도입하였다. 이를 도입기introduction－성장기growth－성숙기maturity－쇠퇴기decline'라 한다. 모든 유기체에 수명이라는 것이 있듯이 기업에도 수명이 있다. 그는 이것을 생물학적 은유로써 설명한다. 기업가들은 신생기업 하나를 탄생시킨 후 영양분을 공급하고 정성으로 키워 중년 기업으로 성장시킨다. 그러나 그 때쯤이면 그 기업가들은 늙어 죽는다. 대를 이을 기업가들이 처음의 기업가들만큼 현명하다는 보장은 없다. 그 중년 기업은 황혼기를 맞는다. 이제 새로운 신생

기업들이 다른 재능 있는 기업가들에 의해 속출한다. 이것이 창조적 파괴의 생명현상life phenomenon of creative destruction이다.

공자는 사경에서 삶의 과정을 유년기에서 출발하여 장년기의 비탈을 넘어 노쇠기인 하산의 길을 가는 것이 인생이라 하여 불영경광不盈頃筐이라 노래하였다. 아니 불不, 채울 영盈, 기울 경頃, 광주리 광筐이다. 즉, 삶은 많이 채울 수 없도록 기울어진 광주리와 같다는 것이다. 그래서 삶을 영원한 도망자라 부른다.

현대 체계이론의 아버지 보울딩K. Boulding은 "개인individuals, 가정families, 기업businesses, 국가nations, 그리고 문명civilizations은 동일하고 엄격한 규칙을 따르며 모든 유기체의 역사는 사멸을 향해 가는 인류의 흥망을 보는 것과 같다."고 말했다. 살아있는 유기체와 같이 기업은 살아남기 위해 반드시 변화하는 환경에 적응해야 한다. 자연에서와 마찬가지로 경제체계에서도 그것은 사실이다. 적응의 크고 작음은 문제가 되지 않으며, 환경에 대한 아주 사소한 적응도 생존과 사멸의 갈림길이 된다. 임심리박臨深履薄이다. 임할 임臨, 깊을 심深, 밟을 리履, 얇을 박薄으로 깊은 곳에 임하듯 하며 얇은 데를 밟듯이 모든 일에 주의하여야 한다는 것이다. 경영이 오디세이의 장정과 같기 때문이다.

세계 최고의 부자인 빌게이츠는 「빌게이츠@생각의 속도」라는 자신의 저서에서 기업체를 생명체 또는 인체의 신경계에 견주어 고찰하고 있다. 기업의 디지털 신경망digital nervous system이 어떻게 구축되어 활용되고 있느냐에 따라 기업의 우열이 결정된다고 보는 것이다. 이것은 새로운 지혜경영사회의 문명체계가 생명사상을 바탕에 깔고 있음을 말해주는 것이기도 하다. 우주의 체계와 생명의 체계, 나아가서 인간의 신체조직의 체계가 별것이 아니고, 기업경영 또한 이러한 체계와 동떨어질 수 없다는 이야기다.

생물체는 자기조직화self-organization에 의해서 영위되며, 인간이 간섭하지 않는 한 훌륭하고 효율적으로 균형을 잡아간다. 글로벌 경제를 포함한 모든 시스템은 자기조직화에 의해서 기능하고 있다. 그리고 자기조직화가 허용되면 될수록 생존이나 진보의 기회도 증가하는 것이다. 시장경제의 원리principles of market economy이기도 하다.

생명체가 갖는 하나의 특질은 정보 환류의 고리를 사용함으로써 자기 수정이나 자기조절이 이루어진다는 점이다. 이것은 유기체 모두에서 나타나는 생물의 기본적인 특징이다. 인간의 체온조절은 잘 알려진 예이다. 신체는 춥거나 더운 환경에서 환류된 정보에 반응하고 이것을 기초로 해서 근육의 움직임이나 땀의 양을 조절한다. 이 경과의 관계에서도 그 고리는 중요하다. 그리고 회전의 세계에서 환류는 상당히 엄밀하기 때문에 살아남기 위해서는 자기수정을 가해야 한다. 그러하지 않고 그 생명체가 환류를 무시하거나 충분한 자기수정을 거부할 경우 도태된다. 살아 있다는 것은 정보의 능동적인 유지와 교환이라고 표현할 수 있을 것이다.

글로벌 경제의 예에 있어서도 마찬가지다. 글로벌 경제도 기계와 같은 구조가 아닌 것은 분명하다. 경제를 움직이고, 정확한 경제 예측을 가능하게 하는 기계적이고 결정론적인 법칙은 전혀 존재하지 않는다. 우리가 벤처기업의 정신과 인적요소를 크게 강조함으로써 명확히 하고자 생각하는 것은 경제가 거대한 생물체라는 것이다. 어떤 특정한 목적이나 의도에 따라 움직이고 있다는 의미에서 그러하다는 것이 아니다. 이는 경제가 어떠한 생물체 혹은 생물사회에서 나타나는 원칙에 의해서 작동되고 있기 때문이다.

물리학의 모델이나 예는 기계론적인 세계관을 위주로 한 산업시대에는 적절하게 잘 사용되었다. 상징적인 예를 들면, 에너지 집약적, 직선적, 거시적, 결정론적, 그리고 확대지향적 등을 들 수 있다. 이들 개념은 경제이론이나 모델에서도 크게 활용되었다. 주로 거시적인 경제의 견해를 바탕으로 직선적이고 결정론적인 경제예측이 이루어졌다.

경제학에서의 기회비용이론opportunity cost theory을 생각해 보자. 세계 최대의 거부인 마이크로소프트의 빌 게이츠가 길을 가고 있는데 10만원이 떨어져 있다고 하자. 이때 돈을 줍는 것이 현명한가? 그냥 지나치는 것이 현명한가? 그의 재산이 약 900억 달러이고, 창업한지 대략 25년이 되었다고 하면 이자수익을 무시한다면 매 초당 114달러 즉, 15만 원가량을 버는 셈이다. 기회비용을 이해하고 있는 경제학자는 그냥 지나치라고 권한다. 그가 허리를 굽혀 돈을 줍는 시간의 기회비용이 줍는 돈보다 많기 때문이라는 것이다. 그러나 경영학에서는 그가 허리를 굽혀 돈을 주우면서 자기의 갈 길을 동시에 가라고 권한다. 인간은 동시성 추구가 가능한 다기능적 multifunctional 존재로 인식하고 있기 때문이다.

지혜경영의 시대에 대한 특질로서 직선적이고 결정론적인 것이 사라진 것은 분명하며, 거시경제학자의 '안목'을 갖고서는 지금부터 일어나는 경제발전의 원천적 동력을 이해하는 것은 불가능하다. 그래서 미래는 분명 과학과 기예의 영역을 포괄하는 실천학문practical study인 경영학의 시대라 할 수 있다.

자연이나 생물학을 중시하며 기업을 생명체로 표현하며 이 책을 기술하는 것은 그 속에서 배울 것이 많다고 생각하기 때문이다. 자연이나 생명체는 혼돈스럽거나 복잡하게 보일지도 모르지만, 전체적으로 보면 아름다운 조화를 유지하고 있다. 자연은 패러독스 paradox(어떤 주의나 주장에 반대되는 이론)와 잘 공생하고 있으며, 패러독스 위에서 번영하고 있다고 말해도 좋다. 그리고 그것이 앞으로 우리들이 마음의 준비를 함에 있어 필요한 것이다. 혼돈 속의 조화나 조화 속의 혼돈과 같은 것은 가능할 뿐만 아니라, 오히려 건강한 생물체마다 나타나는 자연적인 상태인 것이다. 달의 인력에 의한 간만현상과 소금성분에 의해 바닷물은 썩지 않는다. 인간에 있어서는 군자불기君子不器라 한다. 남다른 자는 그릇처럼 국한되지 않는다는 것이다. 보다 크고 넓은 적응성으로 가진 자를 일컫는다.

8. 시스템적 접근

경영시스템이란 상호작용의 맥락에서 이해하여야 한다. 지네 centipede는 언제나 걷는 방법을 알고 있다고 말한다. 그러나 누가 어느 발이 제일 먼저 움직이느냐고 묻는다면 말문이 막힌다. 바이올린의 정확한 음을 한 번에 하나씩 내보라는 것과 마찬가지다.

하나의 행동이나 낱말이 그 자체로 충분한 뜻매김이 된다고는 생각지 않는다. 하나의 행동이나 어떤 경험에 붙인 꼬리표는 언제나 맥락(관계와 연관) 속에서 보아야 한다. 그리고 모든 행동의 맥락은 인식론의 전체적인 그물 조직이고, 내포된 모든 체계의 상태다. 거기에는 그 상태에 도달할 때까지의 역사가 담겨 있다. 우리 자신이 무엇이라고 믿는 것은 우리 주변의 세계에 대해서 우리가 믿고 있는 바와 양립해야 한다.

해조수핍解祖誰逼이다. 풀 '해解' 짤 '조祖' 누구 '수誰' 가까울 '핍逼'으로 조직시스템을 영원히 떠나지 않는 한 핍박 즉, 갈등은 존재한다는 말이다. 창조적 파괴과정에서 끝없는 갈등이 존재하기 때문에 인생노정을 우리는 고해라 부르기도 한다. 그러나 신은 신을 닮아 있는 우리를 사랑하기 때문에 우리에게 감내할 만한 고통만을 준다. 그래서 우리의 삶의 의미를 투쟁의 연속선상에서 발견하며 때

때로 자긍스러워 하기도 하면서 살아간다.

갈등의 실타래를 풀어서 보다 유기적인 조직시스템의 상태를 유지해 가는 것이 창조적 파괴의 목적지다. 평형equilibrium감각의 도달지점에 새로운 창발을 더불어 모색하는 상태를 시스템이 작동하는 상태라 부른다.

시스템은 더불어 사는 삶의 축약어이다. 서로의 이익을 위해 함께 하는 삶 즉, 공생共生이야말로 진화상의 극적인 비약을 가능하게 하는 최선의 수단이다. 인간은 시스템 속에 존재하는 피조물이기 때문에 인생노정에서 한번쯤 사랑할만한 사람들을 만나야 한다. 사랑하면 얼굴이 변하고 마음이 변하고 그리고 삶이 변한다.

어느 시골마을에 늙은 까마귀가 한 마리 있었다. 얼굴이 하도 못생겨서 제 짝도 아직 제대로 변변하게 만나지 못한 신세였다. 어느 날 바람 한 점 없는 조용한 나뭇가지에 앉아서 치즈 조각을 막 먹으려 하고 있었다. 마침 지나가던 여우가 이 광경을 지켜보고는 치즈에 눈독을 들였다. 여우는 고개를 쳐들고 까마귀를 불렀다. "넌 얼굴이 너무 못났으니까 그 못난 얼굴을 보충할 뭔가 장점이 있을 거야, 목소리는 어때? 짧게라도 네게 노래를 들려주면 내가 그 방면엔 전문가니까, 편견 없고 사심 없이selflessly 평가를 해주지."

이건 정말로 참신하고 즐거운 제언proposal이 아닐 수 없었다. 나한테 성악오디션이라니! 까마귀 노처녀는 그래서 고개를 쳐들고 부리를 크게 벌리고 노래를 시작하려 했다. 그 통에 치즈가 땅바닥에 툭 떨어졌다. 이때를 놓칠세라 여우는 재빨리 치즈를 잡아채서 숲 속으로 가지고 가서는 느긋하게 먹어 치웠다.

"이런, 내가 생각이 너무 짧았구나!" 까마귀는 탄식했다. "손님한테 대접부터 하고 노래를 했어야지! 누군들 빈속에 노래를 듣고 싶은 마음이 생기겠어? 사과를 잘 하면, 혹시 친절하게 다시 한번 기회를 줄지도 몰라." 그리하여 까마귀는 정중한 사과의 뜻을 담은 편지를 쓰면서 아울러 편지 말미에 자기가 마련한 음악 파티에 와 줄 수 없겠느냐는 초대의 뜻을 비쳤다. 여우가 초대에 응하자, 까마귀 노처녀는 노래를 부르기 전에 조심스럽게 차린 식사를 대접해서 여우가 양껏 먹게 해주었다. 공짜 식사에 기분이 좋아질 때로 좋아진 여우는 신나게 박수를 쳐 대고 앙코르까지 대여섯 번 이나 요청했다.

그런 일이 있은 이후로 까마귀는 정기적으로 여우를 위한 음악 파티를 열었다. 그런데 그렇게 꾸준히 연습을 계속하다 보니 실제로 목소리가 좋아지고 성량이 풍부해졌을 뿐만 아니라, 성격까지도 긍정적으로 바뀌게 되었다. 균형이 잡히고 당당해졌으며 자신감이 넘치게 된 것이다. 오히려 나쁘게 이야기하면 자만심까지 언뜻언뜻 비칠 정도였다. 이런 변화가 어느 노총각 까마귀의 마음을 움직이게 해서, 노총각 까마귀는 생김새야 못생겨도 상관없다는 듯이 노처녀 까마귀에게 구혼을 해 결국 결혼하게 되었다.

여우가 까마귀 처녀에게 위약을 투여했다는 우화다. 위약僞藥(placebo)도 30% 가량 환자에게 효험이 있게 마련이다. 이는 인식이 사물을 바꾸게 하기 때문이다. 거기서 유물론이 비일관성 또는 모순을 드러내는 거다. <심心>과 <기氣>와 <체体>의 불균형도 노력하면 바꿀 수 있다. 고로 운명은 개척하면 된다는 논리가 성립한다.

인지심리학자cognitive psychologist들은 이를 기대이론expectancy theory으로 설명한다. 마음이 뭔가 일어나기를 기대한다면 그 일이 일어난다는 것이다. 그래서 긍정적 비전positive vision이 성공의 열쇠가 된다.

물리적 특성이 없는, 심리적 영향을 강하게 받을 수밖에 없는 서비스 영역에서는 모호한 기준에 의해 영향을 받는다. 분위기 좋고 비싼 레스토랑의 커피 맛이 더 훌륭하게 느껴지는데서 가격 마케팅 포인트를 찾을 수도 있을 것이다.

4장

일찍 일어나는 새

경영전략	이이행지利而行之 → 사여원동事與願同 → 형설지공螢雪之功 → 양체재의量體裁依 → 단기지계斷機之戒

행함이 없으면 이로운 어떤 것도 이룰 수 없다(이이행지利而行之). 일은 소망하는 대로 이루어진다(사여원동事與願同). 반딧불과 눈빛으로 이룬 공이라는 뜻으로 간절하게 바랄 때 열정은 더 샘솟는다(형설지공螢雪之功). 그래서 가능하면 직종을 바꾸지 않는 것이 좋다. 기예는 경험의 축적에서 나온다(단기지계斷機之戒). 축적된 경험에서 관리능력이 나온다(양체재의量體裁依). 체중을 가늠한 후라야 몸에 맞게 옷을 재단할 수 있게 된다.

1. 전략적 사유

건강한 전략적 사유strategic reason가 있어야 조직구성원의 건강한 공명healthy resonance이 있다는 것이다. 경노사상에 바탕을 둔 중화사상中華思想에서 보여주고 있는 기업윤리를 보면 다음과 같다.

- **군자애재君子愛財 : 군자는 재물을 좋아하는데**
  - **→ 경제인의 논리,**
- **취지유도取之有道 : 그것을 취하는데 도가 있다**
  - **→ 기업윤리의 강조,**
- **경업낙군敬業樂群 : 자기 사업을 공경하고 무리를 즐겁게 하라**
  - **→ 행동 시스템적 고객만족으로 정리된다.**
- **영업소기榮業所基 : 영업의 본성은 기본의 충실에서 기인된다.**

리더leader는 자신의 수양과 극기를 이루고 난 다음에라야 타인을 이끌 수 있게 된다. 자신을 다스리기 위한 수기修己가 없으면 타인이 진심으로 추종하는 치인治人(한 나라를 다스리는 사람)을 할 수 없다. 수기치인修己治人이다. 진정한 리더는 조직원이 어려움에 처했을 때 방패막이 되어줄 수 있을 거라는 믿음을 주는 사람이다.

불립문자不立文字다. 깨달음은 말로서 이루어지는 것만이 아니라 마음과 마음의 교통에서 이루어지는 부분이 많다는 뜻이다(오등회원五燈會元). 이것이 언어와 문장으로 표현할 수 있는 형식지식과 다른 표현을 통하여 객관화 할 수 없는 절대 암묵지식이다. 즉, 숙련된 노하우인 절대 암묵지식을 공유할 수 있게 하기 위해서는 인간존중의 경영과 지식공유knowledge sharing의 장場 및 그것을 수용할 수 있는 조직문화가 필요하다.

2. 경쟁전략의 부낭

석씨수연釋氏隨緣, 오유소위吳儒素位, 그리고 성서유언聖書有言이라! 불가에서 말하는 수연隨緣이란 세상만사 인연에 의한 것으로 자기의 처신을 인연에 따라서 하는 것이 좋다고 말한다. 유교에서는 소위素位라 하여 자기의 위치를 지켜 타를 넘보지 말아야 한다고 말하는데, 기독성서의 유언有言(태초에 말씀이 계셨느니라)이란 성서 즉, 말씀을 따르면 영생의 구원을 얻는다고 한다. <수연隨緣>과 <소위素位>와 <유언有言>이 주는 의미가 험한 세상 바다를 건너는데 필요한 부낭浮囊과 같은 의미의 종교적 특징을 나타내고 있다. 그렇다면 험한 경쟁의 세상을 넘어 가야 할, 인간을 닮아 있는 기업의 부낭float 즉, 기업의 특장점으로 무엇을 가져야할지 심각하게 생각해볼 필요가 있지 않을까.

> **미국 제16대 대통령 링컨은 미국 역대 대통령 가운데 가장 훌륭한 대통령일 뿐만 아니라 세계적으로도 가장 존경받는 인물이다. 그러나 그는 가난한 농가에서 태어나 학교의 정규교육이라고는 1년도 채 받지 못한 너무나 가난해서 남의 집에서 살아야 했다. 그의 어머니는 그가 8살 때 돌아가시면서 자기가 보던 성서를 물려주며 말했다. "이것밖에 네게 물려줄 유산이 없으니 이 책을 늘 읽고 이대로 실행하라"고 했다.**
>
> **링컨은 어머니의 유언을 지켜 성서로 만든 위대한 인물이 되었다. 그는 대통령 취임식 때에 조그만 포켓 성경을 들어 보이며 "내가 대통령이 된 것은 이 성경 때문이다, 이 책은 하나님이 인간에게 주신 가장 위대한 선물이다. 인류를 위하여 필요한 것은 다 이 가운데 있었다."고 말하고 성서 말씀을 반대하는 옛 친구 스피드에게는 "성서에서 얻은 유익함은 더 말할 나위도 없는데 그대는 아직도 알지 못하여 그러는 것이다. 그대도 성서를 읽으면 반느시 신앙을 얻고 행복한 인생을 살며 또 영생의 구원을 받을 것이다."라고 말하고 "나는 성서를 읽으며 한없는 유익함을 얻었다. 이해할 수 없는 부분은 믿음으로 받아들이면 훌륭한 사람으로 살 수 있을 것이다."라고 권면했다**(encourage).

미국 제 26대 대통령 루즈벨트는 "링컨은 성서 한 권으로 이루어진 사람이었다. 그는 성서에서 배운 진리를 자기 실제 생활에 적용하여 그의 일생을 더할 나위 없는 영광스러운 것으로 만들었다."고 말하곤 했다.

영국의 롤스로이스 자동차는 화려함과 고품위 자동차로 우위에 있으나 가격 경쟁력은 상대적으로 낮은 위치에 있다. 일본의 도요다 자동차는 관계정신으로 자동차 산업에서 경쟁우위를 누리며, 페라리는 보다 높은 성능으로 경쟁하고 있다.

우리나라 이삿짐 운송 산업에서 포장 이삿짐센터는 서비스로 경쟁하며, 기존의 이삿짐 운송업계는 상대적으로 낮은 가격으로 경쟁하고 있다. 차별화 전략은 자연에서도 마찬가지다. 매화는 매화의 특성을 지니고 있고, 진달래는 진달래다운 특성을 지니고 있다. 가장 자기다울 때 가장 아름답고 가장 세계적인 것이며 유일무이unique한 것이 된다. 비교는 자긍심self-esteem을 버리게 하고 열등감을 낳는다.

필사적으로 생각해 보라. 나만이 아주 훌륭하게 해낼 수 있는 것, 다른 사람이나 회사가 돈을 많이 주고 사고 싶어 하는 것이 무엇인지 하나하나 적어 보라. 만일 당신이 하나라도 자신 있게 적어 넣을 수 있는 것이 없다면 미래 사회에서는 많은 어려움에 처하게 될 것이다. 왜냐하면 당신은 돈을 받은 만큼 그 일을 잘하는 전문적 프로professional가 아니기 때문이다. 결국 당당하고 자신 있는 삶을 살아가지 못하게 된다. 인생의 배수진背水陣을 친 형국이 되어 비굴한 눈치를 보게 되며 아부와 청탁을 하게 된다.

당신의 마음의 명함 뒷면에 당신만이 제공할 수 있는 가치와 전문 분야가 없다는 것은 당신은 아직 전문가가 아니라는 뜻이다. 아직 지혜사회wisdom society 즉, 개인적이고 다중적인 지혜가 주도하는 사회를 맞이할 아무런 준비도 되어 있지 않다는 것을 의미한다. 미래 사회의 부를 나누어 가질 가장 강력한 생산 요소를 가지고 있지 않다는 말이다. 그러므로 당신은 지금 위험한 곳에 서 있다. 바로 생존의 문제를 앞에 두고 있는 것이다.

독특한 유전자 코드를 가지고 있으면서 고도의 성장high growth(속도+규모)을 추구하는 마인드를 가져야 한다. 여기서의 마인드는 모험risk taking, 도전challenge, 열정enthusiasm, 그리고 에너지energy를 포괄하는 의미다.

단순한 위로를 구하지 마라.

아무도 속지 않을 낙관樂觀 즉, 앞으로의 일(사업)이 잘 되어 갈 것으로 자신을 이끌어 가지 마라.

반대로 사실을 받아들이고, 대담한 변화를 모색하라.

누구에게도 되돌아올 수 없을 만큼 너무 많이 간 인생은 없다. 젊은이에게는 아직 시간이 있다. 이미 나이가 들은 사람들은 지금까지처럼 허무하게 생을 마칠 수 없기 때문에 남은 시간이 더욱 진지하고 초조하게 여겨지는 것이다. 우리는 어느 상황에도 다시 시작할 수 있다. GM(General Motors)의 창업자 윌리암 듀란트는 낮은 사업실적으로 회사에서 해고당했다. 그 후 하는 여러 사업에서 실패하고 파산을 신고할 만큼 망했다. 그러나 그는 포기하지 않았다. 80세의 나이에 햄버그 체인점에 도전, 결국 성공했다.

아프리카 초원의 영양들은 시속 100km를 지속력 있게 주파한다. 그렇게 하지 않으면 치타에게 잡아먹히기 십상이기 때문이다. 치타는 비록 오래 달리기는 못해도 순간속도instantaneous speed가 시속 110km에 이른다. 오랜 진화의 역사를 거치며 치타는 치타대로 나날이 빨라지는 영양을 따라잡기 위해 점점 더 빨리 달리도록 진화했고 영양은 영양대로 치타에게 잡히지 않으려고 점점 더 빨리 달리게 된 것이다.

자연계의 생물들은 어느 누구도 홀로 진화할 수 없다. 모두 다른 생명체들과 관계를 맺으며 진화한다. 이름 하여 공진화co-evolution를 하는 것이다. 그런데 일단 공진화의 쳇바퀴에 올라타면 임의 즉, 일정한 기준이나 원칙 없이 하고 싶은 대로 내리고 싶다고 내릴 수가 없다. 영양이 허구한 날 시속 100km로 달리기가 지겹다고 멈추면 치타의 밥이 될 뿐이다. 달아나는 영양을 따라가기 귀찮다고 주저앉는 치타는 굶어 죽는다.

치타보다 속력이 늦은 영양은 모두 치타에게 잡아먹혀 멸종하지 않는 이유는 지속력 있게 달릴 수 있고 치타에게는 순발력은 있지만 지속력이 없기 때문이다. 생명체가 생존을 지속하고 있는 현상을 들여다보면 누구에게나 자기만의 강점과 단점이 있다. 자연의 시계에서 이러한 장단점을 잘 활용하여 전략을 잘 짜야 살아남는다.

자기가 잘할 수 있는 영역을 발견해야 성공한다. 나폴레옹은 수필가로 실패했고, 셰익스피어는 양모 사업가로 실패했으며, 그리고 그랜트는 제혁사업에서 실패했다. 하지만 그들 중에 어느 누구도 포기하지 않았다. 그들은 다른 분야로 옮겨가 자신에게 맞는 일을 찾아 피나는 노력strenuous effort했으며 결과는 우리가 알고 있는 그대로다.

작은 차이의 발견이 경쟁력이다. Adam T. Roger(1993)은 차별화의 기본은 화이부동和而不同이라 했다. 단지 죽은 물고기만이 물살의 흐름에 따라서 그대로 흘러간다. 남의 성공아이디어를 참조하되 그대로 따라 해서는 성공하기 힘들다. 화이부동和而不同이다. 시대를 따라가되 동질성을 추구하여 그 속에 묻히라는 것은 아니다(논어論語).

환경에 대한 아주 사소한 적응도 생존과 사멸의 갈림길이 된다. 임심이박臨深履薄이다. 깊은 곳에 임하듯 하며 얇은 데를 밟듯이 모든 일에 주의하여야 한다(시경詩經 소아小雅편). 작은 차별화의 추구가 조직 생존의 출발점이다.

3. 상황적합적 의사결정

경영혁신management innovation, 기술혁신에 수반하여 필연적으로 일어나는 경영상의 전반적인 혁신의 기본정신은 변화를 위해 쉼 없이 흐르는 물의 마음을 갖는 것이다. 천류불식川流不息이라 한다(천자문千字文). 과거 성공경험의 포로가 되어 안주한다면 도태된다. 기업들은 경쟁력 확보를 통한 생존을 위하여 새로운 관리방안들과 혁신기법들의 개발을 통해 수월성excellence을 추구하며 끝없이 달려가게 되면 경쟁자의 추월을 염려concern하는 영원한 도망자가 된다. 변하지 않는 것이 없다는 제행무상諸行無常이다(전등록傳燈錄 : 중국 송나라 진종 경덕 원년에 고승 도언이 쓴 불서에서). 천류불식川流不息이다. 물은 고이면 썩는다. 썩는다는 것은 죽어가고 있다는 의미인 것이다.

일본에서 종종 볼 수 있는 벽걸이 무사도로 그려져 있는 인물이 일본의 검성劍聖 미야모토 무사시(궁본무장宮本武藏 : 1584~1645)이다. 무사시는 젊어서 마음의 검법을 익히기 위해 전국을 유랑하며 실전을 수없이 경험하며 무술의 경지를 높이게 된다. 눈발 속에서의 대설, 길 위에 쌓이는 눈, 미동도 않으면서 느끼는 칼날 위에 떨어지는 눈발의 작은 소리까지도 감지하는 본능적 반응훈련을 통해 일본 제일의 무사를 꿈꾼다.

무사시와는 반대로 기술의 검법을 익히는 사사키 코지로는 고향 마을 개천가에서 두 눈을 가리고 날아가는 제비를 순식간에 가르는 버들검법을 익힌, 장검을 사용하는 무사다.

어느 날 이 두 사람은 조그마한 섬에서 일본 제일을 가리는 대결을 하는데 평소 이 두 사람은 서로를 많이 알고 두려워하고 있었다. 먼저 도착한 사사키가 뭍에서 무릎까지 차 오른 물에서 올라오고 있는 무사시를 맞아 대적하게 된다. 이때 무사시가 들고 있는 검이 평소에 사용하는 진검이 아니라 목검이었다.

기합과 동시에 일격의 대결을 마치는 순간 사사키는 칼끝에 감지되는 촉감으로 상대를 베었다는 느낌을 받으며 웃는다. 그러나 그것은 무사시의 머리에 메고 있던 머리띠였다. 빛의 굴절로 물에 꺾인 무사시의 목검의 길이를 정확히 읽지 못했던 사사키가 쓰러진다. 한 치의 차이로 사사키가 패하고 무사시는 일본 제일의 검성이 되어 오늘날까지 사무라이의 상징이 되었다. 태양의 위치를 싸움에 이용하는 무사시 특유의 동물적인 싸움 감각을 본다. 여기서 일본인들의 상황적합적 의사결정의 가치관을 느낀다.

쉘 실버스타인의「일찍 일어나는 새」
당신이 새라면
아침에 일찍 일어나야 한다.
그래야 벌레를 잡아먹을 수 있을 테니까.
만일 당신에 새라면
아침에 일찍 일어나라.
하지만 만일
당신이 벌레라면
아주 늦게 일어나야 하겠지.

4. 동반자 관계의 진수

한 남자가 외로움에 지친 나머지 애완동물을 구하기로 마음먹었다. 애완동물 가게로 간 그는 직원에게 흔한 동물 말고 좀 특이한 동물을 키워보고 싶다고 말했다.

그는 요모조모 살펴보다가 마침내 하얀 상자에 들어 있는 지네를 샀다. 남자는 지네를 상자에 담은 채 집으로 데려왔다. 저녁이 되자 남자는 자신의 새로운 친구인 지네와 함께 술집에 가서 축하주라도 한잔 마셔볼까 하는 생각이 들었다.

그가 상자 속의 지네에게 물었다. "지네야, 나랑 어디 가서 맥주나 한잔할까?"

상자 안에서는 아무 대답도 들려오지 않았다. 남자는 약간 기분이 상했으나 5분 뒤 다시 한번 물어보았다.

"나랑 맥주나 한잔 마시러 나갈까?"

하지만 지네는 이번에도 아무 대답이 없었다. 다시 몇 분을 기다리다 이번이 마지막이라고 생각하며 다시 물어보았다. 그는 지네가 들어 있는 상자에 머리를 갖다 붙이고 외쳤다. "이봐, 너 그 안에 있는 거 맞지. 나가서 맥주나 한 잔 하자니까!"

이윽고 상자 안에서 희미한 소리가 흘러나왔다. "몇 번째 말하는 거야. 다 들었으니까 그만해! 신발을 다 신어야 나갈 거 아냐!"

– 룰프 브레드니히의 글, 이동준 옮김 –

5장

이해하기 어려운 변수

인사조직	기화가거奇貨可居 → 약농중물藥籠中物 → 백락새마伯樂賽馬 → 적재적처適才適處 → 유소작위有所作爲

훗날 이득을 줄만한 인재라는 것을 알아보고 그에게 투자해 놓는다(기화가거奇貨可居). 약장 속의 귀한 약재를 구분하여 두듯이 조직이 필요로 하는 인간이 되도록 교육하여야 한다(약농중물藥籠中物). 인간은 적정의 징벌과 보상이 따르지 않으면 달리지 않는다(백락새마伯樂賽馬). 알맞은 인재를 알맞은 자리에 쓴다(적재적처適才適處). 그리고 자신의 위치에서 자신의 역할을 하도록 만든다는 유소작위有所作爲다.

1. 인간경영의 중요성

상즉인商卽人이라 했다(사기史記 화식열전貨殖列傳). 사업이란 결국 사람에 의해 이루어진다. 내용에 의논discussion이 없으면 경영이 파하고, 책사gamesman가 많으면 경영이 성립한다는 내용의 말씀이 있다(성서 잠언 15장 22절). 책사策士는 우두머리를 움직이는 참모의 역할이지만 도덕과 윤리를 바탕으로 상식과 명분에 입각해서 자신이 도모하는 일이 얼마나 많은 사람에게 혜택을 줄 것인가, 행여 다수라는 이름으로 소수에게 정도 이상의 희생과 고통을 주는 것은 아닌가, 그리고 거대한 정세政勢의 흐름 속에서 자신이 낸 '꾀(책략策略)'의 방향이 옳은 것인가 등을 고민해야 하기에 보다 넓게 그리고 깊게 살펴보아야 하는 것이 책사의 역할이다. 경영의 진정한 의미는 사람과의 관계성에 있다.

미국의 철강산업의 창건자인 앤드류 카네기(1835-1919)는 그의 묘비명에 "여기 자신보다 더 능력이 뛰어나는 사람을 알아볼 줄 알았던 한 남자가 잠들어 있다."라는 말을 남겼다. 동양적 사고로는 기화가거奇貨可居다(사기史記). 여불위呂不偉가 진秦나라의 공자였던 자초子楚를 보고한 말이다. 지금은 드러나지 않지만 훗날 자신에게 큰 이득을 줄만한 인재라는 것을 알아보고 그에게 투자해 놓은 일을 말한다. 진리에 있어 동서고금의 차이가 있을까. 기업경영에서 인간관계human relations의 중요성이다.

약농중물藥籠中物이다. 약장 속의 귀한 약재와 같이 항상 조직이 필요로 하는 인간이 되도록 교육하여야 한다. 거세개탁擧世皆濁이다(초사楚辭). 온 세상이 다 흐리다는 뜻으로 지위의 높고 낮음을 막론하고 대부분의 사람이 깨끗하지 못하다는 것이다. "주인이 자면 종업원도 존다(When the owner sleeps, the employee falls asleep.)"는 속담에서 인간의 본성을 간파했다. 인간은 적정의 징벌과 보상이 따르지 않으면 달리지 않는다는 백락새마佰樂賽馬의 간파라 할 수 있다. 백락이 말을 경주시킨다는 뜻의 중국 전통방식의 인사제도로 인재를 선발하고 급여도 실적에 따라 차등 지급한다는 뜻이다.

인간관계에 있어서 율기솔신律己率身해야 한다. 엄격한 개인거리의 의미를 갖는 율기솔신의 정중함은 상대방에 대해서도 같은 정도의 예우를 요구하기 위해서다. "내가 이렇듯이 예의를 다하니 내게도 예의를 다 해 주기 바라오." 이런 메시지를 발하고 있는 것이다. 개인거리를 무시하는데서 일어나는 갈등의 해소 방안이다.

인간경영에 실패하지 않는 비결은 기욕난량器欲難量이다. 사람의 기량은 넓어 헤아리기가 어려운 부분이 있음을 알아야 한다는 뜻이다. 춘우윤春雨潤, 초아분草芽奮, 추상숙秋霜肅, 목성손木聲遜이라 했다(이덕무 선귤당농소蟬橘堂濃笑). 남을 향한 마음을 봄비처럼 지니고, 내 자신의 마음자리를 가을 서리 같이 엄숙히 지니라 했다.

적자식자積者食者라 했다(관자管子, 권수權修). 덕이 그 직위에 맞는지, 공적이 그 녹봉에 맞는지, 그리고 능력이 그 관직에 맞는지 살핀 후 인사관리 해야 한다고 했다. 인사관리의 궁극적 목표는 조직구성원이 자신의 위치에서 자신의 역할을 한다는 유소작위有所作爲와 같다.

제갈량은 득현즉창得賢則昌이라 했다. 현명한 인재를 얻어야 발전할 수 있다는 뜻이다. 인재는 마치 기술이 빼어난 장인의 날카로운 도구나 솜씨 좋은 목수의 먹줄처럼 조직에 없어서는 안 될 존재다.

기업에는 일반적으로 네 가지의 유형의 직원으로 구성되어 있다.

- **첫 번째는 멍게유형이다. 게으르고 멍청한 사람인데, 이들 유형은 기업에 별 해를 끼치지 않으니 그냥 놔둬도 좋다.**
- **두 번째는 영부유형이다. 부지런하면서 영리한 사람이다. 이들은 세세한 곳까지 신경을 쓰는 유형으로 유능한 간부 직원이 될 수 있다.**
- **세 번째는 멍부유형이다. 부지런하지만 멍청한 사람이다. 이런 유형의 사람은 엉뚱한 일을 만들어 내 다른 사람에게까지 피해를 끼치므로 바로 해고해야 한다.**

- **그리고 마지막 네 번째는 영게유형이다. 영리하면서 게으른 사람인데, 이런 유형의 직원은 기업의 최고 위치에 아주 적합한 사람이다.**

'사람이 가장 중요한 자산'이라는 옛 격언은 틀렸다. 사람이 가장 중요한 자산이 아니라 우리 기업에 적합한 사람이 가장 중요한 자산이다. 누가 '적합한 사람right person'인지 여부는 기업의 성장과 발전에 기여하는 핵심역량core competence을 보유하고 있는 사람을 의미한다. 기업마다 성장해온 역사, 문화적인 배경, 공유하는 있는 핵심가치core values, 그리고 핵심성장 동력원이 다르기 때문에 인재의 정의와 기준 역시 그에 따라 달라질 수밖에 없다.

따라서 조직에 적합한 사람을 뽑는데 5가지 기본원칙은 다음과 같다.

- **현재 우리 기업에 없는 인재를 뽑아야 한다(희소성).**
- **뽑은 인재를 잘 활용해야 한다(유용성).**
- **여러 부서를 아우를 수 있는 통합된 리더십leadership을 필요로 할 때는 만능 일꾼인Generalist의 성과가 높고(통합성), 서로 다른 분야의 전문적 지식technical knowledge을 필요로 할 때는 Specialist의 성과가 높다(전문성).**
- **지금까지 거쳐 온 학업, 직업, 그리고 경험 등이 중요하다(경력과 이력).**

2. 경쟁력의 우위성

기업경영에서 제일 중요한 자원이 인적자원임을 인식해야 한다(Recognize people as the most important resource in business). 경쟁시장에서 특정제품이 경쟁력의 우위성을 갖기 위해서는 그 제품생산에 관련된 해당기업 특유의 기술이 그 배경에 숨어 있으며, 기술혁신이란 기업 특유의 기술위에 기술자 특유의 기술을 더하는 과정에서 이룩되어진다(기술혁신=기업 특유의 기술+기술자 특유의 기술).

일본의 간반시스템이나 미국의 세계적 벤치마킹benchmarking 대상이 되는 우수한 기업이라 할지라도 그대로 우리환경에 적합한 것은 아니다. 물질적 축적을 중심으로 한 '하드웨어' 기술축적 위에 인간적 축적을 중심으로 한 '소프트웨어' 기술축적이 이루어질 때 경쟁력 있는 기술혁신이 달성되기 때문이다. 인간이 혁신을 추구하기 때문에 로봇과 다르며 지혜경영시대는 사람이 중심이 되는 사회라 정의되는 것이다.

＜사기＞ 화식열전貨殖列傳에 상즉인商卽人이라 했다. 사업이란 결국 사람에 의해 이루어지는 것이다. 과학적 기법은 물리적 법칙에 지배되는 대상에 적용되지만 경영기법은 인간을 대상으로 적용되며 그 결과의 성패는 개개인의 수행도에 달려 있기 때문이다. 즉, 경영기법의 활용에 의한 성공여부는 이것을 사용하는 사람이 얼마나 사람을 잘 이해하느냐에 달려있다고 할 수 있다. 기업의 경영자는 고용인의 협조와 노력에 바탕을 두고 경영기법을 적용하여 바람직하지 못한 요인의 제거 내지는 경감을 목표로 노력하여야 한다. 의논이 없으면 경영이 파하고, 책사가 많으면 경영이 성립하느니라(성서, 잠언, 15:22).

성선설에 바탕을 둔 인간의 인식이 필요하며 경영 예외의 원칙에 따라 성악설의 인간도 인식해야 한다. 에덴의 낙원에는 아담과 이브만이 있었던 것이 아니라 뱀도 함께 있었다. 인간이 어떻게 살아야 하는 것과 인간이 어떻게 살고 있는가는 현저히 다른 부분이 존재하기 때문이다. 그래서 인적자원 관리에 있어서 명확한 to do(이렇게 하여)의 제시로 to be(결과가 이렇게 되어 있도록)가 되도록 하여야 한다. 약농중물藥籠中物이다. 약장 속의 귀한 약재와 같이 항상 조직이 필요로 하는 인간이 되도록 교육하여야 한다는 것이다.

위나라의 혜왕과 복피가 묻고 대답했다.
“그대는 나에 대한 세간 평판을 듣고 다닐 것인데, 뭐라고들 하던가?”
“익히 듣고 다니는데 매우 자혜慈惠로우시다고들 합니다.”
“그래, 어느 정도 자혜롭다고들 하던가?”
“나라를 당쳐 드실 정도로 자혜롭다고들 합니다.”
“자혜는 미덕이 아닌가?” 자혜가 나라를 망쳐 먹는다니 무슨 말인가?
“<자慈>는 다른 사람의 고통을 그냥 보지 못하는 마음, <혜惠>는 사람들에게 베풀기를 좋아하는 마음입니다.
백성이 자혜롭다면 그것은 좋은 것입니다만 백성을 다스리는 분에게는 좋은 것이 아닙니다.
백성의 고통을 그냥 보지 못하면 백성에게 허물이 있어도 벌을 줄 수 없을 것이고, 백성에게 주는 것도 즐기면 공이 없어도 상을 내리게 될 것이기 때문입니다.
허물이 있어도 벌주지 않고, 공이 없는데도 상을 내린다면 나라가 망하는 것이야 당연하지 않겠습니까?
이러한데도 주군의 자혜가 과연 미덕일 수 있을는지요?”

순자荀子가 세운 법가의 이데올로기가 생각난다. 인간은 본래 선천적으로 욕망을 가지고 태어나는데, 이것을 방임하면 혼란이 오게 되는 만큼 후천적 교양과 적절한 법치를 통해 이것을 바로잡아야 한다는 주장이다. 좋은 것이 좋다고만 하는 사람은 무용지물이라 했다. 지화이화자知和而和者 무용지물야無用之物也이라는 것이다. 부드러운 황금과도 같은 마음과 다이아몬드처럼 단단하고 예리하며 투명한 정신의 융화가 있어야 한다는 것이다.

함께하되 의존적 정신은 버려야한다. R. 스트라우스의 오페라 '장미의 기사'에 등장하는 오크스 남작은 옥타비안을 자신의 사랑을 담은 장미꽃을 보내는 사자로 선택한다. 옥타비안이 여자로 분장한 사실도 모르고 '장미의 기사'로 선발한 오크스는 엄청난 대가를 치르게 된다. 옥타비안은 오크스의 사랑의 사자로서 부호의 딸 소피에게 은장미꽃이 담겨진 오크스의 청혼을 전달한다. 그러나 어찌 운명이 그렇게 될 수 있겠는가! 꽃을 전달받는 순간부터 두 사람은 깊은 사랑의 묘약에 취하게 된다. 소피가 오크스 남작의 심부름꾼인 옥타비안을 사랑하게 된 것이다. 옥타비안과 소피는 결혼하게 된다.

오페라는 대리인인 '장미의 기사'가 오히려 장미를 보낸 주인 오크스의 사랑을 빼앗는 희화로 끝난다. 오크스는 '장미의 기사'를 잘못 선택한 그 결정 때문에 은장미는 물론 사랑마저도 잃게 된 것이다. 이와 같이 주인과 대리인 관계에서 발생하는 비용을 대리인 비용agency cost이라고 한다.

헨리 포드Henry Ford의 벽난로 위엔 이런 문구가 있었다. "네 손으로 장작을 패라. 이중으로 따뜻해진다."

3. 인간의 성과

기업경영에 있어서 생산성productivity(투입 대 산출로 측정하고 생산의 효율을 나타내는 지표) 향상은 기업성과corporate performance의 향상을 의미한다. 이 기업성과는 인적 요소와 물적 요소의 결합에 의하여 성립된다. 이 중에서 기업성과의 향상에 대한 인적 요소의 공헌을 '인간의 성과human performance'라 한다. 이와 같은 인간의 성과를 결정하는 것은 바로 능력ability과 동기부여motivation의 두 요소이다.

먼저, 작업자의 능력은 지식knowledge과 기술skill의 상승으로써 측정된다. 즉,

지식 × 기술 = 능력

다음, 동기부여는 특정 환경circumstance 하에서 인간의 태도attitude로써 나타난다. 즉,

환경 × 태도 = 동기부여

그런데 동기부여와 능력은 다 같이 어떠한 활동에 있어서 인간의 성과human performance를 결정한다.

따라서 다음과 같이 요약하여 표시할 수 있다.

지식 × 기술 = 능력
환경 × 태도 = 동기부여
능력 × 동기부여 = 인간의 성과
인간의 성과 × 물적 요소 = 기업성과

잘된 모티베이션 즉, 동기부여에 의해 일어나는 열정은 $E=MC^2$이다. E(enthusiasm)는 <열정>, M(mission)은 <임무>, 그리고 C(congratulation)는 <격려>다. 칭찬은 독창적인 시각으로 다른 사람이 보지 못하는 장점을 보는 것이다. 다른 사람을 칭찬하는 것은 바로 스스로에게 자신이 있다는 것이다. 다른 사람의 장점 안에서 자신의 안목을 확인하는 것이다. 칭찬은 손해 보는 것이 아니다. 칭찬을 받아들일 줄 아는 상대방을 만나면 그 세심함과 자상함에 감동을 주는 도구가 된다. 진심어린 칭찬은 다른 사람의 장점을 배우는 첩경이 된다. 모든 사물은 칭찬할 만한 가치를 가지고 있다. 긍정적인 마인드 컨트롤의 출발점이 칭찬이다. 인간의 성과는 격려 즉, 추임새

chuimsae로 극대화가 된다.

인간의 성과에 좋은 인적 요소가 더하여지면 기업은 영생한다. 비즈니스business는 사람이 자본이라는 도구를 들고, 사람이 추진하고 결정하는, 그리고 사람들이 행동 하는 사업이기 때문이다. 사람과의 관계형성은 비즈니스의 출발이자 철학이 된다. 가장 기본적인 원칙은 만남 속에서 도움을 주고받는 것이 비즈니스이기 때문이다.

사람은 행동과 누적된 지식으로 힘을 발휘하는 사회적 존재다. 행동의 시작이 만남이다. 실제로 이 세상에서 누구의 도움도 주고받음이 없이 성공하는 사람은 없다. 일에 대한 열정으로 만남을 만들고 만남이 아름다운 관계가 되고 의미 있는 관계는 존재보람이자 힘이 된다. 인간관계를 가장 훌륭히 창조할 수 있는 사람이 되기 위해서는 재정적인 면, 이성적인 문제, 그리고 정신적 욕구를 잘 혼합하여 인간을 이해할 수 있어야 한다. 브랜드의 시대, 숫자보다 정서를 중시하는 오늘의 경영에서는 관계를 잘 만들어낼 수 있는 사람들이 힘을 발휘한다.

스탠포드 경영대학원 응용심리학 교수 토머스 하렐Thomas Harrell은 성공한 졸업생들의 성향을 조사했다. 그는 MBA(master of business administration), 경영학 석사 학위를 받은 지 10년 후의 졸업생들의 성공도가 성적과는 아무런 관련이 없다는 사실을 발견했다. 성공한 졸업생들이 공통적으로 지닌 특징은 사교적이고, 의사소통에 능하며, 그리고 외향적인 성격이었다. 특히 사교적인 성향이 그들의 중요한 성공 요소였다.

롤프 브레드니히의 「위트 상식사전」에 천국과 지옥의 인재관리 방법을 이야기하고 있다. 천국에서는 경찰관은 영국인이고, 요리사는 프랑스인이며, 기술자는 독일인, 애인은 이탈리아인이며, 그리고 스위스인이 모든 조직을 관리하는 곳이다. 반면 지옥의 요리사는 영국인이고, 기술자는 프랑스인이며, 애인은 스위스인이고, 경찰관은 독일인, 그리고 이탈리아인이 모든 조직을 관리한다. 지리적 문화적 배경에 따라 사회적 관계도 달라진다.

4. 가치관의 이론

칼 마르크스Karl Marx(독일의 정치학자이며 경제학자)의 경제이론 economic theory과 사상은 오늘날 그가 보지 못한 내용들의 비판은 다음과 같다.

첫째, 성서에서 어린이가 가진 5병餠 2어魚 즉, 다섯 개의 떡과 두 마리의 물고기로 수천 명이 먹고 남았다는 이적異跡(기이한 행적), 상식으로는 도저히 생각할 수 없는 기이한 일을 현실 기록의 축약 contraction된 비유로 생각했다.

둘째, 자본, 기술, 그리고 경영능력 등 다른 생산요소의 중요성을 무시했다. 특히 인간자본이란 주요개념을 인식하지 못했고, 잉여가치surplus value, 자본가가 노동자에게 지불하는 임금 이상으로 노동자가 생산하는 가치의 창출도 노동과 함께 자본, 기술, 경영관리의 복합적 산물로 보지 않고 오직 인간의 노동에 의해서만 발생한다고 생각하였다.

셋째, 자기의 사상을 '과학적 사회주의scientific socialism'라고 말한 그는 인간의 창조적 적응능력을 과소평가하고 협동조합을 창시한 오웬을 '공상적 사회주의자utopian socialist'라고 매도하였다. 마르크스가 빠뜨린 것이 상상력, 독창성, 그리고 경영능력과 같은 것들이다. 부의 창출이란 유형有形의 투입만 가지고 되는 것이 아니다.

넷째, 이익추구는 인간의 가장 본성적인 부분이며 인간이 자연스럽게 살아가는 모습이며 개인의 부를 부인하는 것이 인간의 본성과 배치되는 것임을 인지하지 못했다.

그의 사상과 학설은 근세사modern history에 많은 영향을 끼쳤지만 기계의 등장과 자본의 집중, 일부 자본가의 착취와 궁핍한 실직 노동자로 일시적 불균형한 상태로 있던 그의 시대(1820-1880)에만 적합한 것이었다. 시대를 막론하고 절대성을 지닌 이론은 없다. 그래서 경영에 있어서 상황적합적 의사결정contingency decision making이 중요시되며 깊은 바다 속과 같이 흔들리지 않는 원리의 과학성과 시대상황에 바탕을 둔 인간적 기예의 양면성을 영원히 포괄해 가는, 응용과학의 길을 가는 이유이기도 하다.

인간의 능력발휘 즉, 소프트웨어의 상승효과synergy effect of software는 기업특유의 기술firm specific technology 위에 기술자 특유의 기능engineering specific skill이 더하여 질 때 나타난다. 기술자 특유의 기능은 적당한 동기부여가 주어지면 상승효과는 배가 된다. 그래서 심리학자 메슬로우A. H. Maslow의 욕구 5단계설(Psychologist A. H. Maslow suggests that the order of consumption keys the motivation of workers. Physiological needs must be meet before other wants act as motivators. His ladder of needs progresses from life-sustaining needs, social, ego, and self-fulfillment needs. This ladder should provide production clues for sales of necessities and luxuries. 즉, 자아실현의 욕구 - 자존의 욕구 - 소속의 요구 - 안전의 욕구 - 생리의 욕구)과 욕구와 관련된 가치관의 이론이 제기 되었다.

메슬로우는 인간이라는 동물은 순간을 제외하고는 만족할 줄을 모른다고 했다. 일단 한 가지에 만족하면 또 다른 욕구를 위해 움직인다고 말했다. 베를린은 고잉 콘선going concern이라고 말했고, 필자는 영원한 도망자(추격자, 경쟁자를 피해서)라고 표현하고자 한다. 기대상승 신드롬escalating expectation syndromes이 존재하기 때문이다.

예를 들면, 고객만족도 측정이 중요한 것이 아니다. 그 만족도를 향상시키기 위한 노력이 중요하다. 진행형으로의 역사를 만들어 가야 생존한다는 것이다. 현 상태를 불만스럽게 생각하는 인간의 성향이 다시 현 상태를 개선시키는 추진력이 된다. 뒤 짚어 생각해보면 인간의 이런 성향이 곧 고객의 성향customer's predisposition(예 : 주도형dominance, 사교형influence, 안정형steadiness, 신중형conscientiousness : disc)이다. 그래서 사고의 유연성을 강조하는 것이다. 그래야 고객에 앞서 고객의 마음을 읽게 된다.

인간에 대한 정확한 인식이 지극히 어렵다. 레닌Lenin(1870~1924)은 1917년 볼셰비키 혁명을 일으켜 제정 러시아를 무너뜨리고 세계 최초의 공산주의 국가인 소비에트 연방을 일으킨 인물이다. 자그마한 체구에 병약해 보이는 얼굴을 지닌 인물이었지만 20년 이상 유럽 대륙을 떠돌면서 공산주의 이론을 공부하였고 동지들을 규합한 이론가이자 선동가였다.

무산대중無産大衆 즉, 노동자과 가난한 농민 및 소외된 계층 등 재산이 없는 대중의 봉기를 일으켜 마침내 그는 소비에트 혁명을 완수하고 권좌에 올랐다. 그런데 그는 죽기 얼마 전에 세계 최고급 차인 롤스로이스를 9대나 주문해서 서방의 빈축을 샀다. 그는 그 차를 한번 타보지도 못하고 건강 약화로 죽었다. 국민을 위한다며 군사독재 타도를 외치던 민주인사들, 변변한 직업 한번 다녀본 적이 없는 이들 중에 부정부패를 더 많이 저지른 사람은 없었는지, 선동·선전정치에 대한 생각의 여운을 남기는 이야기다. 인간이 자기 인격을 완성시키는 일은 자기 손으로 자기밥을 합당한 방법으로 벌어먹을 때다.

인간이 행하는 바 어떤 결과가 오직 한 가지의 원인에 반드시 귀착된다고 하는 단순한 낙관주의optimism(현재 사태가 가장 최선의 상태라고 이해)에 빠져서는 안 된다. 하나의 결과가 나오는 것은, 우리가 생각하는 것보다도 훨씬 더 많은 미묘한 카오스에 의한 것이며, 대부분의 경우 우리가 찾아낸 원인이라는 것은, 유기적인 카오스로부터 조금 떼어온 한 조각에 지나지 않는 것이리라. 물론 그 크고 작음의 차이는 있겠지만...

화가 난 거친 태도 뒤에는 따뜻한 마음이 있으며 친절하고 상냥한 말 뒤에 차가운 마음이 도사리고 있음에 인간행동의 이해가 쉬운 것이 아니라는 것이다. 인간의 강약의 차이는 있지만 누구나 페르조나persona 즉, 사회적 가면을 갖기 때문이다. 그래서 지성의 가면을 벗고 같이 부둥켜안고 소리 내어 울 수 있는 친구를 갖기 힘들다는 것이다.

예를 들면, 일등에게 보내는 요란한 박수는 오래 동안 지속되지 않는다. 대부분의 사람들은 일등을 밋갈스러워 한다. 박수 뒤에 가려 진, 부러움 너머의 시기를 생각해야 한다. 시기도 일종의 성취기회 상실loss of opportunity for achievement에서 일어나는 감정의 변화이며 세상발전의 원동력이기도 하기 때문이다. 그래서 일등 뒤에 가려서 전진하는 이등의 위치에 있을 때가 제일 안전한 위치일지도 모른다.

"우리는 겨우 2등입니다. 그래서 더 열심히 뛰고 있습니다."라는 목소리를 고객에게 들려 줄 때 소비자들은 더 큰 서비스를 받을 수 있을 것으로 기대한다는 것이다.

5. 인지적 구두쇠

「피자의 열역학」의 저자 모로위츠Harold J. Morowitz는 어느 날 닫히는 문에 손가락이 끼는 바람에 오른손 둘째손가락을 다쳐 가운

넷손가락의 피부일부를 둘째손가락의 다친 부분으로 이식했다. 그로부터 몇 주 뒤 치료비 청구서가 날아들기 시작했는데 첫날입원비, 응급처치 및 성형수술비 등을 합쳐 4,731.43달러였었다.

몇 년 전 어느 잡지에서 사람의 몸을 각 구성원소로 분해해서 값을 매겨놓은 것을 본적이 있는데 97센트라고 되어 있었다. 97센트를 주장한 기사에서는 원소element만 나열했지 분자molecule들이 유기적으로 결합되어 살아 있는 신체를 구성하는 과정의 비용에 대해선 계산해 놓지 않았었다.

이런 방식을 그의 손가락에 적용하면 새로운 문제가 생긴다. 어림잡아 떨어져 나간 그의 손가락 끝 부분의 무게는 1.3g 정도이다. 이것을 원상태와 거의 비슷하게 복구하는데 4,731.43달러가 들었다면 1g당 3,639.56달러라는 계산이 나온다. 이 책을 기술하기 시작할 때 여러 가지 일로 열등의식inferiority complex에 사로잡혀 있었던 나의 체중이 73kg(키 175cm)이었으니까 3,639.56 × 73,000 = 265,687,880달러의 값이 나간다는 얘기며 필자가 우리나라 평균 키에 접근하니 정상적인 사람의 평균값은 2억 6천만 달러 정도가 된다는 것이다. 그러니까 우리 몸뚱이는 금값 정도가 아니라 금값의 약 250배 이상은 된다는 얘기다. 지금은 서너 살 나이가 더 들어 지식이 축적되니까 77kg이 되었다. 이것은 진실일까?

– Man is one of the best general–purpose computer –

한 사람이 있었다. 31세에 파산했다. 그리고 그 이듬해에는 선거에서 패했다. 34세에 다시 파산했고, 35세에는 첫사랑의 여인woman of first love을 땅에 묻어야 했다. 그리고 44세, 46세, 48세에 각각 또 선거에서 패했다. 누가 보아도 한심한 사람이었다. 그러나 그는 자신을 믿고 있었다. 60세에 드디어 미국에서 가장 위대한 대통령 중의 한 사람이 되었다. 그의 이름이 에이브러햄 링컨Abraham Lincoln이다.

폴 고갱은 23세에 증권 중개소에 취직했다. 25세에 덴마크의 한 여인과 결혼하여 10년 사이에 다섯 아이를 두었다. 그는 그 동안 증권 중개업자에서 은행원으로, 은행원에서 방수포 판매원으로 전전하다가 끝내는 남태평양으로 도망가 버렸다. 1903년 5월, 무일푼으로 세상을 떠날 때까지 마지막 8년 동안 그는 100여 점의 원색의 아름다운 그림과 400여 점의 목판화, 그리고 20점의 조각과 목각을 남겼다. 그는 그리고 싶으면 그렸고, 살아지는 대로 살았다. 그는 거기서 "너무나 자연스럽게 빨강 옆에 파랑을 칠하는" 순수한 열정을 배웠고, 문명의 혜택이 없음에도 그들 나름의 문화와 풍습을 발전시키고 영위해 나가는 것을 보면서 그 가운데서 숨은 인생의 진리를 배웠다. 가장 행복하고 가장 가치 있는 시간을 8년간 보내다가 갔다.

세계 최대자동차 회사인 GM의 창업자 윌리암 듀란트는 사업 실적이 나빠져 회사에서 해고당했다. 그 후 하는 사업마다 실패, 개인파산을 신고할 만큼 철저하게 망했다. 그러나 80세 나이에 햄버그 체인점에 도전, 결국 성공했다.

인간의 의사결정영역에는 단일의 최적의 안이 존재하지 않는다. 그래서 태산 같은 자긍심과 들풀과 같은 유연성으로 세상에서 승리하는 의사결정을 해야 할 것이다. 로마인을 봐라. 그리스인보다 못한 지력, 켈트인보다 못한 체력, 카르타고보다 못한 경제력, 그리고 에트루리아인보다 못한 기술력으로 천년제국을 이룩하지 않았는가.

사회과학social science에 있어서도 최적의 단일의 안optimal single plan은 존재하지 않는다. 그래서 가장 인간적인 것이 가장 과학적인 것이다. 그래서 사이몬Simon은 1947년 인간 행위에 대한 완전한 정보를 수집하고 학습하는데 비용과 시간의 제약으로 불가능하다는 것을 알고 만족할 만한 수준 혹은 제한된 수준에서 행동하는 경제적 행위자 혹은 이런 사람을 두고 '인지적 구두쇠cognitive miser(즉, 인간은 인지적으로 많은 에너지를 소비하면서도 어떤 생각을 깊게 하는 것을 싫어하는 사람을 말한다)'들의 제한된 합리성bounded rationality의 개념을 제시하고 의사결정이론을 발표하였다.

호모 에렉투스나 호모 사피엔스는 인간의 조상들을 부르는 혁명이다. 직립하고 생각하는 종이란 뜻이다. 사람이란 동물은 다른 동물에 비하면 정말 가진 게 없었다. 천적을 만나면 쥐보다 더 잘 숨지도 못하고, 토끼보다 빨리 도망갈 수도 없었다. 사냥을 나서면 멧돼지보다 느리고 표범보다 힘이 약했다. 떨어진 열매 줍기에는 다람쥐의 상대가 되지 못했고, 수달처럼 헤엄도 잘 칠 줄도 몰랐으며, 원숭이처럼 나무도 잘 탈 줄 몰랐다. 그리고 노루보다 멀리 보지 못하고 개처럼 후각이 예민하지도 못했다.

어떻게 보면 인간이 지구상에서 가장 나약한 종인지도 모른다. 하지만 수만 년을 살아오면서 인간은 약점을 장점으로 삼아 조금씩 자기발전self development을 거듭하였고 지구상에서 가장 강력한 종을 이루게 된 것이다. 약점을 강점으로 바꾸는 생각이 필요하다. 우리는 대자연mother nature이라는 환경 속에서 살아가고 있고 사회구성원의 한 일원으로 더불어 살아가고 있다. 우리의 현재 약점과 강점은 무엇일까?

6. 생이불유의 정신

분쟁 없는 노사관계를 유지하기 위한 경영자의 기본 마인드가 생이불유生而不有가 되어야 한다. 살아 있으되 존재하지 않는 듯한 겸양의 의미와 함께 소유가 없는 생산의 의미로도 해석될 수 있다.

인간존재의 최대 비극은 바로 자기가 <생生>하는 모든 것을 자기가 소유하려는데 있다. 자식을 낳아도 "내 자식"이라 하여 소유하려고 애쓴다. 내가 애써 만든 회사를 "내 덕분에 이루어진 회사"라 하여 내가 좌지우지左之右之하려 하고 그 속에서 왕 노릇 하려고 애쓴다. 인간의 모든 행태가 이러한 독점 소유의 패턴 속에 있기 때문에 소유쟁탈struggle for possession이 일어나게 된다. 그러나 자연의 마음을 배워 보라! 풀 한 포기도 새로 솟아나게 한 새싹을 헌 싹이 소유하려고 하지 않는다. 새싹은 헌 싹에 의하여 소유되지 않기 때문에만 또 다시 새싹을 낳을 수 있는 것이다. 헌 싹이 새싹을 소유하면 그 새싹은 끊임없이 생성할 수 있는 길을 차단당하게 되고 곧 시들어버리고 마는 것이다.

기르나 지배하려하지 않는 장이부재長而不宰의 마음을 가져야 한다. <생生>하되 생한 결과를 내가 독점하여 소유하지 않을 때, 당연히 지배나 권위나 고착화된 가치가 성립하지 않을 것이다. 즉, 생은 끊임없는 생성의 과정이며 한 시점의 창조가 아니라 영속되는 시점의 창조인 것이다. 그러므로 생이불유生而不有의 생은 영원한 과정일 수밖에 없다. 그래서 인간은 생하게 한 기업경영에 있어서도 과정이 중요시된다.

진정한 생이불유는 득어망전得魚忘筌할 줄 알 때 이루어진다. 득어망전의 첫째 의미는 베풂을 받은 인간은 그 사실을 쉽게 잊어버린다는 뜻이며, 둘째 의미는 한 가지 소기의 만족이 있으면 목적 달성에 기울인 공을 잊어버려야 한다는 것이다. 그래야 소유하지 않은 섭섭함이 남지 않는다는 것이다. 강을 건넌 후 뗏목은 버려야 한다.

손자병법에 상하동욕上下同欲이라는 말이 나온다. 상하간의 동일한 목적을 가진 자가 승리한다는 뜻이다. 즉, 인간은 높은 신분의 사람이나 낮은 신분의 사람 모두 동일한 욕심을 갖는다는 의미이다.

욕망을 가진 인간이해에 도움이 되는 말이다. 내가 원하는 만큼 상대도 원한다는 것을 알면 실패율은 줄이고 성공확률은 높일 수 있다.

국내 요식업 폐업원인 1위가 종업원의 비협조에 의한 것으로 통계되는데 이는 종업원의 문제이기에 앞서 업주의 나눔의 마인드 부족에서 기인하는 현상이다. 고객의 수 증가에 비례하여 종업원의 피로도가 상대적으로 증가한다는 것을 볼 줄 알아야한다.

한 마리의 사냥개가 포수와 함께 십여 년을 지내면서 많은 일을 해왔다. 그러나 나이가 들면서 다리의 힘이 빠지고, 눈도 나빠져서 잡아오는 사냥감의 양이 점점 줄어들었다. 어쩔 수 없이 포수는 젊은 사냥개를 사왔다. 늙은 사냥개의 지혜와 젊은 사냥개의 활력이 조화되어 잡아오는 사냥감이 늘어나 포수는 매우 기뻤다. 주인이 기뻐하는 것을 본 젊은 사냥개는 더욱 열심히 일했다. 그러나 늙은 사냥개의 상황은 세월이 가면서 더욱 참담해졌다. 얼마 후 포수는 이 늙고 비실비실한 사냥개를 탕국의 재료로 써버렸다.

그날부터 젊은 사냥개는 파업walkout을 시작했다. 포수가 화가 나서 말했다. "내가 너에게 못해준 게 뭐있냐, 아늑한 잠자리에 살게 해줬지, 때때로 쉬게도 해줬지, 너는 은혜를 모르는구나, 어떻게 이렇게 양심이 없냐!" 젊은 사냥개가 그에게 말했다. "주인님, 지금은 내가 건강하고 빠르고 강해서 먹을 것도 있고 마실 것도 있지만, 늙으면 예전의 사냥개처럼 탕에 넣어버릴 것 아닌가요?"

볼테르Voltaire(18세기 프랑스의 작가, 계몽사상가)는 논어論語 계씨편을 인용하면서 갈등의 근원을 '가난한 것이 문제가 아니라, 고르지 못한 것이 문제며, 적은 것이 문제가 아니라 차별이 문제라 하였다. 그러나 지식사회는 투명성의 사회이지 나누어 가지는 민주주의가 아님을 알아야 생존한다. 경영의 과정을 의사결정이라고 부르는 것은 그 과정상에 결단력과 창의력 등 문무의 기예가 종합적으로 필요 되어지기 때문이다. 한국이 선진국과 다른 하나가 민주주의적 경영의 요구다. 이는 강한 근로자의 목소리가 개별 사업장에서 나오면 자유시장경제체제가 될 수 없다. 사업을 크게 하든 또는 작게 하든 혹은 하지 말아야 하는지는 사업주가 신속히 결정 할 수 있어야 한다. 또한 국가가 그 목소리를 듣는 시스템이 되어야 하며 시장원리에 의해 진퇴가 결정되어져야 한다. 이것이 지혜경영시대의 생존 대처방안인 유동성이다. 생존의 비밀이 여기에 있다. 위기에 급하면 도마뱀의 꼬리를 버릴 수 있는 권한을 경영자가 가지고 있어야 한다. 인간이 생존의 욕망을 갖는 한 완전한 자유와 평등은 환상이다.

봄이 오면 농부는 과수의 가지치기를 한다. 뭉텅뭉텅 베어내야 실한 나무가 된다. 얼마 지나 꽃이 피면 꽃을 솎아 줘야한다. 그래야 열매가 맺힌다. 또 얼마 지나 꽃이 진 자리에 열매가 맺히면 열매를 과감히 솎아낸다. 그래야 질 좋고 탐스러운 과실이 열린다. 좋은 열매를 위해 당장의 아픔과 욕심을 이겨내는 지혜를, 진정한 나눔의 법칙을, 양보다는 질의 중요함을, 그리고 조화와 균형의 삶을 엮을 줄 아는 지혜를 가져야 한다. 자연은 신의 산 교육장이다.

가을이 되면 짙은 초록색의 활엽수 잎들이 서서히 노랗게 변한다. 인간에겐 감상적으로 보이는 단풍은 식물이 겨울철 추위와 수분 부족을 견디기 위한 처절한 몸부림의 전 단계로 나타나는 현상이다. 이유는 냉해와 수분이 부족해지는 겨울철을 견디기 위해 나무는 나뭇잎 표면을 통해 수분이 증발하는 것을 막아야 한다. 그 해결책이 낙엽인 것이다.

삶의 단기적 과정에서는 사계절이 존재하며 장기적 변화로 생로병사의 길을 간다. 기업의 과정도 이와 같다. 경영이 어려울 때 겨울이 오기 전 가을을 준비할 수 있는 즉, 낙엽을 떨 굴 수 있는 자유로움이 경영자에게 주어져야 한다. 이것이 유동성이며 물질대사다.

물질대사metabolism 즉, 생물체 내에서 일어나는 물질의 분해decomposition나 합성composition과 같은 모든 물질적 변화는 바로 살아 있다는 확실한 증거이다. 인체 내의 적혈구red blood cell는 평균 120일을 생존하는데 한 사람의 체내에서 매일 약 2,000억 개에 달하는 적혈구가 죽고 새로운 적혈구가 끊임없이 탄생한다.

국가시스템은 민주주의가 이상형일지도 모른다. 그러나 기업시스템에서는 아니다. 세포의 속성과 구성체의 속성이 같으면 세포의 속성이 존재하지 않는다는 논리다. 기업경영에는 강력한 리더십이 요구되는 선에 바탕을 둔 독단도 필요 되는 시스템이다.

히말라야 눈 덮인 산을 등정하는 등산 팀의 리더leader는 위기의 한계상황marginal situation이 닥쳤을 때 생명줄을 제거할 권한을 갖는다. 생명줄을 제거할 권한이 주어지지 않고 민주주의 표결 방식democratic voting methods으로 논의한다면 몰살한다는 이야기다. "버터칼 리미트"라는 영화에 나오는 이야기다.

부도덕한 기업 잘 되는 경우도 있지만 큰 흐름 속에서는 정직한 기업이 잘 된다는 논리가 시장경제다. 그래서 기업 경영자에게 유동성을 관리할 권한이 주어져야 한다. 메가첼린지 시대에 메가트렌드로 나타나는 첫 번째 현상인 투명성은 부도덕성에 관한 문제뿐만 아니라 시장 흐름의 투명성transparent이다. 이익을 남기지 못하는 기업의 자연도태의 원리다.

대기업big firm이라 전체사회에 미치는 영향을 예상하고, 금융기관의 신뢰성만을 고려하여 부실대출로 부실해진 은행에 공적자금으로 수혈하는 등의 조치는 시장경제의 투명성을 흐리는 행위며 관치경제government economy의 인정이다. 시장경제market economy는 살아있는 물의 흐름과 같아야 한다. 태일생수太一生水가 되어야 한다.

아닐 불不, 흐를 류流, 묶을 속束, 땔나무 신薪의 불류속신不流

束薪이다. 흐르지 않는 물은 땔감이 될만한 나무 조각 하나도 흘려 보내지 못한다는 말이다. 농경사회에서 물길에 따라 도시가 발전하고 수송수단으로서 물길이 활용되든 사회에서 생겨난 고사성어다. 동양의 '두레박줄이 짧으면 우물의 물을 긷지 못한다는 속담과 같은 내용이다.

The employer generally gets the employees he deserves.

– Walter Gilbey –

7. 인적자원의 구성

인적자원의 구성을 드러내 보여주는 것이 조직이다. 그러나 조직은 다이어그램diagram이 아니다. 진정한 조직은 눈에 보이는 것이 아니며 역동적인 에너지energy이다. 스스로 임무를 완수해낼 수 없는 물질적 자원과 함께 일하는 구성원들의 인간적 상호관계 속에서 일어나는 참여와 헌신적 정열의 에너지가 합쳐져 고객을 위한 제품과 서비스라는 결과를 창출해 내는 것이다. 에너지는 일정한 방향으로 일사불란하게in perfect order 흐르는 조직의 힘이다. 이 흐름 속에서 띠의 정신이 살아 있어야 한다. 조화로운 참여로 창조적 기여를 하는 구성원을 분급자imparter 또는 띠의 정신을 가진 구성원이라 부른다.

어느 날 H기업의 회장이 기획조정실에 근무하는 젊은 L팀장에게 그룹의 인사개편 안을, 어느 누구와도 상의하지 말고 소신껏 만들어 오라고 명령했다. L팀장은 열정적으로 소신 있게 숙고한 후 개편 안을 제출했다. 얼마 후 L팀장의 구상에 의한 인사개편 안에 대한 정보를 입수하게 된 L팀장의 직속상관인 J이사가 화가 나서 L팀장을 불렀다. 직속상관인 자기에게 귀뜸도 하지 않고 중요한 인사개편 안을 회장에게 직접 제출한데 대한 서운함을 질책했다.

그 이후 J이사는 L팀장의 독특한 필적으로 기안된 개편 안의 복사 본을 그룹 내에 슬슬 흘리기 시작했다. 그래서 인사개편 안에 불이익을 당하는 쪽의 조직구성원들이 원망의 눈초리를 L팀장에게 보내기 시작했던 것이다.

이를 알게 된 L팀장은 정보관리의 불성실함을 회장에게 직접 항의한 후 회사를 떠날 결심을 하게 된다. 더 이상 조직 환경과 조화할 수 없게 되었기 때문이다. 신임했던 구성원을 잃어버리게 된 사례다.

띠의 정신은 역할 담당의 완수 위에 혁신을 위한 정신을 더하는 것이다. 비전과 혁신에 대한 수용성을 높이고 새로운 것을 갈망하는 역동적인 조직이 되도록 하는 정신이다. 띠의 정신은 자연발생적인 것이 아니다. 창조적인 것도 아니다. 그것은 작업이다.

띠의 정신은 창조적 파괴 정신을 포함한다. 이는 기본적인 본연의 임무수행과 문제해결 보다도 기회의 발견에 보다 많은 노력의 비중을 둘 것을 강조하기 때문이다. 혁신적이지 못한 조직에서는 문제에 초점을 맞추고 띠의 정신이 살아 있는 조직에서는 기회에 초점을 맞춘다. 문제해결에 초점을 맞추는 조직에서는 갈등과 스트레스가 증폭될 위험성이 높다. 그래서 창조적인 조직이 되지 못하고 쇠퇴의 길로 간다.

수십 개의 수레바퀴 살이 모두 하나의 중심 틀에 의지한다. 중심 틀은 속이 비어 있어 그 빈 공간에 축이 끼워지기 때문에 마차가 마차로 쓰이는 이유가 있다. 그 속이 비어 있으니 그 <무無>의 공간에 무엇을 담을 수 있는 그릇의 쓰임이 있다. 문과 창문을 뚫어 방을 만든다. 그 안이 비어 있으니 그 <무無>의 공간이 방으로 쓰이고 그 공간의 크기만큼 사람을 수용한다. 찻잔은 그 속이 비어 있는 만큼 포용한다.

불확실한 인생 노정에서 의사결정의 방향타가 <심心>이다. <이理>와 <정情>이 합하여 <심心>이 된다. <심心>이 <기氣>와 만나 외부로 도출된 것을 성격이라 말한다. <기氣>는 에너지 또는 <영靈>이라 하여 <무無>의 영역에 속하는 것인데 <기氣>는 훈련을 통해 강건해 질수도 있다. 그래서 훈련을 통한 강건한 <기氣>는 <심心>에 영향을 끼쳐 적극적인 성격의 소유자를 만드는 작용도 한다. <체体>는 <유有> 즉, 물질의 영역으로 몸을 말한다. <심心>과 <기氣>와 <체体>가 동시에 건강할 때 건강한 사람healthy person이라 부른다. 이러한 사람들에 의해 구성된 것이 건강한 조직이다.

조직은 물의 흐름과 같이 끝없는 흐름에서 그 존재를 찾을 수 있다. 축구경기 중에 있는 공ball의 흐름과 같은 것이다. 그래서 조직이 추구하는 업무 중에서 제일 주요한 업무가 조화(Coordination is the most important thing in business.)다. 공의 패스와 같은 것이다. 직접 할 수 없다면 누군가 해줄 수 있는 사람을 찾아내 주는 것도 조화다.

조화를 구성하는 작은 것 하나가 중요하다. 하나의 사소한 것에서 전체 회사의 이미지가 결정 될 수도 있다. 회사에 대한 인상을 결정할 자료가 빈약한 가운데 사소한 잘못의 충격이 전부가 되어 고객은 부정적인 인상의 지배를 받는다.

조화의 요체는 암탉이 달걀을 품고 있다가 부화의 시기를 놓치지 않고 적절한 순간에 알의 껍데기를 부리로 쪼아 병아리의 탄생을 돕는다는 의미의 사자성어 줄탁동기啐啄同時가 있다. 쫄 줄啐, 두느릴 탁啄, 같을 동同, 때 기時다. 같은 기간에 반응하여 생일을 맞이한다는 의미다. 절묘한 조화를 아름답게 이루어 낸다는 의미이기도 한다. 부활절 천주교의 수녀들이 달걀을 아름답게 장식하여 선물하는 풍습이 있다. 신과의 절묘한 만남을 통하여 부활한다는 상징의미인 줄탁동기 즉, 어떤 일을 이루기 위해서는 서로 협력해야 함을 이르는 말이다.

8. 관계성의 기본

리더십은 관계성의 기본인 나를 미루어 남을 대하는 도불원인道不遠人에 있다(중용中庸 제13장). 직역하면 <도道>가 사람에게서 멀리 있지 않다는 뜻이다. 사람이 <도道>요 도가 곧 사람이니 사람의 도리로써 사람을 다스리다가 즉, 나를 미루어 남을 다스리다가 그 사람이 허물을 고치면 더 이상 말하지 않고 그쳐 멀리하지 않도록 하는 것이다. 중용에서의 리더십이다.

리더십의 덕목은 충이일영充耳一瑩이다(시경詩經). 원의原意 즉, 본디의 생각은 귀에 영롱한 보석을 단다는 뜻인데 리더십의 기본은 듣는 것이다. 왕자를 훈육하는 성학聖學의 기본이다. <성聖>자를 해자하면 듣기(耳)가 먼저고 말(口)은 나중에 하면 리더leader(王)가 된다는 뜻풀이다.

기업경영이라는 배의 조타수가 리더다. 주역괘사周易卦辭에서 리더를 의리적 측면에서 해석한 왕필王弼의 정의를 보면 건원형이정乾元亨利貞(중천건괘重天乾卦)을 하늘이라 하였다. 크고 형통하고 이롭고 바른 것으로 해석하였다. 리더는 하늘이 사계절의 변화에 따라 만물을 소생하게 하고 자라게 하고 열매 맺게 하고 갈무리하게 하듯 조직이 처한 상황이나 성장단계에 따라 그에 맞는 리더십을 펴야 한다. 리더는 상위자와 하위자 간의 관계가 선하고 변함이 없고 바른 관계가 되도록 함으로써 서로 아끼고 따르고 도울 수 있는 풍토를 만들어야 한다. 조직 구성원이 일을 보다 더 잘 수행할 수 있도록 만드는 사람이다.

고대 그리스·로마 시대의 리더십을 정리해 본다.

리더leader라면... 영악하고 혈기왕성하며 신중하고 사나우면서도 눈치도 빨라야 한다.

온화하면서도 잔인하고 직설적인 동시에 계산적이고,

파수꾼이면서도 도둑이자 후하면서도 탐욕스럽게 아낌없이 주면서도 챙길 줄 알고,

방어적인 동시에 공격적이어야 한다.

표면적으로는 민주주의자이나 사실상 일인지배의 독재를 추구하는 자이다.

그밖에도 많은 자질들이, 타고났던 아니면 연구해서 얻든 훌륭한 리더leader가 되려는 사람이 지녀야 할 것들이다.

진정한 리더true leader가 갖추어야 할 덕목은 설득력, 인내심, 비굴하지 않은 풍모, 수용, 인자함, 일관성, 그리고 정직함이다. 훌륭한 리더great leader들의 공통점은 박학다식博學多識, 관용적 성격, 진보적 성향, 강한 자신감, 굳은 의지, 창의적인 사고, 날카로운 통찰력, 정책결정 능력, 협력 의지, 그리고 조직능력이다.

조타操舵(선박의 키key 조종), 현명한 관리란 독단적으로 판단하지 않고 민주적으로 다수의 의견에 전적으로 의지하지 않으면서도 때로 홀로 행하는 것이다. 민주적 관리는 만병통치약이 아니다. 그것이 유일한 리더십 또한 아니다. 때로 투표할 시간조차 없는 상황도 많다. 그래서 경영에 있어서는 <선善>에 바탕을 둔 덕망 있는 독재자가 필요하다. 경영이 어려울 때 '지금 이 정상의 자리에는 서 혼자입니다'를 외칠 수 있는 경영자가 되어야 한다.

리더십leadership이란 조직 목적달성의 방향설정 및 동기부여를 통하여 조직구성원들로 하여금 조직목표를 달성토록 영향을 주는 것이다. 이러한 리더십은 물질적 보상의 제시나 벌의 위협 또는 부

하들의 과업환경 조정에 중요성을 두는 것이 아니라 비전을 제시하고 영감을 가져다주는 메시지, 무언의 교감을 통한 커뮤니케이션, 이상적 가치관에 호소하는 행동과 배려, 지적 자극intellectual stimulus 제공, 확신적 태도의 제시로 과업수행과 목표달성의 의미를 갖도록 해주는 것이다.

조직은 리더leader의 생각과 마음의 크기만큼 성장한다. 리더가 편협한 시각과 한정된 경험을 갖고 있으면 조직전체가 역동성을 잃어버린다. 리더의 마인드는 눈이 녹기를 기다리지 않고 눈을 밟아 길을 만들어 간다. 미 육군에서는 리더십을 다음과 같이 정의한다.

"Leadership is the process of influencing others to achieve missions by providing purpose, direction and motivation."

유대 율법에서 출발한 리더십은 '젊은 사람부터 발언하게 하라'에 있다. 젊은 사람들의 자유롭고 재기 발랄한 의사를 사전에 차단할 우려가 있다고 판단했기 때문이다. 리더십의 궁극적 목표는 조직구성원이 자신의 위치에서 자신의 역할을 감당할 수 있도록 만드는 것이다. 자신의 위치에서 자신의 역할을 한다는 유소작위有所作爲다. 지도자의 리더십이 작용하지 않는 시간은 오케스트라의 연주 전 각자가 가진 악기의 조율을 위해 내는 시끄러운 소음이 엉켜 참기 어렵고 괴로움을 일으키는 순간과 같다. 지휘자가 지휘봉을 들고 연주를 시작하면 아름다운 화음을 생성한다. 이것이 관계성의 조화harmony of relationships다. 순기능의 아름다움을 창조해 낸다. 이것이 리더십이다.

인간이 존경하는 지도자 상의 우선되는 변수가 역경에서 시련을 극복한 능력의 검증이다. 이것이 평화와 번영을 함께 누리게 만드는 능력을 가진 지도자보다 더 사랑을 받게 하는 변수다.

오래 전 복사기 제조회사의 텔레비전 광고를 상상해 본다. 한 젊은 수도승이 열심히 기도서와 문서들을 일일이 손으로 베끼고 있다. 사제가 다가와서 두꺼운 두루마리 책을 한 권 주면서 옮겨 적으라고 한다. 수도승은 근심에 싸인다. 그때 문득 한 구석에서 복사기를 발견하고는 하늘을 우러러보며 기적이라고 외친다. 자! 이 획기적 복사기의 발명으로 인한 피해자가 없을 손가? 수많은 필사담당 수도승들은 실직될 판이다. 잘 조직된 수도승 위원회가 복사기를 부숴 버릴 것을 주장하면서 도심을 향해 시위행진protest march을 벌이는 장면을 상상해 보라. 어떤 리더십이 필요 될까를...

1899년 만 24세의 중추원 의관 이승만은 고종을 협박, 이강에게 양위시키고 일본의 망명 중이던 개화파 박영효를 맞아들여 혁신내각을 수립한다는 일종의 쿠데타 계획에 관계했다가 체포되어 사형에 처해질 위기까지 갔다. 그는 미국인 선교사들의 구명운동 덕분에 종신형으로 감형되었다. 그 뒤 약 6년간 한성감옥에서 생활한다. 이 옥중이야말로 그 뒤의 이승만을 만들어낸 극기의 교육장이었으며 리더십을 인정받는 시험장이 되었다.

갈등의 실타래를 푸는 능력을 리더십이라 하는데 갈등의 세 가지 종류가 자신 내부의 갈등, 외부 조직과의 갈등, 그리고 조직과 조직 간의 갈등 중에서 자신 내부의 갈등을 다스리는 능력을 진정한 리더십의 출발이라 한다.

리더십이라 하면 타인을 다스리는 것으로 먼저 생각할 수 있다. 그것은 아니나. 자신을 먼저 다스리는 것이다. 수기치인修己治人이다. 리더leader는 자신의 수양과 극기를 이루고 난 다음에라야 타인을 이끌 수 있게 된다는 것이다. 자신을 다스리기 위한 수기修己 즉, 자신의 몸과 마음을 닦는 일(자기 수양)이 없으면 타인이 진심으로 추종하는 치인治人(한 나라 또는 하나의 조직을 다스리는 사람)을 할 수가 없다는 것이다. 기업조직 발전을 위해 제일 많이 걱정하고 끝까지 걱정하는 고독한 투사가 경영자이다. 그래서 경영자는 투쟁의 연속선상에서 경영의 진정한 의미를 발견하여야 한다.

어떤 숲에 가뭄이 들어 먹을 것이 부족했다. 그래서 모든 동물들이 같이 모여 음식을 어떻게 나눠먹을지 의논했다. '내가 보기엔 모든 동물이 똑같은 양을 받아야 한다고 생각해.' 토끼가 대담하게 말했다. '너 말 한번 잘 하는 구나.' 사자가 말했다. '너에게 우리와 같은 발톱과 이빨이 있다면 네 말이 좀 더 설득력이 있었을 텐데 말이야.'

고려 제31대 왕인 공민왕은 100년 간 존속한 쌍성총관부를 쳐서 폐지하는 등 빼앗긴 영토를 회복하고 신돈을 등용하여 정치개혁의 성과를 올린 영민성agility을 가지고 있었으며 그럼에도 뛰어난 고려의 대표적 화가의 한 사람이다. 그러나 수구파의 주장에 밀려 신돈을 역모죄로 처형한 후 정치개혁의 의지를 잃고 만다. 또한 공민왕은 미소년 집단의 자제위子弟衛 출신인 홍륜이 익비(공민왕의 왕비)를 범하여 임신시키자, 이를 은폐할 의도로 홍륜과 최만생 등을 죽이려다가 계획이 누설되어 오히려 그들에게 살해되었다.

계획의 준비는 답답하다고 느껴질 정도로 치밀하게, 그 실행은 노도怒濤(무섭게 밀려오는 큰 물결)와 같이, 독수리가 먹이를 챌 때의 나래 짓과 같아야 성공한다. 조선조의 건국과 함께 기득권층이었던 고려의 권문세족들은 가지고 있던 모든 것을 잃었다. 목숨도 역시 잃고 말았다. 그들은 그렇다면 무엇을 위해 개혁에 반대했던가? 특권을 가지고 있는 사람들은 사회와 조직에 대해 의무 역시 가지고 있다. 그들은 자신들이 밟고 서 있는 사람들의 삶을 돌보지 않았다. 그들이 죽으면 자신들도 죽는다는 사실을 알지 못했다. 기득권자들은 언제나 불리한 개혁에 찬성하지 않는다. 아직 견딜 수 있으리라 생각하여 버틸 수 있을 때까지 개혁에 저항한다. 그들이 포기할 때는 이미 늦는다. 모든 것을 잃은 다음이기 때문이다. 그래서 변화가 새로운 시작보다 어렵다는 것이다. 지도자의 결단력과 지도력과 덕망이 중요시됨을 본다. 리더는 포도주를 마시면서 조언을 받고, 물을 마시면서 결심하는 사람이다.

리더십의 최고핵심은 구성원의 마음을 잡는데 있다. 공심위상 攻心爲上이다. 삼국지에서 조조는 서서徐庶(유비의 책사)의 뛰어남을 알고, 정욱의 계략을 이용하여 서서의 모친을 잡아 온다. 그리고 필적을 흉내 내어 서서로 하여금 모친을 구하기 위해 항복하게 한다. 대단한 효자인 서서는 편지를 받자마자 눈물을 흘리며 모친에게로 달려갈 것을 결심한다. 유비는 송별연을 열어 그를 보내면서 못내 이별이 아쉬워, 한 마장 또 한 마장 그를 따라가며 이별을 진심으로 아쉬워했다. 서서가 보이지 않게 되었어도 전송을 계속하며 그곳을 떠나지 않고 있었다. 한 마장을 떠난 서서가 문득 중요한 것을 기억해 내고 말머리를 돌려 유비에게 다시 돌아와 제갈량을 추천(유비의 휘하로)하고, 조조를 위해서 어떠한 지혜도 빌려주지 않을 것을 진심으로 약속하며 떠났다. 삼국지의 판도를 바꾸는 장면이었다.

> **「선원들이 키의 방향을 두고 싸우고 있네.**
> **그들은 훌륭한 선장이란 모름지기 계절의 진행과 운행하는 별, 바람의 현상과 같은 항해에 필요한 지식을 갖추어야 한다는 점을 이해하지 못하네.**
> **그 모든 것이 선장에게 꼭 필요한 기술이지.**
> **선장은 학습에 의해서든 경험에 의해서든 키를 조종하는 기술을 익혀야 하며, 선원들 중에 반대하는 사람이 혹 있더라도 목표를 향해**(MBO : Management By Objective) **키를 조종해야 하네.**
> **만일 그런 선장이 있다면 항해도중 별을 관측하는 전문가를 따로 고용할 필요가 없지 않은가?」**
>
> **- 플라톤 -**

파괴를 통한 개혁은 실패할 확률이 높다Reform through destruction is likely to fail. 변화의 유도다. 변화를 당하는 입장에서 새로운 시스템에 적응해 간다는 것은 생존 즉, 살아남게 된다는 것이다. 기득의 이득을 포기한다는 의미를 갖는다. 이것은 빔을 위한 갈등에서의 승리며 공즉공입성空卽空入性이며 무위無爲다.

빔(무위無爲)을 볼 줄 안다는 것은 개인이나 조직은 존경을 받는다는 것이며, 빔을 실행할 줄 안다는 것은 성聖의 영역에 다다랐다는 것으로 테레사 수녀의 예로 할 수 있을 것이다. 빔을 위해 희생한다는 것은 신성神聖의 영역에 다다랐다는 것으로 신의 아들인 예수 그리스도가 죄로 말미암아 죽을 수밖에 없는 인간의 대속代贖을 위해 살 찢고 피를 흘리며 십자가에 못 박혀 아버지의 공의를 준행하여 인간을 구속救贖시키는 예로 볼 수 있을 것이다. 빔은 자연自然(to be nature)이 되는 것이다. 산이 되지 않고, 물이 물 되지 않을 때 고통이 된다. 즉, 재앙disaster이 된다.

「우리는 누구인가?

우리는 어디서 왔는가?

우리는 어디로 가는가?」를

자문해 보지 않은 경영자는 실패할 확률이 높고 불확실성이 상대적으로 높다고 할 수 있다. 이는 경영의 주요한 축이 인간으로 구성되어지기 때문이다.

존재라는 것, 존재한다는 사실은 여전히 뛰어넘을 수 없는 장벽으로 버티고 있다. 그러나 우리는 모든 진실이 우리 앞에 언젠가는 적나라하게 드러날 것이라고 가정해서도 안 된다. 영원히 알 수 없는 영역이 존재하고 있다는 사실도 기꺼이 받아들어야 하며 우리 앞에는 오직 주위에 대한 이해를 더욱 명확하게 하려는 겸허한 시도만이 있을 뿐임을 알아야 한다. 이렇게 불완전한 우리의 지식에 대한 보상으로, 탐구의 즐거움이 우리를 기다리고 있다. 즉, 드높은 곳으로의 탐구는 그 나름의 보상을 가져다준다. 그 과정에서의 스트레스는 진정한 삶의 양념쯤으로 생각해야 한다. 감내할 만한 시련은 신이 우리에게 부여한 축복중의 하나다.

폭풍이 그로 하여금 부드러운 미풍을 염원하게 하고 구름이 태양을 염원하게 하며 메마른 대기가 비를 염원하게 할 때 그의 마음은 신을 갈구하는 법을 배우게 된다. 우리가 환난 중에도 즐거워하나니 이는 '환난은 인내를, 인내는 연단을, 그리고 연단은 소망을 이루는 줄 앎이노라.' 환난ordeal(근심과 재난)은 인내를 이룬다. 인내忍耐란 참을 수 있는 힘과 끈기, 그리고 견고함과 확고부동함을 의미한다. 그것은 그냥 모든 일에 무작정 참아내는 것이 아니라 방향성과 목적성을 가지고 있다. 고난 자체가 축복이라고 말할 수는 없지만 믿음으로 대처하는 어려움이 우리에게 가져다주는 결과물은 참으로 놀라운 것이다. 고난은 인내를 배우게 한다. 이것은 한편으로 성격적이고 인격적으로 다루어짐을 동반한다. 조급한 성품, 쉽게 화내고 열을 올리는 성격, 그리고 기다림보다 자신의 생각을 따라 앞서 나가는 모든 성격들이 환난을 통해 다듬어진다. 사람들은 자신의 별나고 모난 성격을 오히려 은근히 자랑하곤 한다. 그러나 그것은 처리되어야 할 성격이지 자랑할 부분이 아니다.

인내는 연단鍊鍛을 이룬다. 연단은 단련이다. 또한 훈련이다. 운동선수가 경기를 위해서 훈련과 연습을 거듭하는 것이 연단이다. 학생이 미래를 위해서 열심히 공부하여 전공과 외국어 실력을 쌓는 것도 훈련이다. 또한 질그릇이 단단한 사기그릇이 되기 위해 불속에 들어가 구워지는 것이 연단이다. "너희 믿음의 시련이 불로 연단하여도 없어질 금보다 더 귀하여 예수 그리스도가 나타나실 때에 칭찬과 영광과 존귀를 얻게 하려함이라." 연단의 목적은 우리를 강하게 함과 합당한 그릇으로 쓰임 받도록 불순물을 제거하기 위함이다. 연단 받아야 청결해진다. 그리고 강인해질 수 있다. 그래야 이 사회에 쓰임 받을 수 있다.

연단은 소망을 가져온다. 연단 받은 사람은 그 마음이 이 사회에 대한 소망과 비전으로 가득 찬다. 연단을 통해 불순물을 걸러낸 이들은 사회의 영원한 소망으로 충만하다. 이제 그들이 가진 비전과 소망은 인내하지 못하며 연단 받지 못한 사람들처럼 더 이상 생각 속에서 만의 희망 사항이 아니다. 실제적인 것이다. 그들은 국가와 사회에 쓰실 수 있는 도구와 통로로 이미 준비되었으며 그것을 감당할 만큼 강하게 단련되었다. 소망은 결코 우리를 부끄럽게 하지 않는다. 이렇게 다듬어지고 확고해진 소망은 힘이 있다.

따라서 결국 환난은 연단을 거쳐 궁극적으로 소망을 이루어낸다.

올바르게 뿌리를 내린 나무는 폭풍이 불어오기를 기다린다. 그것은 하나의 도전이다. 폭풍이 불어올 때 나무는 자신이 얼마나 뿌리를 잘 내렸는가를 알게 된다. 힘과 생명력을 느끼게 된다. 폭풍은 결코 적이 아니다. 모든 먼지와 권태를 씻어가는 하나의 도전이다. 살아 있음을 느끼면 다시 젊어진다. 폭풍은 나무를 보다 젊고 강하게 만드는 새 생명의 씨앗이다.

스트레스는 즉, 긴장이란 삶의 양념(Stress is the spice of life)이며 영원하고도 불가결한 요소이다. 사실 그와 같은 조석현상이 없었다해도 우리는 존재할 수 있었을지도 모른다. 하지만 만일 그랬다면, 우리는 결코 우리 자신이라는 존재에 대해 아무 것도 알지 못한 채 그대로 끝나고 말았을지도 모른다.

까마귀 한 마리가 나무 위에 앉아 하루 종일 빈둥거리고 있었다. 토끼가 그 까마귀를 보고 '나도 너처럼 매일 빈둥거리고 앉아 있어도 될까?'라고 물었다. 까마귀가 대답했다. '당연하지 안 될게 뭐 있어?' 토끼는 까마귀의 말을 듣고 나무 아래 그늘에서 쉬기 시작했다. 그런데 갑자기 여우 한 마리가 나타났다. 그리고는 토끼를 잡아 꿀꺽 삼켜버렸다.

신은 인간에게 감내할 수 있는 고통만을 준다. No more good must be attempted than the people can bear.

– Thomas Jefferson –

9. 시스템의 효율성

분업 시스템의 효율에서 나타나는 필연의 결과인 임금의 차별화 현상이 자본주의 시스템의 원동력이자 동시에 문제점으로 제기된다. 스미스는 왜 분업이라는 시스템의 원조가 생산성 증대에 크나큰 기여를 할 수 있는지 그 이유에 대해서 일목요연하게 밝히고 있다.

첫째, 노동자들은 맡은 일을 더 숙달할 수 있다.

둘째, 노동자들의 작업 선환 시 소요되는 시간을 없앨 수 있다. 특히 작업 전환이 작업복, 공구 등의 교체나 위치전환을 요할 경우 분업의 우열성은 확연해진다.

셋째, 전문화된 노동자들이 매일 같은 작업을 되풀이하다 보면 작업능률을 엄청나게 향상시킬 수 있는 공구나 기계를 고안해 낼 가능성이 높다. 스미스는 공학자들보다는 오히려 노동자들이 작업개선과 신발명을 더 잘 해낼 수 있다고 믿었다.

분업은 확실히 능률적이긴 하나 직종간의 임금격차 발생의 주원인이 될 수 있다고 덧붙였다. 임금수준에 관한 스미스의 난해한 가설에는 사실 스미스의 명쾌한 맛이 난다. 스미스는 직종간의 격차가 발생하는 이유를 다음과 같이 설명한다.

첫째, 어떤 직종은 불유쾌하거나 위험한 작업환경을 전제로 한다. 따라서 임금을 높게 책정하여 그 작업환경에 대한 보상을 해 주지 않으면 아무도 그 직업에 종사하려 들지 않을 것이다. 63빌딩 꼭대기의 유리창 청소부는 길거리 청소부보다 시간당 임금을 더 많이 받는다. 물론 누구나 볼 수 없는 더 나은 전망도 즐기기는 하지만...

둘째, 특수한 교육을 요하는 직종은 임금수준이 높다. 특수 장비 기사가 택배기사보다 돈을 더 번다.

셋째, 불규칙적이거나 불안정한 직종은 임금수준이 높다. 선박의 일꾼이 다른 비슷한 교육수준의 노무자들보다 돈을 더 받는데, 그 이유는 기후, 날씨 등의 영향을 받아 조업일이 적어질 수 있기 때문이다.

넷째, 높은 신용 수준이 요구될 때 임금은 올라간다. 많은 사람들이 다이아몬드를 도매상에서 사지 않고 좀 비싸더라도 믿을만한 티파니 같은 고급 보석상에서 산다.

다섯째, 성공률이 낮은 일일수록 성공했을 때 그 보상은 커진다. 변호사는 민사변론을 조건부로 수락하는 경우가 많다. 즉, 승소할 경우에만 수임료를 받겠다는 것이다. 물론 승소할 경우 받게 되는 수임료는 엄청나다.

이것이 지혜경영시대의 연봉제에서 다시 부활되고 있는 능률급제이다. 진리에는 고금의 차이가 없다. 민주주의가 이유 없이 나누어 갖는 평등주의가 아님을 알게 하는 대목이다. 차별은 생산성의 원동력이며 민주주의의 엔진이다.

두 동갑내기가 같은 유통센터에서 똑같은 월급을 받고 종업원으로 일하고 있었다. 얼마 지나지 않아 둘 중 나잘해라는 젊은이가 승진을 거듭한 반면, 봉달수라는 젊은이는 제자리걸음이었다. 봉달수가 사장에게 불만을 토로 했다. 불만을 들은 사장은 어떻게 하면 그에게 나잘해와의 차이를 설명할 수 있을까 고민하기 시작했다.

사장이 다음과 같이 지시했다. “봉달수군, 지금 당장 시장입구에 가서 오늘은 누가 무엇을 파는지 알아오게.” 시장에서 돌아온 봉달수는 사장에게 한 농민이 감자를 팔고 있더라고 했다. 이에 사장은 양이 얼마나 되던가? 라고 물었다.

봉달수는 다시 시장으로 달려갔다 온 후 감자가 모두 40자루라고 알려주었다. “가격은 얼마던가?” 봉달수는 또 다시 시장으로 달려가 가격을 알아왔다. “그만하면 됐네.” 사장은 봉달수에게 나잘해군이 어떻게 하는지 지켜보라고 했다.

똑같은 사장의 지시로 시장조사를 하고 돌아온 나잘해는 지금 한 농민이 40자루의 감자를 팔고 있는데 가격이 이러이러하고, 품질이 꽤 쓸만해 샘플을 한 개 가져왔으니 사장님이 직접 보시라고 했다. 가격이 그렇게 싸고 질 좋은 감자라 사장님이 아무래도 들여놓으실 것 같아서 그 농민을 가게 앞에서 기다려 보라고 했다는 것을 보고했다.

사장은 봉달수를 돌아보고 말했다. “이제 그만하면 나잘해의 월급이 왜 자네보다 많은지 알겠는가?”

6장

노아의 방주처럼

생산운영	항산항심恒産恒心 → 초윤장산礎潤張傘 → 조고각하照顧脚下 → 구맹주산狗猛酒酸 → 음우지계陰雨之戒

한결같은 마음을 가질 수 있기 위해서는 그것을 뒷받침해주는 목적과 토대가 마련되어야 한다(항산항심恒産恒心). 기술은 차별화된 지속적 공급능력이다. 주춧돌이 젖어 있으면 비가 내릴 징조이니 미리 우산을 준비해야 하듯이, 고객을 파악 한 후 생산한다(초윤장산礎潤張傘). 자신의 다리 아래를 먼저 밝혀 본다. 위험한 함정은 멀리 있는 것이 아니라 바로 자기 발 앞에 있다(조고각하照顧脚下). 전사적 품질관리다(구맹주산狗猛酒酸). 개가 사나우면 술이 쉰다. 사나운 개가 술집 앞에 버티고 있으면 기껏 찾아온 손님들은 발길을 돌린다. 불확실한 상황에 대처하기 위한 여분의 비축이 재고다(음우지계陰雨之戒).

1. 생산기술의 본질

경영학을 한다는 것은, 또한 기업을 경영한다는 것은 선행자의 뒤를 묵묵히 따라만 가는 것이 아니라 도도히 흐르는 강물 위에 한 쪽박의 물을 더하는 것과 같은 보탬을 추가하는 것이다. 口(입 구口)+鳥(새 조鳥)=鳴(울 명鳴)의 뜻으로 '새의 부리'라는 뜻이 아니라. '울다', '명성이 들날리다', 또는 '새가 서로 짝을 구하여 부르다'의 뜻이 나온다는 것을 유추할 수 있는 능력배양Capacity Building(CB)의 과정이기도 하다.

If you don't know where you's going you can't get lost.

— Bill Griffith —

오래 전에 친한 사람들끼리 모인 칵테일파티에 참석한 적이 있다. 그런데 아주 친절해 보이는 여종업원이 마티니martini 즉, 드라이 진에 드라이 베르무트를 섞은 후 올리브로 장식한 칵테일 잔들이 놓인 쟁반을 받쳐 들고 나타났다. 그 종업원이 권하는 마티니를 거절하는 것은 결례일 것 같아 한 잔을 받아들었다. 잔을 눈높이로 들어 속에 든 액체를 물끄러미 바라보며 난 마티니와 관련해서 인간이 성취한 기술적 승리에 대해 생각해 보았다.

발효는 아마 문명만큼이나 긴 역사를 갖고 있을 것이다. 인류학자들이 이제까지 발견한 모든 문명은 어떤 형태로든 술을 개발했다. 4,200년 전의 메소포타미아 토기에는 양조과정의 그림이 새겨져 있었다. 구약은 포도주에 대해 186번이나 언급하고 있다. 칵테일파티에서의 교양인에게는 이런 것이 아주 유용한 상식이 될 것이다. 서기 800년경의 유럽 수사들은 포도주를 만드는데 있어 상당한 수준의 기술과 생산능력을 갖고 있었다.

속에 든 잔 밑바닥에는 큰 녹색의 올리브 열매 하나가 조용히 가라앉아 있었다. 사실 인간이 어떤 경로를 거쳐 올리브 열매를 먹게 되었는가를 오랫동안 궁금해 했었다. 오늘날 올리브 처리 기술에 대한 여러 문제를 드러내 보여준다. 생 열매는 글리코사이드라는 아주 쓴 성분을 함유하고 있어서 그대로 먹을 수가 없다. 그래서 올리브는 수확하자마자 묽은 잿물에 푹 담근다. 그 후 알칼리 용액 속의 하이드록사이드(OH)는 몇 번의 세척을 거쳐 제거하고 올리브는 다시 진한 소금물에 절인다. 몇 주 뒤에 발효를 지속시키기 위해 설탕이 들어간다. 그리고 6개월 후 올리브는 병이나 깡통에 포장되면서 식품이 되는 것이다.

고개를 돌리니 어떤 사람이 미소 지으며 다가오고 있었다. 그에게 이렇게 말했다. '오늘날 마티니가 있기까지의 기술적 발전에 대해 생각해 본 일이 있으신지요?'...

우리의 사회가 이러한 충격을 받은 것은 처음이 아니다. 2백년 전 산업혁명industrial revolution이 영국에서 시작되었을 때, 사람들은 상품에는 가치와 같은 것이 있을 수 없다고 말했다. 당시 실재하고 존속하는 유일하고 절대적인 가치는 자연자원, 토지, 그리고 건축물이라고 생각했다. 이러한 것들은 유한하면서 장차 못쓰게 되는 제품에 참된 가치가 있다는 것을 생각지도 못했던 것이다. 그렇지만 머지않아 시간적 차이를 극복하고서 새로운 상황에 적합한 사고방식이 나타났다. 즉, 산업사회industrial society에 적합한 경제이론이 발전하고, 사회주의와 자본주의라는 두 개의 이론이 경합을 벌이게 되었다.

경제economy란 재화와 서비스를 생산하고, 분배하며, 그리고 소비하는 활동이라고 정의할 수 있다. 이런 활동을 통해 형성되는 사회적 관계를 의미하기도 한다. 그렇다면 사회주의와 자본주의 경제체제economic system는 어떻게 구분할 수 있을까? 위에서 언급한 경제의 정의에서 생산과 분배의 권한을 누가 소유하느냐에 따라서 자본주의와 사회주의로 구분할 수 있다. 자본주의capitalism 경제체제는 생산수단을 개인이 소유하고 시장의 자율적인 기능으로 자원이 배분되는 반면, 사회주의socialism 경제체제에서는 생산수단을 국가가 독점하고 자원배분 또한 국가 또는 중앙정부의 계획에 의해 이루어진다. 따라서 효용과 이윤을 극대화하기 위한 자유주의적인 이념을 추구하는 자본주의 경제체제와 달리, 사회주의에서는 평등주의를 중심으로 형평성을 위한 경제이념을 추구한다.

그러나 오늘의 정보사회information society에서 현재 사람들은 다시 다음과 같은 의문을 품고 있다. 언젠가는 사라져버리는 컴퓨터 스크린상의 순간적인 데이터에 불과한 정보에 도대체 어떻게 어떤 가치를 부여할 것인가를 고뇌하게 되었다. 지금은 정보에 가치가 있다는 견해가 널리 받아들여지게 되었지만 지식, 정보, 창조성과 같은 무형의 재산을 정확히 계량화할 수 있는 경제모델은 아직 없을 뿐 아니라 과거를 바탕으로 미래를 예측하는데 주안점을 둔 경제모델로는 정보의 가치를 표준화시킬 수 없을 것이다.

지금의 글로벌 경제가 보여주고 있는 수백만 개의 변수를 고려해 볼 때, 수백 개 또는 수십 개의 변수를 사용하여 통계적 모형(컴퓨터 모형)을 만드는 등 현재까지의 계량적 자료를 바탕으로 미래의 경제예측을 정확하게 하려는 시도는 어떤 방법이나 모델을 도입하든지 우수꽝스런 시도일 것이다. 그래서 과학science과 상황적합적 의사결정의 영역 즉, 기예art의 영역을 포괄하고 있는 경영학적 접근방식인 지혜경영의 연구가 필요하게 된다. 정녕 미래는 경영학적 사고가 필요 되는 시대라 할 수 있다.

2. 기술변화의 추세

기술과 시장이 결합해야 성공한다. 기술변화의 추세technology road map를 읽을 줄 알아야 된다는 것이다. 그리고 시장을 눈으로 확인하는 습관을 가져야 한다. 1970년대 이전까지는 다른 나라의 상품을 모방하여 자국의 소비자에게 공급하거나 해외시장에서 출품하는 수준으로 만족하였으나 세계경제가 블록화(경제 연합화)되고, 선진 각국이 자국 내로 유입되는 상품이나 기술에 대해 자국수준의 규격을 요구하게 됨으로써 국제표준화international standardization에 대한 높은 관심을 갖게 된 것이다.

1970년대는 소비자의 상품선택 기준이 새로운 것으로서 기능이나 효과가 뛰어난 것에 그 기준점을 두었다면, 1980년대는 부가가치가 높은 상품지향성으로 만족의 질적 변화가 나타나기 시작하였으며, 1990년대에서는 미적요소 즉, 하이터치(하이테크+휴먼터치)한 요소를 담은 문화성이 높은 산업이 경제의 견인차로 등장하면서 자원, 환경 등 인류의 생존권에 관한 문제가 부각됨과 동시에 사회성 평가가 중요시되고 있다. 그리고 2000년대를 거쳐 2023년 오늘에 이르기까지 기업들은 소비자의 메가트렌드megatrend를 챗GPT로 읽어내고 성능품질에 더해서 감동품질로 소비자의 선택을 기다리고 있다.

환경오염방지 산업은 국내외적으로 환경오염규제가 본격적으로 강화되는 현실로 볼 때 그 성장 잠재력이 막대할 것으로 예상된다. 따라서 이제는 제품기획 단계에서부터 환경요인을 충분히 반영하며 환경비용이 부대 경비가 아니라 생산필수경비라는 인식 하에 미래지향적 기업존립을 위한 품질경영차원에서 환경문제에 접근해야 할 것이다.

우리나라는 1960년 이래 급격한 산업화 과정을 겪으면서 전통사회적 가치관이 붕괴되고 이를 대체할 만한 사회윤리social ethics가 형성되지 않은 가운데 사회적 부의 축적이라는 국가목표가 모든 수단을 정당화하게 되었다. 이러한 사회윤리의 부재 속에서 기업윤리business ethics가 올바로 정착될 수 없었던 것이다. 경영자는 기업의 의사결정에 있어서 경제적 성과위주로 능력개발이 되어 왔기 때문에, 기업의 사회적 성과나 윤리성ethicality에 대한 이해와 대안이 빈약할 수밖에 없다.

이제 우리나라의 기업은 국제화 시대에 있어 이러한 윤리문제ethical issues를 시급히 해결하지 않으면 안 될 단계에 놓였다. 이러한 윤리문제는 비교적 고정적인 기업문화enterprise culture와 관련되어 있어 단기간 내에 해결될 성질의 것은 아니며 올바른 기업윤리의 정착을 위해서는 장기적이고도 전사적인 노력이 필요하다.

경제적으로 성공한 국가의 사회와 윤리적, 사상적 성공요인을 살펴보면 그 시대를 이끌어간 건강한 보편사상이 존재했기 때문임을 알 수 있다. 비판과 다양성을 창조적 원동력의 구성인자로 흡수해 버릴 수 있는 데모크라시즘에 기초한 고객 사랑의 미국의 청교도 정신과, 관료를 무역활동의 경비집사警備執事로 인식한 사까이 지역의 상인정신과 조직 응집력을 유지할 수 있는 사무라이 정신의 결합으로 이룩된 일본의 <화和>의 정신들이 미·일을 세계 최강국으로 만들었다면, 원로정치의 바탕이 되고 있는 중국의 경노사상이 정치적 안정과 안정적 경제발전에 긍정적 영향을 미쳐 중국을 경제 강국으로 만드는 성장촉진제 역할을 하였다.

경로사상(가족윤리에서 사회윤리로)에 기초한 중화사상sinocentrism(중국의 자문화 중심주의적 사상)에서 나타나고 있는 기업윤리를 보면,

- **군자애재君子愛財**
  (군자는 재물을 좋아하는데 : 경제인의 논리),
- **취지유도取之有道**
  (그것을 취하는 데는 도가 있느니라 : 기업윤리의 강조),
- **경업낙군敬業樂群**
  (자기 업을 공경하고 무리를 즐겁게 하라 : 행동시스템 고객만족)

으로 정리된다.

우리나라는 유교사상에 기초한 가족공동체정신을 이 시대의 사회윤리로 강조할 필요가 있다. 산업민주화 과정에서의 노사갈등을 원만히 해결한 기업들의 결정적 성공사례에서 보면 기업조직을 가족공통체로 인식한데서 그 파고를 원만히 극복해 왔음을 볼 수 있기 때문이다. 영업소기榮業所基다. 영업의 번성은 기본정신의 충일에서 기인된다.

3. 실사구시의 의미

기술은 차별화된 지속적 공급능력이다. 항산항심恒産恒心 즉, 한결같은 마음을 가질 수 있기 위해서는 그것을 뒷받침해주는 물적 토대가 마련되어야 한다는 것이다. 기법과 이론들이 실제 상황에서 적용되어질 때 그 결과의 동일성이 나타나도록 추구하는 것이다. 즉, 실사구시實事求是다(한서漢書). 이런 항산항심恒産恒心은 물질이 변하지 않으면 마음도 변하지 않는다는 의미도 갖는데 세상에서 변하지 않는 것이 없다는 것을 의미하는 말이다(관자管子). 만물이 지속적으로 변한다는 말은 성공, 진보, 성취 등 상향으로 이끌던 전략이 실패와 정체 그리고 기회를 놓치는 '하향전략'으로 바뀔 수 있다는 것을 뜻한다. 창업 초기에 효과를 봤거나 재미를 봤던 전략을 큰 시장으로 진출하면서도 쓰게 되면 그 사업은 실패한다.

생산인간 - 전문성mastery : **기술사 특유의 기술 존중**
소속감membership : **동반자 인식의 인간관계**
성취동기meaning : **인간본성의 자기인식**

4. 초윤장산의 정신

주춧돌이 젖어 있으면 우산을 펼친다는 뜻의 초윤장산礎潤張傘이라 했다(변간론辨姦論). 주변 환경의 사소한 변화의 조짐에서 결과를 예측하라는 것이다. 한 방향으로의 집착은 위험을 불러온다는 계영일상戒盈一墒이다. 위험이란 미래 현금 흐름의 분산정도다. 기대효과가 크면 클수록 위험 또한 크다. 노력이 없는 성취 뒤에는 언제나 마귀가 있다. 독버섯일수록 그 색깔은 화려하다. 실패는 자신의 내부에서 자란 허욕의 싹일지도 모른다. 공곡전성空谷傳聲이다. 골짜기가 깊고 비어 있으면 소리를 잘 전달한다는 의미다. 마음이 비어 있으면 우리를 넘어뜨리려 하는 공격의 화살 소리를 감지할 수 있게 된다(장자 서무귀徐無鬼).

5. 일호지액과 품질

품격品格의 한자를 파자破字하면 즉, 한자의 자획으로 풀어 나누어 보면 품品자는 많은 입을 나타내며 격格자는 나무木에 각각各의 이름을 기록한다는 의미로 풀이된다. 많은 사람의 입에 오르내릴 만한 명품이라는 뜻이다. 구전마케팅word of mouth marketing의 출발이 품질이라는 의미다. 직목선벌直木先伐이요 감천선갈甘泉先竭이라 했다(장자 산목편山木篇). 곧은 나무를 먼저 베어 쓰고, 단 샘물이 먼저 고갈된다. 먼저 팔려나간다는 것이다. 고객과의 최단, 최고속도의 만남은 품질의 우수성에 있다 하겠다.

삼십폭공일곡三十輻共一轂 당기무當其無 유거지용有車之用(Thirty spokes converge upon a single hub, It is on the hole in the center that the use of cart hinges.)이다. 수레바퀴에 있어 서른 개의 살이 중앙으로 모

이는데 거기에 비어 있는 한 구멍, 곧 무가 있다. 이 무가 있어 바퀴는 그 기능을 발휘한다는 뜻이다. 전사적 품질관리 방안의 설명이다.

구성체 하나하나의 중요성 관리의 의미인 구맹주산狗猛酒酸이다(한비자韓非子 : 법가사상가 한비의 저서). 개가 사나우면 술이 쉰다. 사나운 개가 술집 앞에 버티고 있으면 기껏 찾아온 손님이 발길을 돌린다. 명품의 붓을 만들 때 귀하게 여기는 붓털이 여우의 겨드랑이 털인데 이를 일호지액一狐之腋이라 한다. 일호지액은 명품의 생산을 의미한다. 일 자체가 수행이다. 제업즉수행諸業卽修行이다. 품질경영의 마음자세가 된다.

인간 평가에 있어서 손쉬운 방법으로 우리는 인격을 논한다. 이는 인간 개개인 누구나 독창적 인격을 소유하고 있기 때문이다. 인간의 창조물인 기업 또한 인간을 닮아 있기 때문에 품격을 갖는다. 기업 환경 속에서 품격에 따라 눈에 보이지 않는 상대적 평가 점수인 등급을 갖는다. 품질은 기업의 품격이다. 그래서 품질경영이 필요하다.

인간의 혼이 담긴 제품의 생산이 요구되어지고 있다. 그래서 지혜경영시대를 새로운 중세장인시대라 부르기도 한다. 인간의 두뇌 속에 존재하는 지식과 기술이 중요시되는 시대이며 인적자원이 기업자본 중에서 제일 주요한 자원이 되는 시대다.

이제 고객만족은 누구나 충족시킨다. 그래서 일반제품의 수준으로는 아니 된다. 고객감동이 필요하다. 그래서 명품의 생산이 요구된다. 유일무이unique의 명품의 생산이 요구되는 상황이 도래되고 있다.

품질은 기업의 의복이다. 의복은 지갑이 허락하는 한 훌륭한 것을 선택하되 부담스럽거나 눈에 거슬려서는 안 된다. 의복은 인품을 나타내는 한 변수다. 기업의 의복은 품질이다. 품질은 기업의 장점을 알리는 바디랭기지body-language며 기업 귀품의 한 변수가 되는 의복이기도 하다. 인간을 닮아 있는 기업, 기업을 닮아 있는 제품은 접하기 편하게user-friendly 만들어져야 한다. 사람들은 작고 아름다운 것에 편안함을 느끼는 경향이 있다.

앞에서 언급했던 장자의 산목편山木篇에 직목선벌直木先伐 감천선갈甘泉先竭이라는 말을 한 번 더 보자. 곧은 나무를 먼저 베어 쓰고, 단 샘물이 먼저 고갈된다는 것과 같이 고객과의 최단, 최고 속도의 만남은 품질의 우수성에 있다 하겠다.

명품일수록 신이 창조한 원본에 가까운 소재素材가 사용되기도 한다.

저기 저 아름다운 백합꽃을 보라!
솔로몬의 찬란한 보석 옷보다도 더 아름다운 저 백합꽃을 보라!

품격 있고 고급진 아름다운 포장도 품질의 일부분이다. 고객은 잘생긴 미용사는 못생긴 미용사보다 기술이 훨씬 뛰어날 것으로 인식한다. 의사가 흰 가운과 청진기 없이 진찰한다면 그 의료서비스는 싱겁고 의심스러울 것이다. 날아 갈 듯이 우아하게 차려입은 웨이트리스waitress, 최고급 본차이나 그릇, 리넨 식탁보, 물 흐르는 듯한 칸초네canzone, 그리고 비싼 음식 값에 곁들인 커피 맛은 왠지 맛이 있게 느낀다.

비 대중적 고급지향의 개성추구 경향인 스놉효과snob effect는 누구에게나 다분히 있다는 것이다. 그래서 소비자들은 차별화 전략differentiation strategy으로서 제품에 높은 가격을 책정했을 때 한결 좋은 인상을 갖는다는 것이다.

길을 가다가 두 남녀가 싸우는 것을 본다. 아름다운 여자가 남자를 때리는 것을 보면 왠지 남자가 맞을 짓을 했을 것으로 생각한다는 것이고, 못생긴 여자가 남자를 때리는 것을 보면 '저년 사람 죽이겠네'라고 생각을 한다는 우스개 이야기가 있다. 이처럼 사람들은 심지어 책을 겉표지로 판단하는 경향도 있다는 것이다.

서울 국립박물관의 연꽃모양의 청자연적, 똑같이 생긴 꽃잎들이 정연히 달려 있었는데, 다만 그 중에 꽃잎 하나만이 약간 꼬부라져 있다. 이 균형 속에 눈에 그슬리지 않는 파격의 조화, 이것을 추구하는 것이 품질경영전략이다.

품질경영전략의 실천은 서예의 한 획과 획의 관계보안과 같은 것이다. 일껏 붓을 가누고 조신해 그은 획이 그만 비뚤어 버린 때 우선 그 부근의 다른 획의 위치나 모양을 바꾸어서 그 실패를 구하는 것이 조화다. 그리하여 어쩌면 잘못과 실수의 누적으로 이루어 진 듯한, 실패와 보상, 결함과 사과의 노력들이 점철된 그러기에 인간적 애착human attachment이 더 가는 한 폭의 서예가 풍기는 향기와 같아야 한다.

여러 가지 형태로 서로가 서로를 의지하고 양보하며 실수와 결함을 감싸주며 간신히 이룩한 성취와 같아야 한다. 그중 한 자 한 획이라도 그 생김생김이 그렇지 않았더라면 와르르 열 개가 전부 무너질 수 있다. 심지어 낙관까지도 전체 속에 융화되어 균형에 한 몫 참여하고 있을 정도로 농밀濃密한 상호연계와 통일 속에는 이윽고 묵과 여백! 흑과 백이 이루는 대립opposition과 조화harmony, 그 <대립과 조화> 그것의 통일이 창출해 내는 드높은 질質을 가질 때 명품이 되는 것이다.

이에 반하여 규격화된 대량생산품 속의 하나일 듯한, 느낌이 없는 단순한 형태의 양적 집합이 갖는 냉랭함을 누가 더 이상 소유하고 싶어 할 것인가를 인지해야 한다. 이러한 느낌과 아울러 기능성도 예뻐야 한다. 옛날 우리들의 어머니들이 사용하던 다듬이 방망이,

남정네들은 모양이 유사하면 다 같은 것으로 생각하지만 엄청난 차이가 존재한다. 예쁘게 깎았다는 명품의 방망이에 대한 설명을 들어보면 이러하다. 배가 너무 부르면 옷감을 다듬다가 치기를 잘하고 같은 무게라도 힘이 들며, 배가 너무 안 부르면 다듬잇살이 펴지지 않고 손에 헤 먹기 쉽단다. 손에 꼭 맞아야 한다는 것이다.

현대건설의 창업주인 정주영 회장은 서산농장을 개발할 때 물막이 공법으로 폐선scrapped ship을 이용한 사례가 유명하다. 간척지를 양안에서 둑을 쌓아 좁혀 와서 두 지점이 만나는 곳에서의 조류tidal current가 급류를 만들기 때문에 마지막 물막이를 위한 공사가 난감이었다. 이때 거대한 폐선을 구입해서 급류를 막은 후 양안을 연결하고 폐선을 제거해 버림으로써 공사를 순조롭게 마무리하였다. 어느 누구도 상상하지 못한 방법으로 물막이 공사를 완수함으로써 세계를 깜짝 놀라게 했다. 그러나 새벽잠을 쫓기 위해 커피를 마셔가며 심혈을 기울여 이룩한 서산 농장! 자기의 생을 마감하기도 전에 현대건설의 유동성 부족으로 매각을 선택할 수밖에 없게 된다. 영고성쇠prosperity and decline의 무상함을 본다. 봄, 여름, 가을, 그리고 겨울의 순환으로도 볼 수 있다. 인간이 만든 기업, 그래서 인간을 닮아 있는 기업의 수명은 인간의 평균수명보다 짧다. 그러나 이러한 순환에도 예외의 원칙이 있다. 기업이 명품과 함께 할 때 영속한다. 몽블랑 만년필이 그 좋은 예다.

명품이 된다는 것을 고사성어에서 찾아보면 낙양귀지洛陽貴紙다. 호평을 받으면 종이 값을 올림과 동시에 귀한 대접을 받게 된다는 것이다. 명품은 물리적 상품에만 한정되는 것이 아니다. 예를 들어, 단골고객이 내일의 의식을 위해 검은 양복을 맡기면 내일까지 반드시 세탁해 주리라는 신뢰를 갖고 다음날의 계획을 세울 수 있도록 하는 서비스에도 붙일 수 있는 이름이다. 제품 그 자체의 품격을

<small quality>라 부르고, 눈에 보이지 않는 요소까지를 포함한 전사적인 품격을 <big quality>라 부른다면 명품을 일컬음은 <big quality>의 우수함을 의미한다. 따라서 <Big quality is defined as managing the quality in all business processes, products and services, and small quality is defined as mainly product quality with a much narrower scope.>

철season이 지난 물건을 놓고 사장과 담당직원이 머리를 맞대고 있었다.

"무슨 좋은 아이디어 없을까요?" 사장이 먼저 말을 꺼냈다.

"사장님, 지방으로 보내면 어떨까요?"

"이 사람아, 지방 사람이라고 철이 지난 옷을 입을 수가 있는가."

"아닙니다 사장님, 10벌씩 넣어 포장을 하되 계산서는 8벌로 써 놓습니다. 나머지 2벌은 회사의 실수로 돌리는 겁니다. 그 대신 옷값을 2벌치만큼 올리는 거죠."

사장은 무릎을 치면서 굿 아이디어라고 칭찬하고는 즉시 실천에 옮겼다. 그러나 몇 주가 지난 뒤 사장은 아이디어를 낸 직원을 불러놓고 노발대발怒發大發하고 있었다.

"이봐, 자네 때문에 난 이제 망했네, 망했어, 옷을 팔아주기는커녕 2벌을 빼먹고 8벌만 모두 반품해 왔어."

광고와 판매기술의 핵심기능은 필요의 수준 너머에 있는 욕구의 창조에 있다. 이전에 존재하지 않던 욕망들은 사람들에게 불러일으키는 것이다. 여기서 필요needs와 욕구wants를 구분해 보면 생존을 위해 우유를 필요로 하는 마음은 필요이며, 보다나은 멋과 풍미의 알프스 우유의 요구는 욕구라 할 수 있을 것이다. 욕구는 필요보다 훨씬 덜 중요하다. 필요는 우리의 내부에 생겨나지만 욕구는 외부에서 주입되는 것이다. 그래서 기업주들이 광고를 하는 것이다. 광고는 시대적 공감대를 만들어 가며 새로운 문명의 단초를 제공한다. 외부적 욕구의 지속적 응집이 문명이다. 문명이란 결국 인간의 관심과 애정을 끌기 위해 경쟁하는 수많은 외부적 산물이기 때문이다.

생명체에서 필요 이상으로 나타나는 욕망 중에서 제일 먼저 나타나는 욕구 중의 하나가 현시 욕구다. 공작새가 생명을 걸고 암컷의 관심을 끌기 위해 덤불에 걸려 맹수의 밥이 될 위험을 무릅쓰고 꼬리를 펴고 현시하는 도박을 한다. 인간의 세계에 있어서 현시적 소비현상conspicuous도 마찬가지다. 수년 전만 해도 옷 상표는 언제나 옷 안에 감춰져 있었다. 오늘날 디자이너의 이름은 언제나 셔츠, 넥타이, 블라우스, 그리고 양말의 바깥쪽에 보란 듯이 박혀있다. 유명 상표도 마찬가지다.

현시적 심리를 자세히 들여다보면 그 뒤에 차별화된 품질이 존재함을 암시하고 있음을 감지할 수 있다. 가짜 명품을 입고 현시적 소비conspicuous consumption 욕구를 만족 시키고 있는 이면에는 가짜의 명품을 구매하기 위해 지불한 가격 이상의 품질가치를 느끼기 때문에 진품을 구매할 능력이 없는 소비자가 모조품을 구매한 후 만족감을 느끼게 된다는 것이다. 결국 모조품imitation도 모조품이 가진 원래 가격만큼의 품질을 가지고 있다는 것이다. 고로 저질상품은 광고에 상관없이 시장에서 사라지게 되어 있다는 것이다. 광고만큼 품질도 중요하다. 일상에서 진품rara avis과 모작을 구분하지 못하는 헤프닝happening의 문제를 곰곰이 생각해볼 필요가 있다.

6. 불확실한 상황과 재고

불확실한 상황에 대처하기 위한 여분의 비축이 재고다. 우리 조상들의 계절적 대비의 격언 중에서 음우지계陰雨之戒라는 말이 있다.

여름 장마철 혹은 우기에 여러 날을 음습하게 계속해서 비가 내린다고 하여 음우陰雨라고 하였다. 대비하면 해결할 수 있다는 격언이다.

음우지계를 음우지방陰雨之防이라고도 하고 곡돌사신曲突徙薪이라고도 한다(한서漢書). 화재를 방지하기 위해 굴뚝을 굽히고 장작을 옮겨 미리 대비 한다는 곡돌사신의 의미를 갖기도 하는 것이 재고관리다. 미국의 유명한 경제해설 전문가 하워드 러프Howard Ruff는 "항상 미리 계획을 세워라Always plan ahead. 노아가 방주를 지을 때는 비가 오지 않았다It wasn't raining when Noah built the ark"라는 말을 남겼다. 만약 노아가 비가 오기 시작하고 나서야 방주를 지었다면 그와 그의 가족들은 살아남지 못했을 것이다. 방주는 노아가 하나님의 계시로 만든 네모진 잣나무 배를 말한다. 그는 가족과 짐승들을 이 배에 태워 모두 대홍수를 피할 수 있게 했다고 한다. 노아가 미리 홍수에 대비해 방주를 지은 것처럼 우리도 삶에 대한 방주를 만들어야 한다. 이와 비슷한 한국 속담은 "소 잃고 외양간 고친다"가 있다.

지족(분수를 지키며 만족할 줄 아는)경영은 적정의 경영이다. 중국의 회남왕淮南王 유안이 남긴 책에 축록자불견산逐鹿子不見山 확금자불견인攫金子不見人이라는 말이 있다(회남자淮南子). 사슴을 쫓는 사람은 산을 보지 못하고 금을 움켜쥐려는 자는 사람을 보지 못한다는 것이다. 이익에만 집착하여 만물과 사람의 진면목을 보지 못한다는 글이다. 탐욕은 때로 근면저축勤勉貯蓄이라는 가면을 쓰고 나타나기 때문이다.

과도한 욕심을 버려야 한다. 물질의 주인이 있기 마련이다. 각물유주各物有主다. 불필요한 재물의 보유는 노루가 사향을 보유하므로 인해 사람들로부터 죽임을 당하면서 되뇌는 서재막급噬臍莫及을 하게 된다. 과분한 재물(재고)을 보유하면 화를 당할 수 있다는 것이다(좌전교본佐傳校本). 필부무죄匹夫無罪요 덕벽유죄德壁有罪다. 실패는 먼저 경영자 자신의 내부의 욕심에서 찾아야 한다. 이는 원래 선량한 사람이라도 신분과 처지에 어울리지 않는 물건을 가지면 그것이 화를 초래하기 쉽다는 말이다. 견리사의見利思義다(논어論語). 눈앞에 이익이 보일 때 취해서 옳은 일인가를 먼저 생각해야 한다.

7. 실사적인 직관

영국의 극작가 셰익스피어는 그의 작품 오셀로에서 직감을 거부한 지도자의 종말을 그리고 있다. 오셀로는 직업군인으로서 화려한 경력을 쌓아 왔으며, 자신의 힘과 능력을 확신하며 감정의 절제가 뛰어난 사람이었다. 그러나 그가 승진의 대열에서 제외시킨 부하, 이아고의 교묘한 복수극에 말려 패망한다. 주인공은 그의 성공적인 경력에 있어 결정적인 순간에 직관을 무시한 의사결정을 함으로써 결과적으로 자신과 조직에 재앙을 몰고 온다.

직관intuition 즉, 판단과 추론 등을 개재시키지 않고 대상을 직접적으로 인식하는 일은 경영자의 사전에서 자주 볼 수 있는 말은 아니다. 이성(진위眞僞와 선악善惡을 식별하여 바르게 판단하는 능력)과 객관성 대신 직관에 의존하는 관리론은 20세기에 들어와서 테일러F. W. Taylor의 과학적 관리론이 제시되면서 이단시되어 왔다. 그러나 완고한 논리적 분석에 의존하기보다는 관습으로 내려오는 지혜를 따르는 것이 오히려 현명할 때도 있다. 경영의 세계에서는 언뜻 '왼쪽 뇌'의 쓰임이 압도적으로 많아야 한다는 생각도 든다. 의견보다는 사실이, 비공식적인 것보다는 체계적인 것이 높이 평가되기 때문이다.

그러나 거기에는 한 가지 작은 문제가 있다. 과학자들에게는 '합리적 낙관주의rational optimism(냉혹한 현실을 냉정하게 받아들이면서도 다른 한편으로는 성공에 대한 흔들림 없는 믿음을 가지고 혹독한 현실을 이겨내는 이중성을 가진 사람)'로 알려진 이러한 지극히 양적인 관리방식에 의해 얻어진 많은 해결책은 반드시 좋은 것만은 아니다. 즉, 양적인 모델의 형태로 개조하고 적절한 분석적·양적인 장치를 이용하며 컴퓨터의 프린트로 해답이 나올 때까지 기다린다는 것이다. 그러나 시간적 판단이 필요할 때가 있다.

앨버트 아인슈타인은 상대성이론의 발전으로 직감–순간 떠오르는 통찰력–의 가치를 증명해 보였다. '실제로 가치 있는 능력은 직관력이다.'라고 그는 말했다. 헨리 소로도 같은 결론에 도달했다. "깨달음은 자세한 설명으로 얻어지는 것이 아니다. 하늘에서 순간적으로 번쩍하고 빛을 내는 번개처럼 온다." 직관은 기예art의 한 영역에 포함된다. 그러나 직관은 무에서 갑자기 창출되는 것은 아니다. 컴퓨터가 복잡한 계산을 소팅sorting해내는 순간과 같이 많은 경험 속에서 얻어지는 하나의 상황적합적 최적의 해解다.

심리학자 케스틀러A. Koestler에 의하면 창조자들은 해결하려는 문제가 풀릴 때까지 모든 정열을 거기에 쏟아 부으며 계속 고민하고 방황한다. 그러다가 어떤 순간 그때까지 서로 관계가 없었던 어느 경험과 자신의 목표의식이 돌연 관계를 맺게 된다고 한다. 이런 관계형성을 케스틀러는 '이연연상二連聯想'이라고 불렀다. 이연연상bisociation(보이지 않는 연결고리)은 무관해 보이는 두개의 요소나 개념을 연결해 생각하는 것으로 그동안 모호했던 생각이 적절하고 우아한 개념으로 머릿속에 번쩍이게 되는 것이다.

사람의 몸은 다섯 개의 감각(시각, 청각, 후각, 미각, 촉각)을 지니고 있다. 사람이 생활하는데 불편을 느끼지 않는 것은 이 오감 때문이다. 그런데 오감만큼이나 중요한데도 제대로 인식되지 않는 감각이 있다. 직감이라고도 부르는 육감 즉, 일반적으로 도무지 알 수 없는 사물의 본질을 직감적으로 포착하는 심리 작용이 바로 그것이다. 무의식속에서 자동적으로 작동하는 육감의 존재는 뒤늦게 발견되었는데, 그것에 '소유라는 개념의 라틴어 proprius에 어원을 둔 고유 감각proprioception'이라는 이름을 붙인 것은 1890년대의 일이며, 그 기능이 분명하게 밝혀진 것은 20세기에 들어와서 있었다. 고유 감각은 많은 경험의 축적에서 발생되는 상황적합적 순발력quickwittedness이라고도 부른다.

노력 없는 명작의 즉흥곡은 없다. 깊은 영감, 오랜 기간 잘 길러진 감성이 어느 한 순간 화산처럼 분출하는 것이다. 기적이란 분명한 목표의식과 부단한 노력, 그리고 그 다음에 일어나는 것이 즉흥곡의 기적이다. 역사役事 속에서 이룩된 역사歷史다. 그래서 사업의 영역에서는 오랜 경험에 바탕을 둔 경영자를 필요로 한다.

의사결정자의 성향별 성공확률을 분석해 보면 생존해야만 한다는 강한 본능적 성향의 의사결정자는 끝없는 욕망과 집착에 의해 한번쯤 파멸의 헛발자국을 디딜 우려가 있다는 것이다. 또한 경제인과 인텔리(인텔리겐치아intelligentsia)에게 많은 상황분석형situation analysis은 보이는 요소들의 직선적 분석결과의 자료에만 의존하기 때문에 다원화의 정보사회에서는 부적합하다. 그래서 시대적 흐름과 인간의 밑바닥에 있는 자기 혼과의 깊은 대화를 통해 원리에 바탕을 둔 상황적합적 의사결정 즉, 진실한 존재에 비추어 판단하는 형이 안정적 성공의 길을 갈 확률이 높다. 인간을 위해서든 회사를 위해서든 이타에 바탕을 둔 의사결정을 하게 되기 때문이다. 그래서 경영자의 의식이 성공의 중요변수가 된다. 의사결정권자decision maker의 영향력은 절대적이다. 리더leader만 바꾸면 이상하리만큼 부하든 기술이든 그 양상이 바뀐다. 생물세계의 속성이며 권력의 속성이기도하다.

시대적 흐름에 적합하다는 것은 우주의 섭리, 세상의 섭리에 올바른가 아닌가를 비추어 보아 우주의식과 자기의식의 파장이 맞을 때 쉽게 문제 해결이 되며 형통하게 성장해 나가게 된다. 운이 좋았다는 표현이 여기에 해당되는 상황이다. 우주의식은 상식이다. 과학적 발견은 상식의 정연화인데 이것은 뇌 세포의 사용을 통하여 개발되어진 것이 아니라 발견되어진 것이다. 이것은 섬광과 같은 직감에 의한 것이며 보이지 않는 부분의 중요성이다.

그러나 풍부한 지식을 소유하지 않고 간고한 노력과 장기적인 탐색을 하지 않았다고 한다면 뉴턴이 사과가 땅에 떨어지는 것에서 만유인력의 법칙law of universal gravitation을 발견할 수 있었겠는가? 와트가 주전자의 물이 끓어오르는 것으로부터 암시를 받아 증기기관steam engine을 발명할 수 있었겠는가? 그리고 아르키메데스가 목욕을 하다가 목욕물이 넘치는 것에서 부력의 발견하고 기뻐 뛸 수 있었겠는가?

중석몰촉中石沒鏃이다. 바위를 호랑이로 오인하여 화살을 쏘았는데 화살이 바위에 꽂혔다는 고사에서 비롯된 뜻으로 정신을 집중하여 전력을 다하면 놀라운 결과를 얻을 수 있다는 말이다.

도적thief의 집에 아들이 하나 있었는데 아들 생각에 아버지께서 늙은 후에 우리 식구가 어떻게 먹고살아야 하나 근심하다가 아버지 하는 일을 배워야겠다! 생각하고 그것을 아버지에게 털어놓자 그의 아버지는 좋은 생각이라며 칭찬하였다. 그래서 다음 날 한밤중에 아버지와 아들은 옆 마을 큰 대문이 있는 집에 가서 담장에 구멍을 뚫고 집안으로 숨어들었다. 아버지는 궤짝을 열고 그 속으로 들어가 금은보화金銀寶貨를 가지고 나오라고 하고서는 그가 들어가자 궤짝문을 닫고 다시 자물쇠를 채웠다. 그리고는 일부러 대청마루를 두들겨 집안사람을 깨우고 자기는 뚫린 담장구멍으로 도망쳐 버렸다. 그 집 사람이 곧 달려 나와 불을 밝혀 살펴보고는 도적이 들어왔다가 이미 가버렸다는 사실을 알았다.

한편 아들은 궤짝 속에 갇혀 우리 아버지가 무엇 때문에 이렇게 하였을까 하고 궁리하다가 문득 좋은 생각이 떠올랐다. 궤짝 속에서 쥐가 궤짝을 갉아먹는 소리를 내니 그 집 주인은 하인을 보내 등불을 켜고 궤짝을 열어 젖혔다. 궤짝이 열리는 순간 아들은 재빠르게 몸을 움직여 등불을 끄고는 하인을 밀치고 밖으로 뛰어 달아났다. 그러나 곧 그 집 하인과 식구들이 뒤쫓아 오기 시작했다. 도중에 아들은 우물 하나를 발견하고는 큰 돌을 우물 속으로 떨어뜨렸는데, 쫓아오던 사람이 우물 속을 기웃거리는 틈을 이용하여 집으로 곧장 도망쳤다.

집으로 돌아온 아들은 숨을 헐떡이며 아버지가 나한테 어떻게 그럴 수 있느냐며 화가 나 따졌다. 그러나 아버지는 아무 말도 하지 말라면서 다만 어떻게 그 집에서 빠져 나올 수 있었느냐고 물었다. 아들이 모든 일을 낱낱이 이야기해 주자 아버지는 '그만 하면 되었다.'고 한마디만 하였다. 기술을 배우고 익히며 연구하는데 가장 좋은 비결은 스스로 온몸으로 궁리하고 체득하라는 실사구시實事求是의 가르침이다.

셜록 홈스와 와트슨 박사가 캠핑장에서 텐트를 치고 함께 잠자리에 들었다. 한밤중에 깨어난 홈스, "하늘에 무엇이 보이는가?"

"많은 별이 보이네."

"자네는 그것으로 무엇을 추론할 수 있겠나?"

"천문학적으로 은하계와 수십억 개의 행성, 점성술 면에서는 토성이 사자자리에 있고, 기상학적으로는 내일 날씨가 맑을 것 같고, 종교학적으로는 신의 전지전능omniscience and omnipotence한 힘...",

그리고 와트슨 박사가 되물었다. "자네는 무엇을 알 수 있는가?"

홈스가 밝힌 추론의 정답은 "텐트가 없어졌다"는 것이다.

8. 창조적 사고인 직감

옛날에 어떤 젊은이가 결혼할 상대자를 찾아 길을 나섰다. 얼마 동안 배우자를 찾다가 길 옆 나무그늘에서 아름답고 부유한 양갓집 규수와 결혼하는 꿈을 꾸면서 잠에 들었다.

잠을 자면서 그런 꿈을 꾸는 사이, 그 나라의 공주가 많은 시녀와 함께 길을 가다가 잠자고 있는 멋진 젊은이를 발견했지만 멈칫거리며 그냥 지나갔다. 얼마 후 갑부의 딸도 그 길을 지나갔지만 이 젊은이는 깊은 잠 속에 빠져 있었다. 마지막으로 아주 아름다운 미인이 길을 가며 젊은이의 남자다움에 호감을 가졌지만 깨우지 않고 그냥 지나쳐 버렸다.

자기의 숭고한 인생가치를 실현하려는 웅지를 품고 사업을 하려고 준비를 갖추고 있는 청년의 경우, 관건은 '계기'가 있는가 없는가에 있는 것이 아니라. 그 사업을 위한 계기를 습득하는가 못하는가에 있다. 만일 일정한 기능을 소유하지 못했다면 '계기'가 있다 하더라도 그것을 발견하고 이용하지 못하고 놓치게 될 것이다. 왜냐하면 계기는 머리를 짜는 사람만을 편애하며 그것을 어떻게 추구하는가를 아는 사람만을 귀하게 여기기 때문이다.

인간의 사고능력은 ① 좌 뇌의 활용을 통한 정보축적인 지식과,

② 좌 뇌와 우 뇌의 공조cooperation를 통한 지혜와,

그리고 ③ 좌 뇌와 우 뇌의 동조synchronization로 얻는 섬광과 같은 창조적 사고인 직감으로 분류되는데 직감直感과 직관直觀은 일반적으로 오랜 경험에 의해 체득된 능력과 병행해서 생성된 순발력이다. 둘 다 영어로는 'intuition'이라는 단어를 쓴다. 직감이 시각, 청각, 후각, 미각, 그리고 촉각으로 나타나는 오감과 제3의 말초적 감각을 뜻하는 말이지만, 직관은 직감과 같은 감각이 아니라 사유능

력 즉, 대상을 두루 생각하는 능력이다. 부연하면 사유를 통해 경험하고 연구하여 축적된 지적, 심리적 데이터 등이 자신이 알아야 할 바른 방향을 찾아 바로 알게 하는 능력이 되는 것이다.

아인슈타인은 만일 이 세상에 음악이 없었다면 상대성원리 principle of relativity는 태어나지 않았을 것이라고 말한바 있다. 이를 바꾸어 말하면 과학에 깊은 지식의 체득인 좌 뇌의 활동과 우 뇌와의 동조(동시성synchronism, 동기화synchronization)가 없었더라면 상대성원리는 태어나지 않았을 것이라는 의미와 같아진다.

9. 일화적 증거

때로 우리는 과거 경험을 바탕으로 의사결정을 하게 되며 그 과정상의 효율을 도모하기 위해 수리적 모델을 만들기도 한다. 이는 우리 또는 다른 사람이 인생의 한 과정에서 시도했던 실험을 토대로 삼는 것이다. 그러나 우리 앞에는 신의 존재나 부재를 증명하는 실험을 할 방도가 없는 영역도 존재한다. 그래서 인간은 확률이라는 이론을 개발했다.

파스칼은 신을 믿는 것은 의사결정 사항이 아니며 신의 존재에 대한 배팅과 부재에 대한 배팅 사이에서 선택할 수 있는 유일한 길은, 신이 존재하는 결과가 존재하지 않는 결과보다 더 바람직한지 또는 어떤 의미로 더 가치 있는지의 여부를 결정짓는 것이라 설명했다.

만일 실제로 신이 존재하지 않는다면 당신이 경건한 삶을 살든 죄악으로 가득한 삶을 살든 간에, 결과는 그리 달라질게 없다. 신의 존재에 걸든 부재에 걸든 중요하지 않다. 그러나 실제로 신이 있다고 가정해 보라. 신앙적이고 성스러운 삶을 거부하는 것으로 신의 존재를 부정하는 쪽에 건다면 영원한 저주라는 리스크를 감수해야 한다. 반면에 신이 존재한다는 쪽에 거는 승자는 구원받을 가능성을 갖는다. 그렇다면 영원한 지옥보다 구원이 나을 게 분명하므로 신이 있다는데 근거한 행동을 택하는 쪽이 올바른 결정일 수밖에 없는 것이다. 어느 쪽으로 마음이 기우는가? 파스칼에게는 그 대답이 너무나도 분명한 것이다.

1730년 아브라함 드 무아브르Abraham de moivre는 현재 「종鐘형 곡선」이라고도 알려져 있는 정규분포구조를 제시했고 표준편차의 개념도 발견해냈다. 또한 파스칼과 페르마의 공조가 있는지 정확히 100년쯤 후에 토머스 베이즈Thomas Bayes라는 한 영국의 성직자는 구정보에 신정보를 수학적으로 혼합해 더 나은 정보를 바탕으로 의사결정을 하는 베이즈의 정리定理를 선보였다. 20세기 중반 슈하르트는 종형 곡선을 90도로 눕혀 관리도의 개념을 개발했다. 이 관리도의 개념이 컴퓨터와 만나 정보사회의 기초를 열었다.

이 사람들을 우리는 리스크의 통제권을 신의 영역realm of God으로부터 훔쳐낸 영웅들이라 부른다. 아울러 리스크 관리능력을 신의 능력과 같이 거의 완벽의 수준으로 향상시키고 싶어 하는 우리들 모두의 그림자이기도 하다.

[The world's biggest diet doctor Stuart Berger thought he knew how to stay young forever. He was wrong. Berger had died at the age of 40. March 21, 1994 in news.]

확률은 신을 버린 사람들의 발명품이 아니다. 신의 공의公義(필연성)와 사랑(필연성에 대한 경과와 계시)이 담긴 예정론(프로그램)이다.

승률 80%로 프로그램된 슬롯머신에 베팅하면 우연의 법칙law of accident과 불확실성에 의해 80% 이상의 성취를 얻는 경우(악한 사람이 잘되는 경우)도 있다. 그러나 실행을 반복하면 -20%씩 잃어 가다가 종국에는 제로 상태의 빈손을 갖게 된다. 동전 던지기를 어느 정도 많은 회수를 던져야만 앞뒷면이 나올 확률이 같아지는 것이다.

슈뢰딩거는 양자역학quantum mechanics 즉, 입자에 관한 물리학 기초 이론의 창시자 중 하나로, 1944년 「생명이란 무엇인가?」라는 명저를 남겼다. 이 책에서 제기하는 의문은 이런 것이다. 어떻게 세포가 유전과 관련된 일을 치밀하고 정확하게 수행해 낼 수 있는가? 유전과 관련된 일들이 이루어지는 분자 수준에서는 유전자를 구성하는 분자들의 행동이 열역학적thermodynamic으로 무질서한데도 말이다. 슈뢰딩거는 물리학의 법칙들 대부분이 그토록 높은 정확성을 보이는 것은 이 법칙들이 엄청난 수의 분자들로부터 나온 평균값에 의존하기 때문임을 지적한다는 것으로 이야기는 시작한다. 변화가 무질서하므로 평균값은 정확하다. 이것이 「무질서로부터 질서」라는 개념이고, 일반적으로 기계는 모두 여기에 입각해서 작동한다는 것이다. 하찮은 현상에서도 신의 뜻이 보인다. 가없는 우주야 말할 나위 있으랴. 우연, 혹은 무생물이 이렇게 완벽한 질서를 만들어 냈다고 어찌 말할 수 있으랴.

불확실성의 극복, 신이 아직 우리에게 가르쳐주지 않은 영역을 미리 넘겨보고 싶은 욕망의 표출이 통계다. 좌 뇌 활동의 초단을 우리는 통계라 부른다. 그래서 우리는 '통계'라고 불리는 독특한 지식이 우리에게 부를 안겨줄 것이라는 믿음으로 성공방정식을 찾느라고 차트, 모형, 도표 등의 나약한 먹이가 되어 버렸다. 미로 속의 미아가 되었다. 크게 성공시켜 사소한 실패의 오차를 상쇄시킬 수 있는 가능성을 발견하기 위해 확률에 의존도를 높여 왔다.

그러나 문제는 여기에 있다. 확률이 보편타당한 진실은 이야기하지만 위대한 아이디어는 지워 없애버리기 때문이다. 과학적이라고 말하는 인위적 실험적인 상황에서 나온 결론보다는 현실세계에서 나온 부드러운 증거인 일화적(입증되지 않은) 증거anecdotal evidence

가 더 믿을 만한 때가 많다는 것이다.

또한 비즈니스는 사람에 기반을 둔 것이기 때문에 더더욱 그러하다는 것이다. 사람들은 자신이 연구대상이라는 사실을 알면 행동에 변화에 일으킨다. 누구나 품위 있게 보이고 싶은 욕망의 감정을 가지고 있기 때문이다. 만약 당신이 주최한 파티에서 파티에 참석한 손님들의 면전에서 파티가 어땠느냐고 묻는다면 사람들은 아마 엄청난 찬사를 퍼부을 것이다. 통계조사는 현상을 왜곡시켜 결과를 변화시킬 수도 있다는 것이다. 이런 현상을 '하이젠버그의 불확실성 원칙Heisenberg's uncertainty principle'이라고 한다.

과학적 법칙이 유효한 자연과학의 영역에서 조차 연구자의 의도대로 양성자와 중성자의 관계가 바뀔 수 있다는 사실이다. 이러한 현상 때문에 통계 조사자들은 자신이 찾고자 원하는 것을 종종 그곳에서 발견하기도 한다. 자연과학자들은 이런 현상을 '참여적인 모집단participate universe'이라고 부른다. 하물며 인문·사회과학 영역에서야 말할 나위 있으랴... 그래서 사람에 기반을 둔 비즈니스에 있어서는 인간에 대해 아는 것이 전혀 없는 초심草心의 맑은 마음으로 돌아가 사람을 그대로 볼 줄 아는데 주안점emphasis을 두어야 한다. 확률의 자료는 미래예측의 참고가 되어야지 의존하는 자료가 되어서는 아니 된다.

넓고 높은 차원에서 현상을 조감할 줄 아는 능력배양을 위해 기예성의 함양이 필요하다. 높이 나는 새가 산 너머 나있는 오솔길을 볼 수 있다. 넓이 뛰기에서는 시선을 멀리 둘수록 더 먼 거리를 뛸 수 있다. 성공경영을 위해서 기업은 과거를 바탕으로 미래를 예측할 수 있는 능력배양이 필요 된다. 현재는 과거의 유산이며 미래의 출발점이라는 것이다.

과학에 바탕을 둔 미래학적 방법론은 이렇듯 철저하게 현재에서 미래를 발견하는 것이며 기예에 바탕을 둔 미래 환경 적응의 사고는 미래는 현재를 향하여 밀려오는 것이다. 그래서 현재는 과거로 밀려간다는 미래 지향적 사고가 강조되는 것이다. 불확실성이 높은 지혜경영시대에서의 비선형적 사고nonlinear thinking다. 즉, 비선형적 사고는 100을 투입했을 때 100이라는 산출을 낼 수도 있고 아니면 70 또는 150이라는 산출을 낼 수 있다는 사고다. 반면에 선형적 사고linear thinking는 어떤 투자에서 100을 투입하면 100이라는 산출의 결과가 나오게 되리라는 사고를 말한다. 이것이 바로 경영이 기본에 충실한 경영 즉, 과학과 경험에 바탕을 둔 기예의 양면성을 포괄하는 응용과학이라 부르는 이유이기도 한다. 과학성science과 기예art가 만나야 미래의 본질인 변화의 불확실성을 볼 수 있게 된다.

변화에 대한 적응의 사고는 종교적 깨달음의 종교혁명과 같아야 한다. 즉, 부활의 체험과 같아야 한다. 새로운 탄생을 경험하는 인식의 변화를 가져야 한다는 것이다. 지금껏 우리는 과학성에 바탕을 둔, 철저하게 현재에서 미래를 발견하는 것이다. 그러나 기예에 바탕을 둔 미래 환경 적응의 사고는 미래는 현재를 향하여 밀려오는 것으로 인식해야 한다는 것이다. 과학에 간고의 노력을 보태에 탄생시킨 기예를 바탕으로 한 예측이 진정한 능력을 발휘한다는 것이다. 실천적 연결성practical connectivity이다.

세기적 인기 가수 엘비스 프레슬리는 군 복무기간의 공백을 대비하여 신곡을 미리 취입하여 두고 군에 입대 한 후 순차적으로 발표토록 하여 인기관리를 했다. 팬들의 기억에서 사라지지 않도록 철저히 노력했던 것이다. 일반적으로 우리는 남의 성공을 보면서 천부적 재질이나 우연에 의한 것으로 치부해 버리는 경향이 있다. 그러나 성공은 천재성과 우연성만의 것이 아니다. 성공 뒤에 숨겨진 피나는 노력이 있었음을 간과해서는 아니 됨을 본다.

우아함의 극치를 자랑하며 물위를 유유자적하는 백조의 물밑을 상상해보라. 우아한 자태의 평형을 유지하기 위해 부단한 자맥질을... 역경에서 성공하는 사례를 보면 긍정적 사고로 그래도 남겨진 조그마한 것에 감사하며 그것을 불씨로 하여 새롭게 출발하는 사람은 성공하는 것을 알 수 있다. 반대로 역경에서 부정적 시각으로 원망과 한만을 토로하는 사람은 구제불능의 늪으로 빠져 가는 것을 때때로 우리는 본다. 성공과 실패의 갈림길이 마음의 방향설정에서 규정 지워 짐을 본다. 발전은 꿈꾸는 자의 몫이며 성공은 준비하는 자의 것이다.

세계수준의 생산자들은 그들의 예측모델predictive model의 성과를 모니터하기 위한 방법을 개발한다. 사업계획은 흔히 업데이터update되기 때문에 그것이 예측으로부터 실제자료의 의미 있는 출발을 반영하는 것이 중요하다. 이러한 노력은 가장 최근의 생각 및 정보를 반영하는 사업계획이 되게 한다.

세계수준의 예측모델이 장기적 성향을 가지고 있지만, 이것은 그들이 단기를 간과하고 있음을 의미하지 않는다. 생산능력, 노동력의 크기, 구매자 재량, 그리고 재고 수준 및 현금에 관한 효과적인 예측을 통해 면밀히 관리된 생산계획 시스템을 운영한다. 이러한 시스템을 통해 최소의 비용과 고객의 요구customer needs에 반응함과 동시에 적은 재고로 최고 품질의 제품 및 서비스를 적절히 생산 할 수 있게 된다.

바바라 터크만Barbara W. Tuchman은 「독선과 아집의 역사」에서 경영은 비과학적인 규율unscientific discipline이라는 면에서 역사history와 연관성이 있다고 주장한다. "만일 역사가 과학이라면 우리는 역사을 터득하고, 역사의 방식을 배울 수 있으며, 그 유형을 확립할 수 있고, 그리고 내일 무슨 일이 일어날지 예측할 수 있다.

우리가 그렇게 하지 못하는 이유는 무엇일까?

그 질문에 대해 말할 수 있는 것은 예측할 수 없는 변수–즉, 인간 때문이라는 것이다. 인간이라는 존재는 언제나, 그리고 끝까지 역사의 주체이기 때문이다. 역사는 모든 학문 중에 가장 매혹적이지만 비논리적이며 그래서 과학적인 체계화 방법에 영향을 받지 않으며, 끊임없이 많은 변수에 좌우되는 인간행동의 기록인 것이다. 역사와 마찬가지로 경영은 보이지 않는 변수로 가득 찬 비과학 그 자체이다."라고 역설하고 있다. 새로운 변화의 추구는 새로운 시작보다 더 어려운 요소를 갖는다. 더더욱 그 속에 인간이 존재할 때다.

인간의 행동에 대한 예측이 바로 그 행동에 영향을 미친다는 생각은 여러 가지 형태로 존재해 왔다. 주식시장이 아주 좋은 예가 된다. 한번은 아주 존경받고 신뢰받는 주식 전문가가 주가의 폭락을 예언했다. 이 예측이 발표되자마자 「팔자」의 물결이 주식시장을 휩쓸었고 당연히 주가는 떨어졌다. 그런데 이러한 예측이 발표되지 않았다면 주식시장은 어떤 식으로 움직였을까를 실험에 의해 알 수 있는 장치를 인류는 아직 발명하지 못했다. 그는 미래를 정말로 예견한 것인가? 아니면 자신의 예측이 맞아 떨어지도록 미래를 조작한 것인가?

옛날 읽었던 책에서의 이야기다. 중세에 어떤 예언자prophet가 있었는데 자기가 죽을 날을 예언했다. 그리고 예언의 정확성을 실증하기 위해 그는 그날 자살했다. 미래에 대한 지식에 있어 사회과학과 자연과학, 예를 들어 거시 물리학과 화학 같은 것들은 분명한 차이를 보여 준다. 천문학자가 역학의 법칙을 이용하여 혹성의 궤도를 계산한다고 해서 그것이 그 혹성의 궤도에 영향을 미칠 것이라고 생각하는 사람은 없다. 천문학자의 예측의 정확성은 천문학이라는 과학의 신뢰도를 측정하는 기준이 될 뿐이다. 그러나 사회학, 경제학,

그리고 이와 관련된 학문들은 이렇게 이론과 관측 결과가 철저히 분리되어 있는데서 오는 혜택을 누리지 못하며 따라서 예측을 함에 있어 윤리적 부담을 항상 지게 된다.

양자역학量子力學쪽의 견해는 보는 행위는 반드시 보고자 하는 대상의 변화를 수반한다. 예컨대 한 실험자는 빛의 본질을 밝히기 위해 빛은 파동현상wave phenomenon이라는 개념으로 접근해 기계를 만들고, 다른 실험자는 입자현상particle phenomenon이라고 접근해서 기계를 만들었다고 하자, 전자의 경우에는 실험자의 원래 의지에 따라 빛이라는 현상은 파동에 의해서 만들어지는 것이 되어 버리고, 후자의 경우에는 빛이란 입자현상인 것으로 되어버린다. 하지만 빛이 파동현상인 동시에 분자현상임은 묘사하기란 불가능한 것이다. 빛이 존재하기만 하면 어둠의 과정은 변할 수밖에 없다.

이렇듯 접근방법에 따라 본질의 속성이 달리 정의될 수도 있다는데 문제가 된다. 더더욱 행동과학의 영역에서는 의사결정의 접근방법에 따른 기대치는 엄청나게 달라도 비교규명 할 수 없다는데 더 큰 문제가 된다. 왜냐하면 의사결정의 전제 중에 가치전제value premise가 함께 하기 때문이다.

현대는 위험과 발전이 공존하는 혼돈의 시대age of chaos이다. 게다가 미래의 불확실성이 강하게 엄습해오면 물질적으로 풍요로운 사람도 정신적인 혼돈에 의해 균형감각을 상실하고 사회적 좌절감을 갖게 되기도 한다. 따라서 새로운 지혜경영시대를 두려움을 가지고 대하기보다 도전과 창조적 개척 정신으로 헤쳐 나갈 수 있는 마인드를 갖추는 것이 중요하다. 자기가 개척한 좁은 길로 가야 생존한다. 사냥에 나선 독수리는 떼 지어 날지 않는다. 고뇌와 고독과 긴장은 사냥의 도구쯤으로 간주해야 한다.

사람들은 신화는 신화일 뿐이라고 말한다. 그러나 상상력은 현실만큼이나 중요하다. 개념이 존재하면 인간은 제품으로 만들어 낼 수 있다. 그러나 상상할 수 없는 것은 만들어 낼 수가 없다. 창조는 상상력의 구현realization of imagination 즉, 어떤 내용이 구체적인 사실로 나타나게 하는 것이다. 그리고 자연은 상상력의 원천source of imagination이다. 자연은 신의 산 교육장이다. 미래는 상상력의 세기이다. 과학과 기술력의 증진은 인간이 상상할 수 있는 것을 개념화할 수 있고 따라서 현실화시킬 수 있다. 시간적 문제일 뿐이다. 우리가 만들 수 없는 것은 오직 상상할 수 없는 것들뿐이다. 상상력은 힘이고 자산이다. 상상력은 정신의 유연성 속에서 나온다. 미래예측의 우아한 표현이 상상력이다.

상상은 현실세계의 경험을 바탕으로 새로 일구어낸 조합이다. 뭔가 색다른 것을 찾아내는 사람들의 천재적 독창성의 산물이라고 말한다. 그러나 이런 경우라 해도 평범한 사람들에게 보이지 않는 기존의 요소들에 근거한 영감일 때가 많다. 예측은 오차를 최소화하여 미래를 추정하는 과학이다. 변화의 미래 움직임을 예측하는 데 필요한 정보를 제공하는 것이 통계다. 과학적 통계에 인간의 주관적 영감인 기예를 더할 때 정확한 예측능력을 갖는다.

현실에 관계된 문제를 깊이 고뇌하면 영감이 떠오른다. 강박적인 목표obsessive goal가 일 추진의 원동력이 된다. 거역할 수 없는 목표를 세워 구성원들이 애정과 관심을 가지고 거기에 도달하기 위해 스스로를 관리토록 하는 것이다. 그래서 당신의 관리가 필요하지 않도록 하는 것이다. 관리자가 조직을 이끌어 가는 것이다. 목표가 경영의 중심이 되면 머물 곳을 찾아가는 나그네의 발걸음과 같이 직원과 고객이 함께 와서 머문다. 변화의 시대age of change에 접근하는 최상의 유연한 관리 방법이다.

생산관리에서 시스템적 사고systems thinking는 전체를 보는 안목이라는 것은 특정 사안이나 상황에 국한되지 않고 관련 시스템의 전체의 일부분으로 인식하며 이를 분석하고 결합해서 보는 과정을 통해 최적화된 해법을 구현하려는 접근방식이다. 시스템적 사고가 특별히 강조되는 이유는 변화를 추구하는 영업과 작업안정을 지향하는 생산현상의 중간에 존재하는 조정자coordinator로서의 기능이 부하되고 있기 때문이다. 이때 생산관리 책임자의 도덕적 해이moral hazard로 인하여 재고에 의존한 생산량의 안정공급전략을 펼치면 재고비용이 증가하게 되고 기업의 현금창출율 즉, 시스템이 판매를 통해서 돈을 창출하는 비율을 떨어뜨리게 된다. 재고가 자신의 개념을 상실하고 부채의 성격을 발하는 시점이 된다. 생산시스템은 마케팅과 지원관리 시스템과 공존해야 그 존재의미를 부여받을 수 있다.

7장

기업의 생존부등식

원가관리	계범부종計凡付終 → 견리사의見利思義 → 서재막급噬臍莫及 → 견위수명見危授命 → 사불여의事不如意

세입 세출을 고려하는 것이 경영사고의 출발과 끝이다(계범부종計凡付終). 눈앞에 이익이 보일 때 취해서 옳은 일인가를 먼저 생각해야 한다(견리사의見利思義). 과분한 재물을 보유하면 화를 당할 수도 있다(서재막급噬臍莫及). 기업이 위태로운 상황에서는 목숨을 바칠 각오로 최선을 다 한다(견위수명見危授命). 그리고 필요이익을 확보하지 못한 경우 기업은 도산하게 된다(사불여의事不如意).

1. 기업의 질병요인

인간은 조직사회를 구성하는 기본개체이며 <영靈>과 <육肉>의 행복추구pursuit of happiness를 목적으로 하는 인격체이다. 기업은 사회경제를 구성하는 기본적 단위이며 영리추구pursuit of profit를 목적하는 독립적인 생산경영 단위체로 정리해 볼 때 사회조직과의 관계성 속에서 존재의미를 부여받고 있는 기업과 인간은 닮아 있음을 볼 수 있다.

그래서 인간신체의 각 기능을 기업의 조직기능과 비교해볼 필요가 있다. 그 중 회계흐름의 업무를 인간의 신체내부에 흐르고 있는 피(혈액)와 비교해 본다. 산소와 영양, 그리고 질병예방 인자들을 관리하고 공급하는 기능에서 자본의 흐름을 상상할 수 있기 때문이다. "나의 자본이든 타인의 자본이든 시간의 흐름 위에서 부단히 이자율은 발생한다. 기업은 위험배제에 기반을 둔, 경제인의 원리에 바탕을 둔 수익창출을 존재목적으로 한다."

기업조직 속에서 이자를 생성하는 자본이라는 혈액이 흐르기 때문에 시간성 속에서 A라는 기업은 엄격한 의미에서 A라는 내용을 가진 실체는 아니다. 인간이 창조한 기업, 인간을 닮아 생명력을 가지고 있기 때문이다. 더더욱 기업 의사결정 전제조건으로 가치전제 value premise가 존재하기 때문이기도 하다.

회계 시스템을 자본의 조달과 운영이라는 흐름의 개념으로 먼저 인식하여야 함과 동시에 부 즉, 물질 관리에 대한 개념을 정리하면 인간 마음의 관리와 비유할 수 있다. 학자 퇴계는 마음은 본시 지극히 <허虛>하고 지극히 고요한 것이라 하였다. 그러므로 마음이 물을 받아들이는 것은 마치 거울이 물을 비추는 것과 같다. 물이 오면 곧 비추어 주기는 하나, 그 물이 걸리지 않고 떠나가면 전과 다름없이 비고 맑아지는 것이다. 만일 물이 마음에 걸려 흘러가 버리지 않으면 그것은 거울에 진흙이 묻은 것과 같아서 도무지 비고 맑고 고요하고 한결같은 기상을 간직할 수 없는 것이라고 하였다. <이理>와 <정情>이 합하여 <심心>이 되고 <심心>과 <기氣>가 합하여 인성人性이 되며 <심心>과 <기氣>의 흐름의 용기容器를 <체体>라 하며 <심心>과 <기氣>와 <체体>의 조화가 건강한 품성의 인격체를 만드는 것과 같이 재무관리는 자본의 흐름과 투자된 상태에서 효율적 순환의 관계에서 시작되어야 한다는 것이다.

지혜경영사회는 물질적 사회자본social capital뿐만 아니라 도덕적 자본moral capital과 새로운 아이디어를 이용하여 부를 축적해 가는 자에 대한 존중도 중요시되는 정신적 자본mental capital이 강조되는 사회다. 그래서 재무관리는 건강한 품성의 인격체를 만드는 것과 같이 자본의 흐름과 투자된 상태에의 효율적 순환의 관계에서 시작되어야 한다.

산업사회에서 기업의 질병요인business ailment을 순이익의 부족, 재고자산의 과다, 매출채권의 과다, 고정자산의 과다, 자기자본 부족, 그리고 정보관리능력 부족으로 정리할 수 있었다. 이 6가지 질병요인을 배제하면 건강한 자기관리를 유지하고 있는 상태에 도달했다고 할 수 있었다. 그러나 지혜경영사회에서 기업의 질병요인business ailment 중에 하나로 새로이 포함되어야 것이 바로 <지식재산권intellectual property rights 관리능력 부족(옵스 요소oops factor)>이다. 이렇게 7가지 질병요인을 관리하여야 한다.

그러나 자동차 운전에서와 같이 자기의 갈 길만을 살핀다고 운전을 안전하게 한다는 것이 아니다. 중앙차선을 넘어오는 음주운전자의 차를 항상 경계해야 하는 것과 마찬가지로 돌발적 상황의 가능성에 대한 방심을 해서도 아니 되며 자기 과신의 욕심을 부려도 아니 되는 것이 경영이다. 그래서 기업경영에서 유동성의 문제가 항상 강조된다. 경영전략 수립에 있어서 배수진은 금기 시 되어야 한다. 성공경영의 요체는 7가지 질병요인과 과욕과 방심의 배제에 있다. 좀 더 자세하게 보면 수익성, 유동성, 그리고 안정성으로 요약됨을 볼 수 있다. 더더욱 미세하게 보면 이익을 내면서 건강하게 성장하는 것으로 요약된다.

한의학에서의 발병發病은 인체의 하위시스템 상호간의 균형의 상실을 의미하는데 기업에서의 질병 또한 하위시스템 상호간의 불균형을 의미한다. 불균형은 두 가지 경로로 나타난다. 하나는 시스템의 내적 불균형physical imbalance이며 다른 하나는 내·외적 협력불균형internal & external cooperation imbalance이다.

<심心>과 <기氣>와 <체体>가 균형을 이루면 이상적이나 그러하지 못한 경우가 개인의 성향에서도 나타나기 마련이다. <심心>이 강한 사람은 직장인이나 판검사 및 의사의 직업을, <기氣>가 강한 사람은 창업주의 길을, 그리고 <체体>가 강한 사람은 체육인의 길을 가면 성공 확률을 높일 수 있을 것이다. 내적 조화inner harmony다.

외적 조화outer harmony도 필요 된다. 구리에 철을 섞어 청동이라는 특이한 색상의 더 강한 금속을 만들 듯이 무관계성 속에서 관계성을 발견하여 상승효율rising efficiency을 높이는 것 또한 시스템간의 퓨전fusion이며 유연성의 효율적 경영이다. 말은 수레를 끈다. 소도 수레를 끈다. 그러나 말과 소를 한 수레에 매여서 끌게 해서는 안 된다.

사냥꾼의 화살에 맞아서 생긴 상처 때문에 한 눈이 멀게 된 사슴 한 마리가 있었다. 이 사슴이 생각했다. "바닷가에 가서 풀을 뜯어먹어야지. 못 쓰게 된 눈을 바다 쪽에 고정시켜 놓으면 나머지 성한 한 쪽 눈으로 숲을 경계할 수 있으니까 말이야." 그리하여 사슴은 바닷가로 가서 풀을 뜯었다. 물론 수풀 쪽만을 경계하면서 말이다. 그런데 배 위에 고기를 잡고 있던 낚시꾼들이 사슴을 발견하고서 바닷가로 배를 몰아오는 게 아닌가! 그들은 보이지 않는 눈 쪽으로 다가왔기 때문에 아무 어려움 없이 사슴을 생포할 수 있었다. 그래서 낚시꾼들은 그날 밤 청어구이 대신에 사슴 바비큐 요리를 먹을 수 있었다.

위험이란 미래 현금 흐름의 분산정도다. 기대효과가 크면 클수록 위험 또한 크다. 위험 중에서 제일 무서운 위험은 과욕이다. 미국의 장군 맥아더는 그의 아들에게 주는 기도祈禱 시詩에서 '우리 아들을 부하게도 마옵시고 가난하게도 마옵소서' 하고 기도하고 있으며 지금으로부터 200여 년 전 시인 金笠(김삿갓)은 "부인곤부빈곤빈富人困富貧困貧… 원위불부불빈인願爲不富不貧人"이라고 하여 부자는 부로 인고를 당하고 가난한 사람은 가난으로 인해 곤란을 당하므로 부富하지 아니하고 빈貧하지도 않기를 노래하였다. 진리에 있어 동서고금의 차이가 있을까 한다. 기대효과가 크면 클수록 위험 또한 크며 실패는 욕심으로부터 잉태된다. 잘 쓰기 위해서 많이 맡아 갖고 있는 것은 좋은 일이다. 합하여 선을 위하여 쓸 수 있으면 좋다. 그러나 잘 쓰지도 않고 묵혀두는 것은 죄악이다.

우려할 만한 패러독스paradox는 우리 자신에게 가장 많은 이익과 적은 피해를 줄 것으로 여겨지는 선택을 가장 합리적인 방법으로 선택했다고 생각할 때 생긴다. 경영학을 학제적interdisciplinary으로 연구하는 것은 인간의 본성이 다른 시대적 상황 속에서도 유사성을 갖는다는 전제하에서 이루어지는 부분이 있다. 즉, 인생이란 언제나 똑같은 것이며 진리는 진리이다. 마귀와 싸우지 않고 마귀가 약속하는 떡과 세상의 지배권과 신의 가호를 획득하는 순간 우리가 마귀의 노예가 되는 순간이다.

일본의 막부조식을 260년 동안 안정적으로 유지한 도쿠가와 이에야스의 인생 좌우명은 염리예토厭離穢土 흔구정토欣求淨土였다. 욕심을 버리고 편안한 안식처를 얻으려면 용기를 내 당당히 싸우라는 의미다. 노력이 없는 성취 뒤에는 언제나 마귀가 있다는 것이다. 독버섯일수록 그 색깔은 화려하다. 실패는 자신의 내부에서 자란 허욕의 싹일지도 모른다. 공곡전성空谷傳聲이다. 골짜기가 깊고 비어 있으면 소리를 잘 전달한다는 의미다. 마음이 비어 있으면 우리를 넘어 떨리려 하는 공격의 화살 소리를 감지할 수 있게 된다.

리비히Liebig, Justus Freiherr von(1803-1873), 독일의 화학자로 「동물 열」이라는 개념의 창시자인 그는 인간의 신체는 난로와 같다고 했다. 즉, 음식물은 폐에서 이루어지는 내연기관식의 연소를 유지시켜 주는 연료이다. 사람은 날이 추울 때는 더 많이 먹고 더울 때는 적게 먹는다. 동물의 체열體熱은 이렇게 완만한 연소 결과 생기는 것이며 병이나 죽음은 이 연소과정이 너무 빨라졌거나 연료가 떨어졌거나 아니면 연소공기 공급이 안 될 때 생긴다는 것이다. 불이 꺼진다. 즉, 죽음에 이르게 된다.

죽음의 에너지 수준을 0이라고 한다면 수치심, 무기력, 슬픔, 그리고 두려움은 순서대로 조금씩 에너지 수준을 높여 가기는 하지만 그 상태에 놓인 사람이 스스로 자신을 변화시킬 수 있을 만한 에너지 수준에는 도달하지 못한다. 스스로 자신을 변화시킬 수 있는 잠재력을 갖는 가장 기초적인 상태는 욕망의 에너지 수준이다. 욕망은 본능적이다. 그리고 광범위한 동기이다. 돈, 명예, 그리고 권력에 대한 욕망은 인생의 원동력이다. 이것만큼 강력하고 전 생애에 걸쳐 지속적인 힘은 없다. 동물의 세계를 보라. 먹을거리가 있는 곳에 강자들이 많이 모인다. 사람도 마찬가지다. 거기에 모이는 것을 어찌 나쁘다고만 비판할 수 있을까. 자연의 이치다. 그러나 욕망은 만족을 모르기 때문에 문제가 생긴다.

자본주의의 토대는 이기적 욕망이다. <타他>와 <아我>를 동시에 사랑할 줄 아는 것은 작은 이기체근로 삶의 원동력이 된다. 그러나 자기만을 사랑하는 큰 이기체근는 파멸을 가져오는 전령이 된다. 애덤 스미스는 「국부론」에서 자기 자신을 도움으로써 타인들에게도 도움을 줄 수 있는 것이 사람이라고 생각하고, 인간이 가지고 있는 그대로의 허물과 이기심을 그대로 끌어안아야 한다, 인간을 있는 그대로 미화하지 않고 이해하여야 한다고 했다.

인간의 작은 이기적 욕망은 사회를 윤택하게 만드는 가장 강력하고 훌륭한 자산이다. 한번 상상해 보라. 욕망을 가진 한 이기적인 인간이 아침에 일찍 일어나 빵을 만든다. 다른 사람을 위해서가 아니라 자기 자신을 위한 돈벌이가 되기 때문이다. 그러나 아이러니컬하게도 그는 모든 기준을 자신의 기준에 맞추지 않고 다른 사람의 기준에 맞춘다.

자신이 원하는 것이 아니라 남들이 원하는 것을 만들어 낸다. 자신이 팔고 싶은 양만큼이 아니라 남들이 사고 싶어 하는 양만큼 만들어 낸다. 그리고 자신이 받고 싶은 가격이 아니라 남이 인정해 주는 가격에 그것을 판다. 자신을 위해 일하지만 결국 다른 사람에게 도움을 주는 메커니즘이 바로 시장경제의 논리logic of market economy다. 그래서 단순한 시스템은 여타의 시도들이 실패할 때에도 살아남았고 이제는 인류의 유일한 경제시스템이 되었다. 시장경제가 인정되는 한 완전한 자유와 평등은 환상이다. 성공한 욕망에는 적정한 보상이 필요 되며 이 보상이 보다 큰 생산성을 창조하기 때문이다.

이기적 욕망은 축적이나 탐욕과 밀접한 관련이 있다. 욕망은 또한 집착이다. 그래서 욕망은 인생 그 자체보다 더 중요한 것이 되기도 하고 날기도 한다. 욕망이 항상 성공하는 것은 아니다. 욕망은 좌절을 낳고 분노를 유발하기도 한다.

그러나 때로는 크게 성공하려면 크게 모험도 해야 한다(Big wins require big risks). 모험은 일종의 존재확인이기도 하기 때문에 필요하다. 이것은 집착과 욕망에서 기인한 것과 다른 측면의 삶의 양념이며 동전 양면성의 묘미다. 바람이 촛불을 끄고 큰불을 타오르게 하듯이 재물에 대한 욕망은 사소한 열정을 잠재우고 원대한 열정을 키운다. 사소한 열정이란 돈을 사용하는 재미이고 원대한 열정은 돈을 축적하는 재미에서 출발한다. 성공하는 사람은 모으는 재미를 먼저 아는 사람이다.

변화를 시작하는 최초의 출발점은 내부의 욕망을 발견하고 그 욕망의 순기능적 흐름에 자신을 맡기는 것이다. 그러나 욕망은 좌절할 수 있다. 좌절의 순간마다 자신을 일으켜 세우려면 용기가 필요하다. 용기는 다시 시작하게 한다. 다행스럽게 욕망과 용기는 인류가 보편적으로 가지고 있는 동기부여이며 힘이다. 외부로부터 주어지는 강제력이 아니다. 이 힘의 근원은 우리의 내부로부터 온다. 이것은 우리가 언제든지 자신을 위해 변화를 만들어 갈 수 있는 잠재력을 소유하고 있음을 말해준다. 자기(아我)와 타他를 동시에 사랑할 수 있는 상태의 작은 이기에서 자기만을 사랑하는 큰 이기로의 경계선은 자신만이 그을 수 있다. 인간 내면의 청우계는 자신만이 가늠하며 통제할 수 있는 것이다.

참된 내면의 잠재력을 통해 자신을 성장하게 하는 에너지 수준은 용기의 단계이다. 이 수준에 이르면 인생은 흥미롭고 도전적이며 자극적인 것이 된다. 용기는 우리에게 기꺼이 새로운 것을 시도하게 해준다. 파란만장한 인생을 새로운 삶으로 전환시켜 준다. 성장이 목표가 된다. 새로운 것을 습득하려고 하고, 자신에게 끊임없이 에너지를 부여함으로써 항상 새롭게 되려 한다. 이 수준에 이르게 되면 자신의 성격적 결함이나 두려움을 볼 수 있고 또 그것을 인정한다. 두려움과 결함에도 불구하고 성장을 포기하지 않는다.

2. 효율적 자금관리

기업경영을 위하여 자본이 필요하며 이 자본을 합리적으로 조달하여 효율적으로 운용하기 위하여 경제적인 방향으로 의사결정하여야 한다. 최악의 자금사정을 고려한 비즈니스 플랜을 의거하여 핵심기술과 시장침투만을 위한 자금소요계획이 전제되어야 한다.

노사분쟁이 노사간의 오해에서 발생할 수도 있다. 예를 들어, 원재료 1g을 100원에 구입하여 200원을 판매하였을 때 종업원 중에는 단순히 50%의 폭리를 취하고 있으며 자기에게 주는 혜택에는 인색하다고 생각할 수도 있다. 이때 경영자는 원재료 구입원가, 직접노무원가 외에 간접노무원가의 존재를 설명할 수 있어야 한다. 그러므로 오해로부터 발생한 노사갈등labor-management conflict을 해소시킬 수 있게 된다. 그래서 경영자는 최소한 분계의 5 원칙을 알고 제조원가계산서, 손익계산서, 대차대조표 정도는 읽을 수 있어야 한다.

재무계획은 첫째 자금조달계획이고, 둘째 자금지출을 통제하기 위한 계획이며, 그리고 셋째 지출결과의 평가를 하기 위한 계획이다. 그리고 재무계획의 구체적 내용은 총체적 조직의 협조로부터 자금계획을 수립하는 것이다.

성공경영을 위해서는 세입과 세출을 고려해야 한다는 계범부종計凡付終이다. 반찬 걱정, 설거지 걱정 없이 먹을 수 있는 S라면의 가치(V)를 1,000원 정도라 느끼는 소비자가 600원에 라면을 구입했다. S라면의 가치가 가격보다 크게 느껴지기 때문에 소비자를 만족시킨다. 라면 한 봉지를 팔 때마다 그 기업은 400원 만큼의 순net 가치를 소비자에게 기여하는 셈이 된다. 이렇게 되면 S라면 수요는 자연히 지속적으로 증가될 것이고, 수요의 증가는 대량생산의 경제성economics of mass production을 불러들여 비용절감으로 이어질 것이다. 비용이 절감되면 생존부등식의 우측 부등호 즉, 가격(P)>비용(C)이 만족될 수 있고, 가격에서 비용을 뺀(P−C)만큼이 기업의 이윤 corporate profits으로 남는다.

오늘날 기업을 부도덕한 집단으로 매도하는 경향이 있지만 이것은 생존부등식을 이해하지 못한데서 오는 인식오류認識誤謬다. 생존부등식을 만족시키는 기업은 제품 한 단위를 팔 때마다 V−P만큼의 순 가치를 소비자에게 기여하는 은혜로운 존재이며, 이와 동시에 기업이 축적하는 이윤은 도덕적으로 정당한 반대급부가 된다.

이윤동기의 힘은 고대의 여러 격언에도 나타나 있다.

> **모든 사람은 자신의 이익을 따지는 데는 전문가로서, 까다로운 입맛을 보인다.**
>
> **- 플라우투스「표독스런 남자」-**

그리스·로마 희극의 인용문들에서 보면 이윤 방정식의 비용항목들이 주목받고 있음을 알 수 있다.

> **사람은 부를 증대시킴으로써, 그리고 지출을 줄임으로써 좀 더 부유해진다.**
>
> **- 아리스토텔레스「수사학」-**

또 다른 글 역시 손익계산 측면에 초점을 맞추고 있지만 그 전에 투자가 있어야 함을 인식하고 있다.

> **돈을 얻으려는 사람이라면 누구는 비용을 들여야 한다.**
>
> **- 플라우투스「당나귀의 희극」-**

다음 인용문은 더 나아가서 비용지출이 이윤을 넘지 않도록 신중히 관리해야 한다고 주장한다.

지출이 없었다면 이윤이 창출되기란 불가능할 것이다. 그러나 지출액이 그보다 많을 경우엔 이윤이 지속되지 못할 것이다.

- 플라우투스 「포에눌루스(작은 카르타고인)」 -

지자智者는 이익과 손실 양면에서 사물을 생각한다. 즉, 이익을 생각할 때에는 손실도 고려한다. 그렇게 하면 모든 일은 순조롭게 진행된다. 반대로, 손실을 생각할 때에는 그것 때문에 발생하는 이익도 고려한다. 그렇게 하면 쓸데없는 걱정을 하지 않아도 된다.

지자지려智者之慮, 필잡어이해必雜於利害... 손자, 「구변편」

아는 만큼 보인다. 대차대조표balance sheet 이야기 하나를 덧붙인다. 은행거래는 하되 어음발행의 편리를 위한 주거래 은행은 만들지 않는 것이 좋다. 주거래은행에 의존한 어음을 발행하는 순간 정글을 누비는 맹수가 목걸이에 묶인 애완동물이 된다.

아래 그림 우변에서 채권자가 부채××를 갑자기 당겨내면 기업은 균형감각을 잃고 넘어진다. 망하는 것이다. 생사여탈권生死與奪權(또는 생살여탈권生殺與奪權) 즉, 기업(사람)의 목숨을 죽이고 살릴 수 있는 권리를 넘기는 것과 같다. 부채에 너무 가까이 가면 아니 된다. 부채도 자산이라는 말은 서구의 과학성이지 동양의 기예성은 아니다.

[대차대조표]

운용의 변(차변)	조달의 변(대변)
자산(자본운영의 상태) ×××	자본 : 자기자본 × 타인자본(부채) ××
×××	×××

8장

삶의 과정이 마케팅이다

시장관리	장수선무長袖善舞 → 줄탁동기啐啄同時 → 옥종석생玉從石生 → 수시변역隨時變易 → 교토삼굴狡兎三窟

옷소매가 길면 춤도 예쁘다. 이미지는 포장으로 증진시킬 수 있다(장수선무長袖善舞). 마케팅의 필요성이다. 고객의 반응에 절묘하게 부응한다(줄탁동기啐啄同時). 보석도 돌에서 나온다. 평범한데서 기인하는 천재성이 마케팅이다(옥종석생玉從石生). 빠르게 변화하는 고객의 요구에 부응하는 사고를 해야 한다(수시변역隨時變易). 토끼는 위급할 때 숨을 수 있는 세 개의 굴을 파놓는다. 기업에서는 뜻하지 않은 위험한 상황에 접하게 된다. 적어도 3가지 이상의 상황정도는 신속히 예측해 놓아야 한다(교토삼굴狡兎三窟).

1. 현시욕의 자극

장수선무長袖善舞라는 고사성어가 있다(한비자韓非子). 옷소매가 길면 춤도 예쁘다는 뜻이다. 이미지는 포장으로 증진시킬 수 있다. 옥종석생玉從石生이라 한다. 보석도 돌에서 나온다는 말이다. 평범한데서 기인하는 천재성이다. 옥돌도 갈아야 보석이 되며, 자신을 알리는 노력이 마케팅이라는 옥종석생이다.

원효대사가 득도 즉, 부처의 제도濟度를 얻기 위하여 고행 중에 산골 작은 절에 들어갔다. 자신이 원효라는 것을 감추고 주지 스님에게 머물기를 청했다. '원하는 대로 머무르게. 객승이라도 놓고 먹는 법은 없으니까 우리가 손해날 것은 없지.'

다음날부터 주지스님은 원효에게 청소와 장작 패는 일 그리고 공양 시중을 시켰다. 원효가 보기에 학승들은 각자 책을 지키고 앉아 열심히 외우고는 있으나 머리로는 전혀 이해하지 못하는 것 같았고, 주지스님은 날마다 방에 누워 빈둥빈둥 누룽지만 먹는 게으름뱅이였다. 누구도 뒷마당에서 장작 패고 있는 객승이 유명한 원효대사라는 것을 알아채지 못하는 것 같았다. 몇 개월이 지난 원효는 서서히 부아가 치밀고 이런 곳에 있는 스스로가 한심하게 느껴져 절을 떠나기로 결심했다. "내가 바로 원효인데..."

그가 떠날 채비를 하자 주지스님은 이렇게 성실하게 일 잘하는 객승은 처음이니 더 머물다 가라고 한사코 붙잡는 바람에 '내가 원효인데...' 라는 마음을 지닌 채 3년이라는 세월을 더 보냈다. 어느 날, 더는 참을 수 없어 모두 잠든 새벽녘에 몰래 줄행랑을 치는데 그의 등 뒤에서 '원효야!' 하고 부르는 소리가 들렸다. 주지스님의 목소리였다. 원효대사가 현시욕顯示慾을 깨우치는 순간(The moment he wakes up to the lust for revealing.)이었다.

일반 중생의 현시욕이야 더 말할 나위 있을까. 그래서 현시욕을 자극하는 마케팅전략이 긍이불오矜而不傲이다. 자랑스러워하되 오만해서는 안 된다.

2. 양면성의 원리

물리학의 양자론에서 밝혀낸 물질세계의 실상은 이 세계는 반드시 <타他>가 있어야 <아我>가 존재할 수 있는 상대성에 바탕을 둔 세계라는 것이다. 공즉시색 색즉시공으로, 보이는 것은 보이지 않는 것의 실상으로 신은 모든 것을 대칭적으로 창조했다. 있는 것이 없는 것을 규정하며 없는 것이 곧 있는 것을 규정한다는 원리다.

어려움이 이어야 쉬움을 알게 되고,
긴 것을 두고 짧은 것을 재는 법이며,
높은 것과 견주어 낮은 정도를 보고,
소리와 비교해서 음악을 알아듣고,
앞이 정해져야 뒤가 따를 수 있음이다.

<점點>의 잠시성ephemeral이 <선線>의 영원성permanent으로 이어지며 삶 또한 불행과 행복을 씨줄(가로방향으로 놓인 줄)과 날줄(세로방향으로 놓인 줄)로 하여 짠 한 폭의 비단이리라. 빛과 어두움, 보이는 곳과 보이지 않는 것들, 유한과 무한, 큰 것과 작은 것, 물질과 정신, 좌 뇌와 우 뇌, 지성과 감성, 무武와 문文, 명분과 실제, 주관과 객관, 자아와 타아, 탄생과 죽음, 가난과 부유, 그리고 내 안의 큰 우주와 내 밖의 무한한 우주인 태아태극太我太極, 그래서 창조자를 닮은 인간이 창조한 기업의 영역에 있어서도 계량화 요인accounting factor과 비계량화 요인unaccounting factor이 존재함을 인식해야 한다.

경영의사결정에 있어서 동전 양면성의 원리가 존재하기 때문에 무형적 요인invisible factor의 중요성 또한 간과해서는 아니 된다. 통에서 중요한 것은 통 그 자체가 아니라 가운데의 빈 공간이다. 주전

자 또한 중요한 것은 주전자가 아니라 비어 있는 공간이다. 그러므로 통이나 주전자는 그 빈 곳에 무엇을 담기 위해 존재하는 것이다.

기업내부를 조직이라 하고 기업외부를 환경 즉, 경쟁 환경이라 할 때 그 균형유지를 위한 비율을 고려해야 한다. 경쟁 환경을 구성하는 이해관계자 집단의 대표를 우리는 고객이라 할 수 있다. 고객이 존재하는 영역을 우리는 마케팅이라 부른다. 행복은 불행이 존재해야 그 의미를 부여받을 수 있듯이 기업의 존재 의미 또한 마케팅이 건재할 때 생존의 가치가 있으며 저울의 무게중심 원리와 같이 적정의 율titration rate 결정이 요구된다. 마케팅이 있는 것은 시장이 존재한다는 것이기 때문이다.

르네상스 시대의 수도승 루카 바트리오는 황금분할을 신성비례라 할 정도로 중요시하였다. 가장 조화가 잡힌 비율인 황금비를 분수로 표시하면 다음과 같다. $\frac{1}{1}$, $\frac{1}{2}$, $\frac{2}{3}$, $\frac{3}{5}$, $\frac{5}{8}$, $\frac{8}{13}$..., 1:1의 반반의 비율에서 근사치를 둠으로서 최고의 아름다운 비율을 만들게 한 것은 신이 인간을 사랑하여 자유의지의 영역을 주었기 때문이다. 즉, 근사영역에서 최고의 아름다움을 발견하도록 만들었다. 그래서 행동과학을 학제적學際的으로 연구해야만 하는 어려움도 있지만 그 연구의 과정에서 우리는 성취의 희열을 맛보게 된다.

황금비율은 우리들의 생활 속에서도 허다하다. 담뱃갑이나 명함, 물건을 선택할 때 대부분의 사람은 무의식중에 황금비의 치수를 즐거이 취하고 있다. 이는 안정감을 주기 때문이다. 조직과 환경의 조화에서도 기업 특유의 체질에 맞는, 안정감을 주는 황금비율을 찾아야 할 것이다. 마케팅 조직구성의 중요성은 기업 활동의 5영역(재무 및 회계, 인사, 마케팅, 생산, 그리고 경영정보) 중에서의 단순비례인 $\frac{1}{5}$이 아니다.

3. 비즈니스 환경과 가치

몇몇 종류의 동물은 자신의 생존을 위협하는 주위에 대한 경계 따위는 아랑곳하지 않고 오로지 선전 위주의 목숨을 건 도박에 나서기도 한다. 공작새가 그 대표적인 예인데, 그것의 커다란 꼬리는 육식 동물의 눈에 금방 띄는 것은 물론 숲 속의 가시덤불에도 잘 걸려 자신의 수명을 단축시키는 좋은 원인이 된다. 하지만 무사하기만 하다면 많은 암컷들을 손쉽게 거느릴 수가 있다. 죽을 때까지 자손을 번식시키는 일도 가능하다. 공작새의 유전자는 바로 그 점이 마음에 들었던 것이다.

필자가 사는 동네에서 출퇴근하는 길목에 상가가 늘비해 있는데 6개월이 멀다하고 가게의 단장을 새롭게 꾸미고 있는 것을 보면서 즉, 망해나가는 것을 보면서 한국영화에 나오는 이야기 하나를 연상해 보았다. 옹녀라는 미인 과부(색녀)가 살았는데 매일 저녁 이웃동네 남정네들이 한 명씩 몰래 찾아들어 정을 나누고 그 후 <기氣>가 모두 소진해 죽어나가면서 종래에는 과부마을이 된다는 내용이다. 설마 나만은 망하지 않겠지 하고...

나만은 망하지 않겠지 하고 새롭게 입주해 와서 망해나가는 점주들을 보면서 망하지 않는 마케팅의 처음과 끝인 여섯 가지 창업의 고려요소를 꼭 전하고 싶어진다.

- **고객과의 접근**proximity to customer,
- **비즈니스 환경**business climate,
- **총비용**total cost,
- **사회간접시설**infrastructure(social overhead capital),
- **노동의 질**quality of labor,
- **그리고 공급자**supplier**를 꼼꼼히 따져 봐야 생존한다**.

4. 인간경영의 리더십

인간은 영spirit과 육body의 이원 현현체顯顯體이다(Man is a dual manifestation of spirit and body). 육으로 만의 상태로 존재하는 것을 우리는 물질이라 부르고, 영으로만 존재하면 우리는 귀신이라 부른다. 생산과 마케팅의 관계는 제우스에 의해 각각 분리된 안드로규노스Androgynous 즉, 원래 양성구유인 인간이 제우스에 의해 양성으로 각각 분리되었기 때문에 인간은 서로 떨어진 반쪽을 그리워하게 되어 연애감정이 발생하게 되었다고 하는 그 한 쪽이다. 영혼이 육체로부터 분리되면 불완전해진다. 그것은 마치 <전체wholes>로부터 분리됨으로써 <부분parts>이 되는 것과 같다. 따라서 영혼이 인간 본성의 한 부분이라는 것은 극히 자연스러운 귀결이다. 인간은 영혼과 육체가 재결합되지 않으면 궁극적인 행복ultimate happiness에 도달할 수 없다. 일상적 경험을 통해 인간이 현세에서 궁극적인 행복에 이를 수 없다는 사실을 확인할수록 이것은 더욱 분명히 참이 된다.

감각능력이 이성능력을 동시에 갖추게 되면, 그것은 동물의 영혼과는 다르게 소멸 불가능한 것이 된다. 기업은 마케팅을 통해 시장과 아름답게 만나야 영생한다. 시장 즉, 수요와의 만남은 인간이 신을 만나 영이 영생을 하는 것과 같은 출발의 의미를 갖는다. 발명가 에디슨은 '나는 세계의 수요가 무엇인가를 발견한 다음에 연구에 전념하여 그것을 발명하였다'라고 말했다. 발명품은 한 가지 일에 무수한 경험을 축적한 그 결과물이다.

기업이 광고advertising, 선전propaganda, 홍보publicity, 그리고 PR(public relation)을 하는 것은 사람들에게 그전에는 존재하지 않았던 욕망들을 불러일으키는 것이다. 광고는 기업이 인간의 욕망을 부풀리고 이를 이용해 돈을 긁어내는 합법적인 거짓말 또는 점잖게 마케팅 또는 광고학이라는 과학으로 인식된다. 따라서 광고를 하지 않고 사업을 하는 것은 마치 한밤중에 비단옷을 입고 자랑하는 것과 같고, 어둠 속에서 마음에 드는 이성에게 윙크하는 것과 같다. 마케팅은 기업 활동의 시작과 끝이며 생산이라는 내용을 담는 그릇이다.

인터넷 상거래에서 고객이 제일 걱정스러워하는 부분이 품질이다. 물리적 접촉이 없는 온라인 거래이기 때문이다. 온라인의 중요성이 부각되는 지식경영의 사회이긴 하지만 오프라인 즉, 물리적 제품 품질의 중요성을 간과해서는 아니 된다. 마케팅 부서에서 열성적으로 판매실적을 높였다 해도 품질에 대한 클레임claim이 높다면 마케팅에 투자한 노력은 허사가 되며 비용 불꽃의 논리로 본다면 보다 큰 숨겨진 공장hidden plant을 만드는 것과 같은 것이다. 이것이 마케팅과 생산이 기업의 경영활동에서 강조되는 조화coordination is the most important thing in business 중에서 첫 번째 강조되는 조화이기도 한다.

그래서 고객들은 품질을 무의식적으로 먼저 생각하고 있기 때문에 브랜드를 찾는다. 브랜드는 재인再認(recognition)의 준거referral이기 때문이다. 즉, 브랜드는 과거에 경험한 것을 현재의 경험 속에서 다시 의식에 떠올리는 것으로 근거나 기준이다. 심리학적인 용어인 게쉬탈트gestalt다. 전체모양이라는 의미로서 마음에 그려지는 사물 혹은 이슈에 대한 심상心象으로 사전에 인지된 경험으로 그려지는 마음의 그림이다.

장편소설 '대망'에서 보면 일본 전국시대의 소 영주 도꾸가와 이에야스가 전국시대를 마감시키고 통일 일본의 막부시대bakufu 즉, 12세기에서 19세기까지 쇼군을 중심으로 한 일본의 무사 정권을 연 성공의 요체는 무서움의 인지에서 출발되고 있음을 읽을 수 있다.

자기보다 강한 오다 노부나가의 무서움을 인지하고 스스로 패망하기를 기다리는 인내력, 그리고 어머니를 따르는 젖먹이와 같이 자신을 따르는 가신들이 종교적 갈등으로 자신에게서 돌아서는 사건을 접하면서 부하도 자신을 버리고 떠날 수 있다. 그런 상황이 존재할 수도 있다는 두려움의 인지를 통해 원만한 인간경영의 리더십을 스스로 훈련해 간다.

자신을 믿고 따르는 공급자supplier와 내부구성원, 그리고 자기 회사의 제품을 최고의 제품으로 신뢰하며 구매해 주는 고객이 돌아설 수도 있다는 무서움을 전율할 줄 알아야만 성공 마케팅을 할 수 있다. 무서움의 인지는 곧 대비다. 오다 노부나가의 카리스마, 도요토미 히데요시의 처세술을 거쳐 도쿠가와 이에야스의 인간이해human understanding의 경영이 최후의 승리와 영광을 누린다. 산다는 것, 그 삶의 과정 자체가 마케팅이다.

5. 소재범유론

미국 영화 '슈퍼맨2'에 슈퍼맨의 고향인 크립톤 별에서 우주로 추방당한 세 악당이 등장한다. 이 악당들에게는 초능력superpower이 있다. 안광이 어찌나 무시무시한지 이들이 초점을 맞추고 안광을 쏘면 불타지 않는 것, 녹아나지 않는 것이 없었다. 그런데 이 세 악당 중의 하나가 대도시 한복판에 서있던 유조차를 노려보려고 한다. 유조차tank truck가 폭발하면 대도시는 불바다가 될 판이다. 슈퍼맨은 어떻게 하는가? 악당이 유조차를 향해 안광을 쏘는 찰나 유조차의 백미러로 그 안광을 악당에게로 다시 쏘아 보낸다. 악당은 제 안광에 목숨을 잃는다. 악당의 초능력이 오히려 자신의 죽음의 씨앗이 되는 것이다.

메두사Medusa는 그리스 로마 신화에 나오는 괴물이다. 머리카락 한 올 한 올이 뱀으로 되어 있는 이 괴물을 누구든지 보면, 보는 그 순간 그 자리에서 석상으로 변하고 만다. 그래서 메두사가 기거하는 동굴 앞에는 돌로 변해버린 인간들의 석상이 즐비하다. 그런데 이 메두사를 돌로 만들어 버린 영웅이 페르세우스다. 페르세우스Perseus는 어떻게 메두사를 석상으로 만들어 버릴 수 있었던가?

페르세우스는 아테나 여신으로부터 방패 하나를 빌린다. 그는 이 방패를 반짝반짝 윤이 나게 닦아 들고는 동굴로 들어간다. 그는 메두사를 보면 안 된다. 보는 순간 그 자신이 돌로 변해 버릴 것이기 때문이다. 그래서 그는 방패로 자기 얼굴을 가린 채 메두사에게 접근한다. 메두사는 그 방패가 거울 노릇을 할 수 있다는 것도 모르고 있다가 방패에 비친 자기 모습을 보고는 돌이 되어 버린다. 말하자면, 메두사 자신의 권능이 자신을 돌로 만들어 버렸던 것이다.

미국군의 대공 요격 시스템 중에 '에이지스 시스템'이라는 것이 있다. '에이지스'는 '아이기스aegis'의 영어식 표기인데 '아이기스'는 페르세우스가 메두사에게 비춘 바로 그 방패의 이름이다.

미국 핵잠수함 '트라이던트'는 바다의 신 '포세이돈'이 들고 다니면서 바람과 파도를 일으키는 삼지창이며,

브래지어의 상표 '비너스'는 아름다움의 여신 '아프로디테'의 로마 이름이고,

가스레인지의 상표 '베스타'는 부엌의 수호 여신 '헤스타'의 로마식 표기이며,

'나이키'는 그리스 승리의 여신 '니케'의 영어식 표기다.

고대 신화에 등장하던 영웅들은 사라진 것이 아니다. 오늘도 횡단보도 건너편에서 신호등이 바뀌기를 기다리며 우리 앞에 서있다.

구슬 옥玉, 따를 종從, 돌 석石, 살 생生의 옥종석생玉從石生이

다. 보석도 돌에서 나온다는 말로 옥돌도 갈아야 보석이 된다. 평범에서 기인하는 천재성이다.

6. 설득의 원칙

콩나물 한 봉지를 사면서 1백원을 깎으려고 전전긍긍하던 주부가 분위기를 위해 수십만원에 이르는 화장품에는 기꺼이 지갑을 열 수 있다. 그래서 <합리적인 이성>과 <즉흥적인 감성>이 혼재하는 인간행위human action의 이해를 위한 마케팅전략의 구사가 필요하다.

- 대조 효과contrast effect를 극대화시킨다. : 비용과 충격은 작은 것에서 큰 것으로(row ball technique), 가격은 최상에서 낮은 순으로(door in the face), 그리고 차입 액은 큰 금액에서 작은 금액으로 제시한다.
- 프라이밍 효과priming effect을 활용한다. : 시간적으로 먼저 떠오른 개념이 이후에 제시되는 <자극의 지각과 해석>에 영향을 미치는 현상이다. 앞서 제시된 정보를 <프라이밍 자극물priming stimulus>이라고 하고, 뒤에 나오는 정보를 <목표 정보target information>라고 한다.
- 일관성의 긍정적 심리를 유지해 간다. : <심리적 개입>을 이끌어 낸다.
- 상호성의 심리적 작용을 활용한다. : <친절과 호의>는 결코 무상이 아닌 부담으로 작용한다.
- 전문가다운 권위행위를 보인다. : 권위를 인지하면 맹목적 복종을 불러들인다. 예를 들어, 오늘의 특별한 추천 메뉴의 신선도에 대한 정보를 제공하여 전문성의 권위를 인정받으

면 많은 팁으로 연결되는 지름길을 가게 된다는 것 등이다.

- **희귀성의 원칙을 준수한다. : <마지막 기회>라는 것을 강조한다.**
- **사회적 유행성을 강조한다. : <가장 많이 팔린>, <무섭게 성장>하는 등의 단어는 제품의 우월성을 간접적으로 강조하는 효과를 발휘한다.**

미국 아리조나 주립 대학 로버트 치알디니 교수는 모금이나 상품판매에서 긍정적인 답을 얻을 수 있는 '6가지 원칙'을 제시했다. 치알디니 교수에 따르면 정보의 홍수시대에 살고 있는 현대인들은 더 이상 과거처럼 모든 정보를 검토하고 분석할 수 없기 때문에 6가지 설득의 원칙에 알게 모르게 반응하게 된다고 한다.

① 상호성의 법칙law of reciprocality : 미국 상이군경 협회가 우편모금을 했을 때 18%만이 모금에 응했다. 하지만 <무료회신봉투>를 동봉했을 때는 모금 율이 35%로 뛰어 올랐다. 즉, 선물을 받았을 때에는 은연중에 보답을 해야 한다고 생각을 하게 된다. 백화점 식품매장에서 제공하는 <무료시식코너>도 마찬가지 예다.

② 일관성의 법칙law of consistency : 1988년 미국의 한 유명 레스토랑은 30%에 달하는 예약파기율을 10%로 줄였다. 예약담당자가 사무적인 말투를 버리고 "예약을 취소하실 때는 전화를 주실 거죠?"라고 부탁을 한 것이 효과를 나타냈다. 여기에 "예"라고 답한 고객은 자신의 말에 일관성을 가져야 한다는 <의무감sense of obligation>을 갖게 돼 예약 취소할 때 꼭 전화를 하게 된다.

③ 사회적 증거의 법칙law of consensus : 건널목에서 갑자기 한 남자가 하늘을 쳐다보면 몇 사람이나 따라 할까? 뉴욕 시립대학의 조사에 따르면 단 4%만이 그의 행동에 따라 했다. 하지만 다섯

명이 하늘을 보면 19%, 15명이면 무려 40%가 따라 했다는 것이다. 사람들은 <다수의 의견이나 행동은 바람직한 것desirable thing>으로 여기는 경향이 있다. 그래서 광고는 얼마나 많은 사람들이 그 제품을 샀는지 열심히 알린다.

④ 호감의 법칙law of liking : 사람들은 자신이 잘 아는 사람이거나 또는 자신과 같은 집단에 속하는 사람, 심지어 모르는 사람이라도 <외모에 호감이 가는 사람>에게 긍정적인 답을 한다. 1994년 미국의 한 대학에서 이루어진 자선모금에서 모금자가 "저도 이 학교 학생입니다."라는 말을 했을 때 모금액이 두 배로 증가했다고 한다. 부인이 좋아하는 스타가 조미료 광고에 나올 때는 남편은 별 신을 쓰지 않아도 되지만, 식기세척기 광고에 나올 때는 재빨리 채널을 돌려야 한다. 뭉칫돈이 빠져나갈 수 있기 때문이다.

⑤ 권위의 법칙law of authority : 빨간 신호등이 켜졌을 때 누군가가 길을 건넌다면 다른 사람들의 반응은 어떨까? 1955년 텍사스 대학 연구에 의하면 실험자가 캐쥬얼 차림으로 길을 건널 때보다 정장 차림으로 건넜을 때 따라오는 사람들의 비율이 무려 350%나 늘어났다. <권위에 대한 순종의 원칙>을 이용해 기업광고에서는 종종 전문가들이 등장해 제품의 우수성을 보증한다.

⑥ 희소성의 법칙law of scarcity : 호주산 수입고기를 공급하는 미국의 한 회사가 고객들에게 기상악화로 수입물량이 줄 것이라고 하자 주문량이 두 배로 늘어났다고 한다. 여기에는 기상정보가 호주 국립기상대에서 나온 정통한 소식이라 했을 때는 6배 가까이 늘었다. 사람들은 유형의 물건이든 무형의 정보든 희소성이 있다면 달려든다.

7. 바넘식 표현과 광고

전통적 마케팅 성공요인이 잠재고객prospective clients의 요구와 선호도를 과학적 방법으로 표본조사를 통해 조사·분석하고 여기에 맞는 제품을 개발하기 위해 동질화된 고객의 요구를 발견하는데 있었으나 개별화 대응전략one to one marketing이 강조되는 인지가치 마케팅의 시대에서는 각각 고객의 차별화 전략이 더욱 강조된다.

마케팅의 개념도 거래마케팅에서 관계마케팅relationship marketing(=connection marketing)으로 바뀌게 되어 이제 마케팅의 목표는 시장점유율에서 고객점유율로 바뀌게 되었다. 시장점유율market share은 자사의 고객이든 여러 경쟁사의 고객이든 모든 소비자를 포함하여 해당시장 전체에서 자사의 비중을 측정한다. 전체적인 시장 규모가 커질 경우 이를 선점하기 위한 공격적 경영전략상에서 유의미한 성과지표라고 할 수 있다.

반면, 고객점유율customer share은 한 명의 고객이 평생 동안 특정 제품이나 서비스를 구매하는데 쓰는 지출액 중에서 자사의 제품이나 서비스를 구매하는데 쓰는 돈의 비율를 나타내는 지표이다. 이러한 고객점유율은 시장 규모가 더 이상 커지지 않거나 경쟁이 치열한 산업에 있어서 자사 고객을 유지하고 이들과의 관계를 강화해 나가려는 방어적 경영전략상에서 효과적인 성과 지표라고 할 수 있다. 기업경쟁력의 원천과 자산평가는 고객자산customer equity으로부터 시작되는 사회가 도래되었다. 고객자산은 기업이 현재 고객과 미래 고객에게서 거둘 것이라고 기대하는 미래 현금 흐름의 순 현재가치를 말한다.

역사상 가장 오래된 광고는 나일강변에서 발견된 로제타석에 쓰인 문구로, 기원전 196년 이집트 왕 프톨레미를 칭송하는 내용이다. 한편 우리나라 최초의 근대적 광고는 1886년 2월 22일자 '한성주보'에 실린 '덕상德商 세창양행世昌洋行 고백告白'이라는 제목의 순한문으로 된 24줄짜리 광고다. 한국에 있는 독일계 무역회사인 '세창양행'에서 호랑이, 수달, 소가죽과 사람의 머리카락, 옛 동전 등을 산다는 내용이었다. 글 끝에 '어린이와 노인이 온다 해도 속이지 않는다.'라고 쓰여 있음에서 광고의 속성이 과장에 있음을 볼 수 있다.

광고의 셰익스피어로 불리는 바넘P. T. Barnum은 '평생 단 한 번뿐인 기회', '한정판', '폭탄세일' 등 우리에게 익숙한 과장광고는 바로 바넘식 표현이다. 그러나 역시 광고의 생명은 진실성에 있다. '약속, 거창한 약속이 광고의 영혼이라 하겠다.'

광고는 단순히 상품판매를 위한 수단이 아닌 감성을 자극하고 한 시대의 문화를 만들고 알린다는 점에서 예술이라고 할 수 있다. 'CM송은 문명의 역사상 가장 널리 알려진 음악'과 '잘 쓴 카피'는 한 줄의 감동적 시라는 말이 있을 정도다. 영혼을 울리고 순화하는 기능성을 발휘하기도 한다. 광고에서 벗어 날 수 있는 시간은 잠잘 때와 책 읽을 때뿐이다. 때문에 광고는 생산자와 소비자 양자 모두에게 중요하다. 특히 생산자에게는 경쟁자가 잠잘 때도 쏘아 올리는 경쟁의 신호탄이기 때문이다.

마케팅은 고객과의 관계발견의 첫걸음인 동시에 활동이다.

1) 간접적 마케팅

마케팅을 위한 홍보는 직접적으로 하는 방법보다 간접적으로 강조하는 방법이 효과적일 수 있다. 참치 속에는 두뇌활성화 영양요소가 있다. 이것을 소비자가 쉽사리 믿지 않으니까 일본의 영양학자로 하여금 참치의 영양요소에 대한 글을 출판하게 한 후 그 정보를 국내 매스컴에 제공하면 간접적 마케팅 효과indirect marketing effect

에 의해 국내 주부들의 교육열education fever을 자극하게 되고 구매로 이어지게 한다는 것이다.

조선 태조 왕건은 궁예의 세력이 승승장구乘勝長驅할 때 대대로 축적해 온 전 재산을 궁예의 궁성 축조를 위해 전부를 희사하고 후일 왕권과 함께 회수하는 전략을 수립하여 성공한다. 적은 것을 줄 때 줄줄 아는 성공전략success strategy이라 할 수 있다. 돌아가는 길도 존재 한다는 것이다.

2) 상황적합적 마케팅

탈무드의 짤막한 일화다. 총격전이 벌어지고 있는 전선의 참호 속에서 물을 팔고 있는 이스라엘 상인 한 사람이 있었다. 그는 두 개의 물 항아리를 지고 다녔다. "물 한잔에 15프로토트요!" 그 때 적의 총알에 맞아 1개의 물 항아리에서 물이 새기 시작하였다. 상인이 재빨리 외쳤다. "물 한잔에 30프로토트요!"라고... 이것이 상황적합적 마케팅이다.

3) 공포자극 마케팅

「내부 잠재력과 외부로부터의 억제력」이라는 데이비드 호킨스 David R. Hawkins의 책에 보면 사람은 살기 위해 다른 사람으로부터 에너지 공급energy supply을 필요로 한다. 그러나 어려운 점은 주위 사람들이 그들에게 실질적 도움을 줄 수 있는 동기를 갖지 못한다는 것이다. 무기력보다는 낮지만 여전히 낮은 에너지 수준에 속하는 것이 슬픔이다. 충격을 받아 무기력한 환자가 울기 시작하면 회복되고 있다는 증거이다. 그들은 곧 음식을 먹고 걸을 수 있다. 두려움은 슬픔보다 더 광범위한 일반적 현상이고 위험에 대한 두려움은 건강한 반응이다. 기업과 광고업체들도 두려움을 이용하여 시장점유율(특정 업종의 제품시장에서 취급되는 전체 판매량 중에서 특정기업이 차지하는 비율 즉, 자사 제품의 판매량/특정 시장 내 전체 판매량)을 높이는 경우가 있다. 우유를 바꾸면 설사를 한다든가 칫솔 속의 세균을 과장한다든가 하는 식의 광고는 두려움을 이용한 접근 방법이다.

4) 요소공격 마케팅

시장의 상황에 따라 접근방법을 달리 해야 한다. 이것이 시장세분화 전략이다. 시장세분화 전략marketing segmentation은 소비자욕구의 이질성에 따라 수요자 층을 분할하고 목표 내지 표적시장target marketing으로 선정된 소비자집단의 욕구와 기호를 보다 정확하게 파악함으로써, 각 소비자계층에 대하여 집중적인 마케팅 공세를 취하는 '요소 공격식 마케팅전략element aggressive marketing strategy'을 뜻한다.

2차대전 후 전쟁으로 피폐된 일본과 한국에서는 불결한 환경으로 말미암아 발생되는 피부부스럼 등의 질병들이 많이 발생하였다. 이때 미국을 위시한 서방 선진국들이 항생제를 가져다 팔기 시작하였는데 같은 역가potency의 약을 일본에는 경소단박輕小短薄(가볍고 작고 짧고 얇은)하게, 한국에는 보다 크게 프라시보placebo(위약)를 섞어 판매했다. 일본인은 섬나라 체질로 작고 아름다운 것을 좋아했고 한국 사람은 보리밥 체질의 사회적 특성을 가지고 있음을 간파하였기 때문이다. 요소 공격식 마케팅전략이었다.

5) 전환 마케팅

약점을 강점으로 바꾸어 생각해 보는 것 또한 마케팅이다. 보졸레 누보beaujolais nouveau는 프랑스 리옹의 보졸레 지역에서 갓 따낸 햇포도를 단기 숙성시켜 만든 와인이다. 6개월 이상 숙성시키는 일반와인과는 달리 9월초에 수확한 '가메'라는 품종의 포도를 4－6주 발효 숙성시켜 만든다. 햇곡식처럼 한시적 희소성이 있는데다 숙성된 와인에서 느낄 수 없는 신선한 포도의 맛과 향을 느낄 수 있다. 또 탄닌tannin이 적어 떫은맛이 적고 부드러워서 평소 와인을 즐기지 않는 사람도 부담 없이 마실 수 있는 것이 특징이다.

보졸레 누보Beaujolais Nouveau는 보졸레 사람들이 2차대전 이후 처음 만들어 마셨는데 1950년대 초까지는 싸구려였다고 한다. 그러나 1970년대 죠지 뒤뵈프라는 양조업자가 '햇'와인이라는 점을 강조하면서 약점을 강점으로 바꾸어 강조하면서 붐을 일으켰다. 숙성기간이 짧아 4개월 안에 마셔야 하는 단점을 신선한 햇포도주라는 장점으로 역전시킨 것이다. 특히 11월 셋째 주 목요일 0시를 기해 일제히 판매를 시작한다는 절묘한 마케팅 기법marketing technique이 보졸레 누보를 대단한 와인으로 격상시켰다.

아이보리 비누는 제조과정에서 실수로 공기배합시간을 늘려 물에 뜨는 불량의 비누를 만들게 되었는데 반품되는 내용을 분석한 결과 '물에 뜨는 부드러운 비누'라는 마케팅에 착안하게 되었다. 부드러운 유아용세제 시장에서 일약 유명하게 되었다.

6) 절제 마케팅

많은 홍보를 한 후 고객이 요구하는 양 이하로 주력을 방출한 후 시장 구매력이 없는 제품을 대체 구입하게 하는 마케팅 전략이다. 비 인기품목 소진 전략이기도 하다. 고객이 대체상품을 구입한 후 일정기간이 지난 다음에 다시 주력을 공급하여 매출액을 높여가는 전략이다. 크리스마스 시즌에 인기 어린이 장난감을 일찍 소진시켜 고객을 감질나게tantalize 만들어 우리의 브랜드를 기억하게 만드는 방법이다.

무명 시절 피카소는 화랑에서 자신의 그림을 사 주지 않자 한 가지 꾀를 냈다. 날마다 변장을 하고 화랑에 들러 "피카소 그림 있소?"라고 물었던 것이다. 피카소의 작품이 없어 손님을 놓쳤다고 생각한 화랑에서는 서둘러 피카소를 찾아가 비싼 값을 주고 그림을 사다가 전시하게 되었다. 그 후 판매한 작품의 3/4을 재구매하여 희소가치를 높여 갔다. 위대한 예술 작품도 마케팅에서부터 탄생하게 되었다.

잠재고객을 찾는 비즈니스 마인드는 자신에게 던지는 질문에서 시작된다.

- 첫째, 내가 관계를 맺을 수 있는 최고의 고객은 누구인가?

- 둘째, 어떻게 그들의 관심을 사는가?

- 셋째, 나를 알리는 최고의 방법은 무엇인가?

7) 프레시티지 마케팅

3F(Function, Fun, Face)가 강조되는 시장 상황이다. 1987년 이탈리아 경제학자 빌프레도 파레토V. Pareto가 발견한 파레토 법칙 Pareto's law이 있다. 파레토는 백화점의 하루 매상 중 80%는 그 백화점의 단골인 20%의 손님이 올린다는 것을 발견하면서, 이를 '20대 80의 원칙(20－80 rule)'이라고 명하였다. 파레토 법칙에 따르면 '모든 제품과 고객은 똑같지 않다. 그러므로 모든 제품과 고객들에게 똑같이 투자하는 것은 낭비이다. 따라서 중요한 20%를 찾아내어 그들에게 투자해야 최대의 효과를 얻을 수 있다.'는 사실을 발견할 수 있다.

일을 더 많이 하는 것만이 능사가 아니다. 20대 80의 원칙이라는 것은 적은 비율의 노력과 원인이 큰 비율의 결과로 나타나는 것을 의미한다. 그러므로 기업은 상위 20%의 고객을 주 목표시장target market으로 잡아, 서비스를 집중함으로써 수익성 극대화를 추구하게 된다. 이것이 바로 파레토 법칙이 마케팅에 적용되면서 나타나는 프레스티지 마케팅prestige marketing 또는 귀족마케팅noblesse marketing(=royal marketing) 전략이고, 그리고 face관리 마케팅이다.

예를 들어, 정사각형과 그에 내접하고 있는 원의 관계를 생각해 보자. 정사각형의 면적을 100이라 한다면 그에 내접하는 원의 면적은 약 78이 되고 나머지는 22가 된다. 또 공기의 성분 질소 78에 산소와 기타가 22인 비율로 이뤄져 있다는 것은 너무나 잘 알려진 사실이다. 사람의 신체도 수분이 78, 기타 물질이 22의 비율로 이루어져 있다. 이 '78대 22의 법칙'은 인간의 힘으로는 도저히 어떻게 할 수 없는 대자연의 법칙natural laws이다.

란체스터의 전략 모델식은 미분 방정식으로 유도할 때 아군의 피해를 최소로 하기 위한 아군과 적군의 병력 비比는 어떠하여야 하는가 하는 문제를 상정할 수 있을 것이다. 이때 나오는 숫자가 73.88이다. 아군과 적군 전력의 합을 100이라 할 때, 아군의 전력이 73.88이고 적의 전력이 23.12%이며 아군의 피해를 최소화하는 동시에 적의 피해를 최대로 할 수 있는 조건이라는 것이다. 100년 전, 이탈리아의 경제학자 파레토는 19세기 영국 사회의 부의 분포를 연구하던 중, "전 인구의 20%가 전체 부의 80%를 차지하고 있다"는 사실을 발견했다.

기업이라면 종업원 모두가 열심히 일하는 것이 아니라, 불과 20%의 직원이 80%의 부가가치를 창출한다. 핵심 소비자의 20%가 80%의 매출을 올려주며, 은행 예금의 80%는 20%의 고객들이 예치한 것이다. 뉴욕 시당국에 의하면 범죄의 80%는 20%의 상습 범죄자라는 것이다. 여기서 나오는 80:20이라는 숫자 역시 란체스터의 전략 모델식에서 도출된 숫자, 73.88% : 26.12%의 정수비라고 보면 될 것이다.

어느 학급의 한 달 동안 지각 횟수가 10이었다면 10명이 고르게 하고 한 번씩 지각을 하는게 아니라, 단골 지각생 두 명이 8번의 지각을 하고, 나머지 두 명은 어쩌다 지각을 한다는 것이다. 앞으로의 마케팅은 지금까지처럼 광고와 마케팅 비용을 산탄 공기총처럼 쏘아대는 형태가 아니라, 상위 20%에 해당하는 핵심 고객을 1:1로 설득하는 유형으로 발전해 갈 것이다. 이것을 가능하게 하는 것이 데이터베이스 마케팅이다. 데이터베이스 마케팅database marketing은 어느 고객이 무엇을 얼마나 자주 구매했는지, 어느 매장에서 어떤 유형의 제품을 구매했는지, 그리고 언제 재구매repurchase 또는 대체구매alternative purchase를 할 것인지 등과 같은 데이터를 가지고 고객의 성향을 분석하고 향후 필요한 마케팅 전략을 수립하는 것이다.

8) 강자의 약점관리 마케팅

강자의 속성은 기득권(즉, 정당한 절차로 이미 차지한 권리)에 안주하는 것이다. IBM이 애플이나 델컴퓨터에 당했던 것이나 미국 최대 오프라인 서점 반센노블이 인터넷 서점 아마존에 당했던 것도 기득권에 안주했기 때문이다. 기득권에 안주하게 되면 변화를 민감하게 의식하지 못하거나, 변화를 감지했더라도 애써 외면하려 한다.

강자의 다음 속성은 비대해진 몸집 때문에 약자의 공격에 민첩하게 대응하지 못하게 된다. 공룡이 지구환경에 적응하지 못했던 것과 같은 맥락이다. 이처럼 강자의 장점은 그 자체가 약점이 되는 경우가 의외로 많다.

약자는 이처럼 강자와의 정면대결direct confrontation을 피하고 산 속이나 계곡에 숨어 우선 생존을 도모해야 한다. 그러고 나서 강자의 약점이 보일 때 이를 공격하라는 것이다. 시장으로 말하면 틈새시장niche market일 것이다. 그러나 그것이 큰 흐름과 맞물렸을 때는 약자도 일순간에 강자가 될 수 있다.

강자는 강자의 길이 있고, 약자는 약자의 길이 있다. 그러나 이것이 쉽지 않다. 역사적으로도 권력의 후계자로 지목되면 2인자가 순조롭게 권력을 승계한 경우가 그리 많지 않다. 2인자인 예비 권력자는 권력자 흉내를 내보다가 자신이 이미 최고의 권력자가 된 듯한 착각에 빠지게 되고, 결국 현 권력자의 눈 밖으로 밀려난다. 그래서 2인자의 자리에는 너무 오래 있는 게 아니라는 것이다.

마케팅에서 가장 빈번하게 나타나는 착각 역시 강자의 흉내를 내는 약자의 경우이다. 선두가 닦아 놓은 시장에 들어가 잘만 하면 시장을 나누어 먹을 수 있을 것이라는 생각이 전형적인 착각이다. 약자의 전략에 충실하지 않으면, 그런 일은 일어날 수 없다. 초기 농심의 '신라면'이 대대적으로 히트하자 후발들은 '핫라면', '열라면' 등의 브랜드를 내어 광고비를 쏟아 부었는데, 이는 광고예산의 낭비이며 신라면의 매출만 도와줄 뿐이다. 이는 '신라면'을 견제하기 위한 전략도 아니었으며, '신라면'을 이기려는 전략은 더구나 아니었다.

차별화는 좀 더 적극적인 개념으로, 경쟁자와 상품과 서비스를 달리 하는 것이고, 세분화는 강자가 허술하게 방어하고 있는 좁은 영역에서 핵심 고객을 창출하는 것이다. 저명한 마케팅 이론가 마이클 포터M. Porter교수에 의하면 약자가 강자와 같은 장소에서 싸움을 하려면 먼저

① 상품을 차별화하고,

② 상품 차별이 여의치 않으면 싸움의 장소를 달리하고,

③ 그것도 여의치 않으면 낮은 가격으로 승부하고,

그리고 ④ 그것조차도 여의치 않으면 틈새시장을 찾으라고 권고했다(제품의 차별화 — 장소 변경 — 낮은 가격 — 틈새시장).

9) 틈새전략 마케팅

소싯적에 이웃 동네에서 온 석공들이 돌을 캐는 장면을 목격한 일이 있었다. 좋은 돌을 찾아 산을 돌아다니다가 질 좋은 바위가 나타나면 바위를 꼼꼼히 살피면서 크랙crack(갈리진 틈)을 찾는다. 아무리 크고 단단한 바위라도 분명 어딘가에는 크랙이 있다는 것이다. 그 뒤 크랙에 쐐기를 박은 다음, 그 틈새로 물을 부어 놓는 것이다. "물을 왜 붓느냐?"고 물었더니 그들은 바위 틈 사이의 물이 얼었다 녹았다 반복하는 동안 바위가 쪼개지기 때문이라고 설명했다. 그들은 처음부터 해머로 바위를 깨지는 않는다.

이런 옛적 생각을 하면서 "야~ 하, 시장침투전략market penetration strategy(penetration pricing)도 바로 저런 것이어야 하는 거구나"하고 감탄한 적이 있었다. 바로 틈새전략crack strategy이었다. 얼음을 깨는 것은 바늘이지 망치가 아니다.

세분시장 중에서도 극 세분 시장이 틈새이다. 틈새는 언제 어디라도 있는 법이지만 새로운 흐름을 주도할 틈새는 대부분 변화의 와중에 있다. 어느 한 패러다임이 오랫동안 지속되는 상황에서는 그런 틈새가 그리 많지 않다. 예를 들면, 산업사회가 서서히 종료되고 소프트 사회, 네트워크 사회로 전환하는 이 시점이 거대한 변화의 한 가운데라는 것이다. 그 변화의 틈바구니를 뚫고 일어선 기업들이 마이크로소프트와 델컴퓨터이며, 아마존 서점인 것이다. 새로운 사회 현상이 나타나면 그 주위로 새로운 상품과 서비스가 나타나게 된다.

조그마한 틈새에서 전국적인 규모, 아니면 세계적인 규모로 성장한 기업도 있다. 테트라Tetra는 세계 열대어 시장의 80%를 점하고 있으며, 호너Honer는 세계 하모니카 시장의 85%를 점하고 있다. 베호Becher는 세계 대형 우산 시장의 50%를 점하고 있다.

처음 웅진식품이 '아침햇살'을 낼 때만 해도 틈새시장이었으나 이제는 주력시장의 하나로 떠오르고 있을 정도가 되었다. 틈새시장의 매력은 바로 이런 데에 있다. 성공만 하면 그곳에서는 내가 바로 강자인 것이다. 그러자 제일제당은 즉석밥, '햇반'을 내놓아 성공했으며, 이의 성공에 힘입어 쌀로 발효시킨 유산균 등을 내놓고 있다.

10) 차별화전략과 시장관리

약자는 강자가 버티고 있는 시장에서 강자와 정면 대결을 해서는 안 된다. 자신에게 유리한 장에서 싸움을 벌여야 한다. 거북이도 토끼와의 달리기 시합을 바다에서 펼치면 백퍼센트 승리한다. 여기서 말하는 장場은 장소만을 의미하는 것은 아니다. 그것이 장소든 무기든 방법이든 강자와 정면대결을 하지 말고 철저히 달리해야 한다는 것이다.

실제의 전쟁에서보다 기업 경쟁에서는 이것이 좀 더 중요하다. 왜냐하면, 전쟁은 상대적으로 우수한 무기만 있으면 비교적 단기간에 마무리 지을 수 있지만 기업 간의 싸움은 결국은 소비자라는 아주 보수적인 강conservative river 즉, 새로운 것이나 변화를 꺼려하거나 반대하면서 기존의 것이나 전통적인 것을 옹호하며 유지하려는 성향들을 건너는 일이기 때문이다. 소비자의 뇌리에 새겨진 강자의 이미지는 그리 쉽게 지워지는 게 아니다. 따라서 차별화된 새로운 시장에서 자신만의 새로운 이미지를 심어야만 한다.

약자가 강자를 이기기 위해서는 무기와 싸움의 방법을 달리 하여야 한다. 차별화는 제품의 차별화, 포지셔닝과 이미지의 차별화이며, 가격의 차별화, 그리고 장소의 차별화일 것이며 싸움 방법의 차별화는 마케팅 요소의 믹스를 달리하거나 개념을 달리해야 한다. 어떤 의미에서는 차별화되지 않은 상품이나 서비스는 상품이 아니라고 보아야 한다.

차별화는 마케팅의 5가지 요소 즉, 제품product, 가격price, 유통place, 촉진promotion, 그리고 사람people 모두에게 충분히 기존의 요소들과 구별될 수 있도록 달리하는 것이다.

11) 덧셈과 뺄셈 마케팅

차별화differentiation는 가장 쉽게 접근할 수 있는 방법이다. 기존의 것에서 더하고 빼고 곱하고 나누면 된다. 아니면 개념을 뒤집기나 반대로 해석해도 된다. 자전거 타이어 폭을 넓게, 못생기게 만들어 놓고 '레포츠 자전거'라고 깃발(포지셔닝)을 꽂으면 불티나게 팔려 나가는 것이 상품이다. 두루마리 화장지를 종이 상자에 넣어 '티슈'라는 이름을 붙이는 것도, 맨소래담 연고를 액상으로 만들어 로션타입으로 바꾸는 것도 차별화이다. 그러나 우리는 일상생활에서 접하는 것들을 당연시하며 받아들인다. 화장지는 원래 두루마리여야 하는 것 같은 선입견에 사로잡혀 있다는 것이다. 퓰리처상으로 유명한 '조셉 퓰리처'는 대규모 광고와 고속 인쇄를 결합해 신문의 부수를 파격적으로 높일 수 있었다.

진흙과 모르타르로 만들어진 콘크리트는 천년간 건축 재료로 사용되어 왔다. 그러나 로마인들은 그 반죽에 화산재를 넣으면 콘크리트가 더 단단해지고 빨리 건조된다는 사실을 발견했다. 발명가들은 자동차와 대포를 합해서 장갑차를 발명했고, 연필에 고무를 붙여 고무 달리 연필을 발명했다. 펜과 잉크병을 합쳐서 만년필을 발명했고, 그리고 비행기와 배를 합해 수상비행기를 발명했다. 이렇게 만들어질 제품들은 앞으로도 계속된다.

어느 해 동짓날에 김선달의 집에서 팥죽을 너무 많이 쑤어 시간이 흐르면서 시어버렸다. 아내가 이를 아까워하자 김선달은 장에 가서 팔아먹자며 꾀를 알려 주었다. 장에 가서는 자리를 깔아놓고 맛있는 팥죽이 한 그릇에 00전이라고 방을 붙였다. 손님들이 자라를 하자 김선달의 아내가 손님들을 향해 묻는다.

"손님들! 서울식으로 초를 쳐서 드릴까요, 아님 시골식으로 그냥 드릴까요?

그러자 김선달이 그 말을 받는다.

"시골 촌사람들이라 초를 치면 시어서 먹질 못한다구!"

그러자 시골 사람들은 은근히 약이 올랐다. 사람 무시한다며, 이래봬도 입맛은 서울식이라며 이구동성으로 초친 서울식을 주문했다. 그리하여 이들은 신 팥죽을 초친 팥죽으로 너끈히generously 팔아 치운다는 얘기다.

바로 컨셉 즉, 해석의 문제다. 신 팥죽은 먹지 못하지만 초를 친 서울식은 별미로 둔갑하여 맛있게 먹을 수 있다는 게 사람의 마음이며 상품의 해석인 것이다.

12) 숫자 마케팅

숫자마케팅number marketing은 숫자를 이용한 광고나 촉진 그리고 네이밍naming(이름 짓기) 등 숫자를 활용하는 마케팅을 통칭하고 있다. 숫자와 제품명의 동거도 숫자 마케팅이다. 자일리톨333(333의 의미는 3가지 기능성과 3배의 풍부한 향, 그리고 3가지의 맛의 함축된 껌), 덴탈크리닉2080(20개의 치아를 80세까지), 187168의 코카콜라(청소년들이 가장 원하는 남자 키 187cm, 여자 168cm를 상징하는 숫자로 주 소비층인 청소년을 대상으로 설문지를 돌려 제품명을 선정했다), 888의 건강스낵(8가지 몸에 좋은 원료로 8등신 몸매의 평균 신장 180cm 시대를 만들겠다는 제품 컨셉), 이미 고전이 된 3000천리호 자전거, 600개의 알맹이로 구성되었다는 콘텍600, 사장 딸의 주민등록 번호로 만든 패션 브랜드로 소비자들의 의구심을 자극시킨 스톰=2925213 등이다.

브랜드뿐만 아니라 가격표에도 등장하고 있다. 3만원이나 2만 9900원은 사실상 가격 차이는 없지만 소비자들은 2만 9900원이 훨씬 싸다고 생각한다. 0에 미치지 못하는 9는 부족하다고 느끼고 있어 마케팅 기법으로 숫자 9를 사용하게 된다.

숫자는 이미지 전달이 빠르고 제품의 특징을 함축적으로 전달하는 효과를 갖는다. 숫자에 의미를 부여한 숫자마케팅은 소비자들의 호기심curiosity을 자극해 제품을 각인 시키는 효과가 크다.

미국에서는 170여종의 담배가 판매되고 있으며, 자동차는 290여 모델이 시장에 선보이고 있다. 인간은 평균적으로 한꺼번에 일곱 단위 이상을 처리할 수 없다고 한다. 전화번호가 흔히 일곱 자리고, 주민등록번호 끝자리도 일곱이고, 그리고 백설공주에 출현하는 난쟁이 숫자도 일곱이다.

고대 프러시아 군대 조직의 최하위 단위가 9명으로 구성되었다. 그래서 오늘날까지 군대조직의 1분대 구성이 거의 9명으로 구성되어 있는 나라가 많다. 7에서 9까지를 인간이 기억하는 효율적 관리의 수, 마법의 수span of magic number라고 부른다. 마케팅에서도 마찬가지다. 소비자 머릿속에 첫 번째 상품이 보다 성공 가능성이 높아진다. 최소한 7등의 브랜드 네임으로 자리 잡아야 생존하리라.

13) 색깔 마케팅

1930년대 제너럴 모터스사General Motors Corporation는 다양한 색의 자동차를 출시해 큰 성공을 거두었다. 그러자 우리 고객은 어두운 색을 좋아한다며 검은색을 고집하던 포드사Ford Motor Company도 결국 고집을 꺾었다. 애플사에서 오렌지색, 블루베리 색을 비롯한 산뜻한 색의 매킨토시 컴퓨터를 선보이자 사람들이 앞 다투어 구입했으며, 베네통사는 다채로운 원색으로 최신 유행을 선도하며 세계시장을 석권했다.

우리나라에는 1980년 컬러텔레비전의 등장으로 소비자들의 시각문화가 형성되면서 색의 중요성이 점차 높아졌다. 최근에는 색에 민감하고 튀는 것을 좋아하는 신세대를 대상으로 컬러마케팅color marketing 즉, 제품과 색채를 연결하여 소비자의 구매 욕구를 자극하는 마케팅 기법이 늘고 있다. 한 식품업체에서는 검정색에서 벗어나 노란색 콜라를 출시해 젊은 소비자의 호응을 얻기도 했다.

하지만 제품에 상관없이 무조건 예쁜 색을 쓰는 것은 아니다. 색에는 저마다 성질이 있으며 다양한 색의 포장에는 소비자가 언뜻 눈치 채지 못하는 치밀한 계산이 숨어 있다. 빨간색이나 오렌지색은 눈에 잘 띌 뿐만 아니라 식욕을 돋우므로 라면이나 과자 등 식품포장에 주로 사용되는 반면, 파란색 계열은 시원한, 깨끗한, 그리고 건강한 느낌을 주어 주류나 음료에 많이 사용된다. 소비자가 상품에 갖는 첫인상에 색깔이 많은 영향을 주기 때문에 컬러마케팅에 많은 연구가 거듭되고 있다.

14) 계절 마케팅

수요의 순환성, 불규칙성, 그리고 계절성을 고려한 진정한 추세를 파악하여야 한다. 일본의 의류업체 유니클로는 2000년 가을 간절기change of season가 길어질 거라는 예보에 얇은 점퍼 천오백만 장을 만들어서 보름 만에 준비한 물량을 모두 팔아 기네스북에 올랐다. 날씨예보에 맞춰 생산과 출하량을 조절해야 한다.

겨울 의류는 환절기인 10월 즈음, 체감온도가 15℃일 때부터 판매량이 증가한다. 빙과류에서는 기온이 30℃ 아래면 아이스크림이, 30℃가 넘으면 음료수가 잘 팔린다. 초콜릿은 4월부터 녹는점을 체온보다 높은 38℃로 맞춰 만든다. 겨울처럼 34℃에 녹는점을 맞추면 더운 날씨에 쉽게 녹아 상품가치가 떨어지게 되기 때문이다. 주류는 30℃ 이하면 소주가 30℃ 이상이면 맥주가 잘 팔린다. 계절적 대응 전략이 필요한 상품인가를 파악해야 한다.

15) 뉴로 마케팅

갈수록 까다로워지고 변덕스러워지는 고객의 마인드를 따라잡기 위해서 세계적 자동차 회사들은 잠재고객의 뇌 속을 읽는 이른바 뉴로 마케팅neuro marketing에 열심이다. 신경 과학을 활용하여 소비자의 뇌 반응을 측정해 디자인과 광고 등 소비자의 잠재의식에 미치는 영향을 분석하는 마케팅 기법으로, 새로 출시할 차의 모습이나 광고를 보여 주고 고객의 뇌혈류 분포가 어떻게 변하는지를 체크해 최종 디자인이나 사양을 결정하는 방법이다.

16) 구전 마케팅

상품의 자랑을 입에서 입으로from mouth to mouth 전달하는 전위부대의 운용전략이다. 특별조직을 구성해 운영하는 방법과 자발적 전달을 유도한 방법이 있다. 품질에 자신감을 둔 기본에 충실한 마케팅이 구전마케팅word of mouth advertising이다.

기타 체육마케팅, 큰 행사 틈새를 공략하는 매복마케팅, 강조의 경사를 구사하는 경사마케팅 전략들이 있다. 단순전략을 구사하든지 두 개 이상의 복합전략을 구사하든지 간에 사업시작과 함께 마케팅 전략의 구사를 병행해야 생존할 수 있다.

[성공 마케팅의 구성과 내용]

구성 : market + ing
market = 시장분석
제품개발
경쟁자분석
ing = 제품전략product → 고객가치
가격전략price → 대가
장소전략place → 유통편리성
촉진전략promotion → 커뮤니케이션
관계전략people → 평생고객

내용 : STP = 시장세분화segmentation
표적시장관리target marketing
시장선점전략positioning

9장

도둑에게서 배울 점

경영정보	시리기리時利奇利 → 거안사위居安思危 → 주위상계走爲上計 → 분골쇄신粉骨碎身 → 일기일회一期一會

시류에 맞는 혁신으로 큰 이익을 본다는 의미다(시리기리時利奇利). 시류에 존재하는 고객의 니즈 발견이 성공경영의 시작점이 된다. 편안할 때 위태로울 때를 생각해야 한다(거안사위居安思危). 때에 따라 변해야 생존한다. 타임베이스 경쟁전략인 주위상계走爲上計이다. 있는 힘을 다해 노력한다는 뜻으로 어떤 일에 매진하는 자세에 비유하는 말로 쓰인다(분골쇄신粉骨碎身). 그리고 절묘한 기회는 한번뿐이다(일기일회一期一會).

1. 타임베이스 경쟁전략

일기일회一期一會다. 그때 그 상황에서 최선이라고 판단되는 의사결정decision making을 말한다. 무사가 일격의 칼날을 후려지는 순간에 생과 사의 갈림길에서 생명도 담보한다는 결심이며 의사결정인 것이다. 나아가 생산을 지원하는 조직 속에서의 관계성이기도 하다. 만나기 힘든 억겁의 시간 즉, 무한히 긴 시간 속에서 같은 시대 같은 순간에서의 만남이기 때문에 남을 위해서나 자신을 위해서도 진심을 다한다는 뜻이다.

손자병법의 병지정주속兵之精主速, 승인지불급乘人之不及, 유불려지도由不慮之道, 공기소불계야功其所不戒也다(Ames, 1993). 군사작전은 신속함이 가장 중요한 것이며, 적의 경계가 없는 곳을 공격한다는 것이다. 오늘날의 타임베이스 경쟁전략이다.

주위상계走爲上計는 손자병법의 36계략 중에 역부족하면 도망치는 것이 최상의 계략이라는 뜻인데 이때의 주자는 <도망할 주走>자의 의미를 갖기도 하나 <달릴 주走>자의 의미도 갖는다. 열심히 움직이는 사고思考의 유연성을 생각해볼 필요성이 있다. 항상 때에 맞게 살아야 하고, 때에 따라 변해 바뀌는 수시변역隨時變易의 이치다. 시리기리時利奇利라는 성어도 있다. 시류에 맞는 혁신으로 큰 이익을 본다는 의미다. 시류에 존재하는 고객의 니즈 발견이 성공경영success management의 시작점이 된다.

제품은 도입기, 성장기, 성숙기, 포화기, 그리고 쇠퇴기를 갖는다. 그래서 성숙기에 쇠퇴기를 생각해야 한다. 편안할 때 위태로울 때를 생각해야 한다는 거안사위居安思危다.

2. 성공경영의 달성

원리에 기초를 둔 과학성science과 상황적합에 기반을 둔 기예성art은 상반되는 것이 아니다. 경영의 한 단면이다. 중고 자동차를 팔고 새 차를 살려는 사람에게 교통수단을 판다는 생각은 경영의 <과학성>이고, 안락함comfortableness과 그 시대의 시류에 맞는 미려함beauty을 보태어 파는 것은 경영의 <기예성>이다.

원칙에 입각한 "경영"과 변화에 기반을 둔 "경영자 정신(entrepreneurship 또는 기업가 정신)"이 상반된 역할을 하는 게 아니다. 동일한 목적지향goal orientation적 속성을 가진 두 가지의 다른 측면이다. 경영의 원리를 배우지 못한 기업가는 오래 가지 못하고 지속적 변화의 경영자 정신이 부족한 경영자 역시 오래 가지 못한다.

변화의 적응을 위한 고뇌와 갈등이 발전의 자양분이 된다. 달의 인력lunar－gravity(끌어당기는 힘)에 의해 일어나는 간만현상ebb and flow phenomenon이 찰랑거리는 파도의 표면이라는 불확실성을 일으키나 정체되어 썩지 아니 하는 심연을 만들어 가는 것과 같은 것이다. 배의 예를 보자. 시대의 변화에 따라 배를 만드는 소재와 그것을 움직이는 동력의 종류까지도 바뀐다. 그러나 배의 방향을 결정하는 조타 기능을 수행하는 키key의 존재목적은 변화하지 않는다. 이와 같은 부분이 경영에도 있다.

신神이 창조한 피조물의 인간은 신을 닮아 있다고 한다. 그래서 인간이 창조한 기업 또한 인간을 닮아 있을 것 같은 생각이다. 경영은 인간 드라마를 펼치는 건곤의 무대 활동이며 비즈니스는 인간적인 관계성 속의 적자생존을 위한 고뇌이기 때문이다.

삶의 과정에서도 마찬가지의 간만현상이 존재한다. 인간은 신이 선물로 부여해준 자유의지에 의해 보다 나은 무엇을 추구하며 고뇌하는 의사결정의 연속적인 과정 속에서 수월성을 획득하기도 하며 이외 비교를 통하여 행불행을 가름하기도 한다. 이러한 과정 속에서 인간은 자기현존의 불완전성을 느끼게 되어 보다 완전에 가까운 불완전을 성취하기 위해 투쟁한다. 과부족의 환경제약 요인subject to들을 최대로 극복하고 평형tranquilization의 상태를 확보하기 위해 노력하며 이의 달성이 성취되는 순간 또다시 드높은 목표달성을 위해 과부족이라는 부등호의 심리적 상태를 느끼게 된다.

그래서 인간은 인간 스스로 만든 수월성 추구의 욕망에 의해 영원히 쫓기는 도망자 신세가 되어 버렸다. 이것을 부등호의 삶이라 하며 이러한 과정을 창조적 파괴를 통한 도망이라 부른다. 삶의 간만현상이라 할 수 있겠다. 그래서 삶의 진정한 의미는 선善에 바탕을 둔 투쟁의 연속선상에서 찾을 수 있다.

수천년 전 노자는 가장 좋은 마음의 덕목은 물과 같은 것이라 하여 위 상上, 선할 선善, 같을 약若, 물 수水의 상선약수上善若水라 하고 자연自然의 모습을 유지하기 위한 꾸밈이 없는 무위無爲의 마음을 갖도록 노력하여야 한다고 주장하였다. 빔의 뜻을 가진 여기서의 '무위'는 노력의 행위를 수반한 위무위爲無爲를 뜻하는데 이는 오늘날 우리가 경영학에서 이야기하고 있는 환경제약environmental constraints 요인들을 최대로 극복하고 평형의 상태를 확보한 상황을 은유하고 있는 것이다. 행위가 현실과 절묘한 조화를 이루기 때문에 괴리가 없다는 것이다. 선악미추善惡美醜 장단고저高低長短를 거울에 비추어 보듯 꾸밈이 없는 자기인정의 상태며 행복의 순간이다. 성공경영의 달성점이다.

3. 지혜의 경영시대

열심히 일하는 경영자가 우세했던 때가 있었고, 그 다음으로 의사결정을 제대로 내리는 경영자가, 그 뒤를 이어 성과가 경영자의 자질을 판단하는 척도가 되는 시대를 지나, 이제는 인적관리에 능숙한 경영자가 요구되는 제4세대의 매니지먼트의 지혜경영시대다.

지혜경영wisdom management이란 예측할 수 없을 정도로 급변하는 경영환경 속에서 기업의 생존과 경쟁력을 갖추는 경영으로, 정보기술로써 데이터 및 정보의 가공능력과 인간의 창조적·혁신적 능력을 통합해 가치창조의 극대화를 추구하는 기업의 조직적 정보경영information management과 함께 인간경영human management의 프로세스라 할 수 있다. 이는 관련 지식군 시스템의 정치 경제적 역동과 또 그의 실천인 관련된 기술과 경영의 융합에 의한 신속한 행동화와 과감한 원가의 절감을 통한 이윤의 극대화하는 과정이다. 이 과정에는 다양한 지식의 역동이 경제적 가치창출을 하는 가장 큰 동인이 되고 있다. 이때 관련 지식군의 시스템을 가장 효율적이고 신속하게 가치로 변화하는 주역이 지혜경영인이다.

지혜경영에서 나타나는 특징은 쉽게 외재外在 및 객관화시킬 수 없는 암묵적인 지식을 공유하고 승화시켜 형식화하고 이를 통해 새롭게 창조된 형식적이며 외재화된 지식을 다시 암묵적인 지식으로 순환시킴으로써 조직적 경쟁력을 확보하는 활동의 그룹웨어groupware이다. 즉, 서로 협력하여 업무를 수행할 수 있도록 그룹 작업을 지원하기 위한 것이다.

지혜경영의 단편적 현상의 하나가 사이버 세상cyber world이다. 사이버 세상이 찾아오기는 할 것이다. 그러나 사이버 세상이 전부가 된다는 증거는 없다. 사이버 테크놀로지가 기업을 도와줄 수도 있다. 그러나 인간이 사회적 동물이라는 것을 간과해서는 아니 된다. 그저 낯선 사람들 속에 있고 싶어서 쇼핑하러 나오기도 한다는 것이다. 비즈니스는 인간적 연결고리에서 시작되며 인간적 접촉이 필요 된다. 구매자가 인간이기 때문이다. 인간이 효용과 효율의 원리에서만 행동하지 않기 때문이다.

그래서 먼저 기초적인 요소를 다진 후 어느 날 차별화differentiation를 안겨다 줄지 모를 사이버 비즈니스cyber business 즉, 가상공간 cyber spaces에서 이루어지는 업무처리나 상거래 도구들에 투자를 점진적으로 해야 한다. 사고의 영역에서는 때로 우회하는 길도 발견할 줄도 알아야 한다. 직선의 길이 최단이 될 수는 있으나 성공의 확률probability of success과 비례하는 길은 아니기 때문이다.

4. 실천적 기예

경영학을 실천과학practical science(개념적으로 존재하는 것을 실제에 응용하는 학문)인 동시에 경험과학empirical science(경험적 사실을 실증적 연구대상으로 하는 학문)이라 부르는 것은 경영에 있어서 경험적 실천이 없이는 합리적 인식science이 없다는 사고를 바탕으로 하고 있기 때문이다[경영학business administration = 과학science + 기예art]. 골프 장비를 보자. 골프도구를 만드는 기술자들은 최고의 비거리carry distance(친 볼이 날아간 거리)를 위하여 모든 기술을 동원하여 골프도구를 생산해 낸다. 그러나 이 도구를 아무나 휘두른다고 해서 공을 의도하는 방향으로 날려 보낼 순 없다. 춤의 스텝을 완벽하게 외워도 춤을 출수 없는 것과 같다. 기술description할 수 없는 실천적 기예를 가져야 한다.

성공적 경영은 이성적 판단rational judgment을 주관하는 좌 뇌의 역할과 직관적이고 본능적으로 판단intuitive and instinctive judgment하는 우 뇌의 조화로 이룩되어 진다. 오랜 경험을 가진 어부는 배에 앉아서 물소리만 들어도 물밑에 어떤 고기 떼가 놀고 있는가를 알 수 있으며, 경험이 많은 사냥꾼은 밤에 산짐승의 눈에서 반사되는 빛을 보고도 호랑인가 여우인가를 판단해 낸다. 이들의 이런 재능은 하늘에서 떨어졌거나 뱃속에서 가지고 나온 것이 아니라 바로 실천에서 얻은 것이다. 경험에 든든한 바탕을 둔 비전 그리고 근거 있는 사업계획서에 의거한 단계별 자금계획을 가지고 틈새 글로벌 시장을 찾아야 한다.

그래서 가능하면 직종을 바꾸지 않는 것이 좋다. 물을 찾는 가장 좋은 방법은 무엇인가? 1피트 깊이로 백 개의 샘을 팔 것인가? 아니면 물이 솟을 때까지 계속 하나의 샘만을 팔 것인가. 기예는 경험의 축적에서 나온다. 일을 중도에서 그만두면 아무 쓸모가 없어진다는 단기지계斷機之戒다. 맹모단기孟母斷機에서 유래되었다.

사마천<사기>에 대도 도적이 졸개도적에게 가르치는 도적의 5도道가 있다. 그 중 1도道를 <성聖>이라 하여 집안에 간직한 재물을 밖에서 추측할 수 있는 능력이라 하였고, 2도道를 <용勇>이라 하여 선두에 서서 남의 집에 들어가는 것이라 했다. 3도道를 <의義>라 하여 나중에 나오는 것을 말하며, 4도道를 <지知>라 하여 성공 확률을 가늠하는 것이라 했으며, 그리고 맨 나중의 도 즉, 5도道를 <인仁>이라 하여 훔친 재물을 공평하게 나누는 것이라 했다. 성공하는 도적에 있어도 이와 같은 어려운 도道가 있음을 볼 때 하물며 성공하는 기업인의 상도常道를 학습하고 연구하여 숙지하지 않아도 될까?...

류시화의 「지금 알고 있는 걸 그때도 알았더라면」이라는 시집에 실렸던 랍비 주시아의 <도독에게서 배울 점>이라는 시가 생각난다.

그는 밤늦도록까지 일한다.
그는 자신이 목표한 일을 하룻밤에 끝내지 못하면
다음날 밤에 또다시 도전한다.
그는 함께 일하는 동료의 모든 행동을
자기 자신의 일처럼 느낀다.
그는 적은 소득에도 목숨을 건다.
그는 아주 값진 물건도 집착하지 않고
몇 푼의 돈과 바꿀 줄 안다.

그는 시련과 위기를 견뎌낸다. 그런 것은
그에게 아무 것도 아니다.
그는 자신이 하는 일에 최선을 다하며
자기가 지금 무슨 일을 하고 있는가를 잘 안다.

권모술수權謀術數를 좋은 말로 표현하면 유연성의 전략전술 중 하나라 할 수 있다. 저울추 권權, 꾀 모謀, 길 수術, 셈 수數의 좋은 의미의 환경적합 능력이다. 절대적으로 남성이거나 절대적으로 여성인 사람은 재미가 없다. 진정한 인간은 이 두 부분이 뒤섞여 있는 하나의 전체이다. 좌 뇌와 우 뇌, 이성으로 판단하는 부분과 직감적이고 본능적으로 받아들이는 부분의 조화가 필요하다. 사람들은 이 두 가지 특징을 전형적인 남성성과 여성성으로 여기는 경향이 있지만... 전체를 포괄하는 홀리스틱holistic의 개념이다.

경영에 있어서 과학성은 <무武>의 의미를 갖는 기술이고, <문文>은 기예다. 문무의 겸비는 기술과 기예의 조화를 의미한다. 무武의 뜻을 지닌 기술이 없으면 그 경영은 허구로 끝난다. 그래서 우리는 경영학을 과학과 기술을 포괄하는 실천학문이라 부른다.

삼국사기를 보면 한민족을 만든 민족사 제1인물이 김유신임을 알게 된다. 병권兵權을 쥔 제2인자로서 수십 년간 태종무열왕과 문무왕을 모시고 통일대업에 정진할 수 있었던 비결은 무엇이었을까. 1인자인 왕과 병권을 쥔 2인자가 오랫동안 공존한 예는 세계사world history 어느 나라에서도 발견하기 힘들다. 1인자가 군대를 장악한 2인자를 의심하는 순간 2인자의 운명은 형장의 이슬로 사라지거나 쿠데타에 의한 역습이다.

김유신은 지성으로 1인자를, 왕들은 존경으로 그를 대했다. 부리는 왕과 부림을 받는 김유신 사이의 이런 신뢰관계가 과연 어떻게 형성된 것인가. 김유신은 꾀를 부려 누이 문희를 김춘추(태종무열왕

신라 제29대 왕)에게 시집보냈고 김춘추와 그 누이한테서 난 딸을 아내로 맞았다. 당시는 근친결혼의 풍습이 있었다. 문무왕(신라 제30대 왕, 김법민)은 김유신의 여동생의 아들이기도 했다. 신라에 정복당한 가야왕실의 후손인 김유신은 이런 혈연관계를 통해서 신라왕족과 두 왕의 안심을 산 뒤 자신의 야망－삼국통일을 해낸 것이다.

권모술수와 전략전술을 겸비한 김유신 이야말로 정치군인의 한 전형이었다. 「전쟁은 군인에게 맡기기엔 너무 큰일이다」는 말이 있듯이 김유신이 순수한 군인이었다면 삼국통일은 불가능했을 것이다. 김유신은 권모술수에 통달하되 그것을 개인의 영달이나 집권이 아닌 민족통일국가 건설이란 보다 큰 차원의 명제로 승화시킨 인물이다.

장자어록에 이런 이야기가 있다. 제나라의 환공이 방에서 책을 읽고 있자니까. 뜰에서 수레바퀴를 깎고 있던 편씨 노인이 망치와 끌을 놓고는 뜰 위로 올라와 환공에게 공손하게 물었다.

「방해해서 죄송합니다만 지금 읽고 계신 책이 어떤 책인지요?」

「성인의 말씀이라네.」

「살아 계신 성인의 말씀이신지요?」

「아니, 이미 이 세상을 떠나셨다네.」

「하면 성인이 뱉어놓은 찌꺼기를 읽고 계시는군요?」

「네 이놈, 그게 무슨 말버릇이냐? 어째서 내가 읽고 있는 것이 성인이 뱉어놓은 찌꺼기라는 말이냐? 그렇게 말한 까닭을 설명해 보아라. 제대로 설명해 내지 못하면 목숨을 부지하지 못할 것이다.」

「제가 잘 할 수 있는 일은 수레바퀴 깎는 일밖에 없으니까 이 일로써 설명하겠습니다.

수레바퀴 깎는 일 중에서 가장 어려운 일이 바퀴의 굴대 구멍을 깎는 일입니다.

왜 어려운고 하니, 너무 넓게 깎아놓으면 굴대를 끼우기는 쉬워도 헐렁해서 바퀴가 심하게 요동하고, 너무 좁게 깎아 놓으면 굴대가 빡빡해서 못 쓰기 때문이지요.

그런데도 저는 마음먹은 일을 손으로 잘할 수 있어서 크지도 작지도 않게 굴대 구멍을 깎을 수 있습니다.

깎을 수는 있어도 이것을 언어로 설명할 수는 없습니다.

그래서 제 아들에게 가르쳐주고 싶어도 제가 설명할 수 없으니까 아들은 배우고 싶어도 배울 수가 없습니다.

제가 일흔 살이 넘도록 이렇게 수레바퀴를 깎고 있는 것은 바로 이 때문입니다.

제가 제 기술을 아들에게 전하지 못하듯이 공께서 읽으시는 그 성인께서도 정말 전하고 싶어 하던 것은 전하지 못하고 세상을 떠났을 것이니, 그 책에 씌어 있는 것은 고작 그 성인이 깨달은 바의 찌꺼기 같은 것이 아닐는지요?」

따라서 편씨 노인은 <암묵적 지식>을 외재화 시켜 <형식적 지식>으로 전환하는데 대한 어려움을 환공에게 전하고 있는 것이다.

그래서 제 환공은 관조의 세계world of contemplation 즉, 대상을 논리적 사고로 사물의 옳고 그름을 가려내지 않고 직접 구체적으로 파악하는 일과 기술자 특유의 기능engineer specific skill이 있다는 것을 깨달았다는 것이다.

불립문자不立文字다. 깨달음은 말로서 이루어지는 것만이 아니라 마음과 마음의 교통에서 이루어지는 부분이 많다는 뜻이다.

이것이 언어와 문장으로 표현할 수 있는 형식적 지식explicit knowledge과 다른 표현을 통하여 객관화 할 수 없는 암묵적 지식tacit knowledge이다. 즉, 숙련된 노하우인 절대적 암묵지식을 공유할 수 있게 하기 위해서는 인간존중의 경영과 지식공유의 장場 및 그것을 수용할 수 있는 조직문화가 필요 된다.

10장

고객과의 실존적 만남

재물분배	상하동욕上下同欲 → 욕취선여欲取先與 → 자리리타自利利他 → 덕벽유죄德壁有罪 → 앙천부지仰天俯地

모든 사람은 재물을 사랑한다는 것을 알아야 한다(상하동욕上下同欲). 재물을 취하고 싶으면 먼저 베풀어야 한다(욕취선여欲取先與). 나의 이익을 추구하기 전에 타인의 이익도 고려해야 한다(자리리타自利利他). 불필요한 재물은 재앙의 근원이 된다(덕벽유죄德壁有罪). 그리고 하늘을 우러러 보고 땅을 굽어봐도 마음에 부끄러움이 없어야 한다(앙천부지仰天俯地).

1. 선공후덕의 의미

나눔이 없던지 적으면 구성원은 불만족해 한다. 즉, 반항한다. 그것이 우리의 존재 의미다. 나는 반항한다, 고로 존재한다(I offend, therefore I am.).

– 알베르 카뮈Albert Camus –

옛날 한 남자가 있었다. 어떻게 하면 생활비cost of living를 절감할 수 있을까 궁리하다가 괴상한 생각을 떠올렸다. 쉴 새 없이 일하는 노새에게 다음날부터 여물을 적게 주기로 작정하고 그렇게 실행하였다. 그런데도 노새는 만족한 듯 보였다. 그래서 며칠 뒤 먹이를 또 줄였다. 하지만 노새는 여전하게 보였다. 그러다가 평소 먹이의 3분의1까지 양을 줄였다.

노새는 동작이 굼떠졌고 한층 조용해졌지만, 남자는 여전히 노새가 건강하며 행복하다고 생각했다. 그러던 어느 날, 남자는 노새가 죽었다는 사실을 알고는 기가 찼지. 땅바닥을 치면서 이렇게 말했다. "아이고, 내 믿음직하던 노새가 죽다니, 이제 막 아무것도 안 먹는 것에 익숙해질 참이었는데...:" 이것이 <정적인 반항static resistance>이다.

동적인 반항의 예인 사냥개 이야기를 한 번 더 보자. 한 무리의 사냥개가 포수와 함께 십여 년을 지내면서 많은 일을 해왔다. 그러나 나이가 들면서 다리의 힘이 빠지고, 눈도 나빠져서 잡아오는 사냥감의 양이 점점 줄어들었다.

어쩔 수 없이 포수는 젊은 사냥개를 사왔다. 늙은 사냥개의 지혜와 젊은 사냥개의 활력이 더해지면서 잡아오는 사냥감이 늘어나 포수는 매우 기뻐했다. 주인이 기뻐하는 것을 본 젊은 사냥개는 더욱 열심히 일했다. 그러나 늙은 사냥개의 상황은 세월이 갈수록 더욱 참담해졌다. 얼마 후 포수는 이 늙고 비실비실한 사냥개를 탕국의 재료로 써 버렸다.

그날부터 젊은 사냥개가 파업을 시작했다. 포수는 화가 나서 따지듯이 말했다. "내가 너에게 못해준 게 뭐있냐? 아늑한 잠자리에서 살게 해줬지, 때때로 쉬게도 해줬지, 너는 은혜도 모르는구나, 어떻게 그렇게 양심이 없나!"

젊은 사냥개가 그에게 말했다. "주인님, 지금은 내가 젊고 건강해서 빠르고 강하여 먹을 것도 있고 마실 것도 있지만, 늙으면 예전의 그 사냥개처럼 탕국에 넣어버릴 것 아닌가요?" 이것은 <동적인 반항dynamic resistance>이다.

욕취선여欲取先與다(도덕경道德經). 얻기 위해 먼저 베풀라는 뜻이다. 인간관계의 기저基底다. 노자는 인간이 결혼을 하여 자식을 가지는 한 이러한 마음에서 해탈하는 것이 불가능하다고 했다. 동물은 새끼가 자라 분가하면 철저히 남이다. 그러나 인간은 그렇지 못하다는 것이다. 생지축지生之蓄之 생유불유生而不有가 안 되기 때문이다(논어). 인간의 기본욕구basic needs에 대한 이해를 위해 평형감각을 가져야 한다. 나눔의 허허로움 즉, 마음이 텅 빈 듯한 느낌이 관계경영의 주춧돌임을 알아야 한다.

평형감각sense of equilibrium 즉, 빔은 무위적 질서의 상징으로 출발을 준비하고 있는 <허虛>로써 중앙의 무규정성unconditioned을 의미하는 것이요, 무한한 가능태를 의미하며 조석현상tidal phenomenon 즉, 밀물과 썰물에 의해 바닷물의 높낮이가 주기적으로 오르내리는 그러한 현상의 경계점이다. 잠태로서의 <허虛>는 인간 본연의 욕망에 의해 끝없는 유혹을 받기 때문에 고뇌와 갈등이 없이 유지되지 않는 잠재력potentiality이기도 하다. 함이 없음(즉, 무위無爲)은 아무것도 하지 않음이 아니다. 빔을 유지하려는 함이며, 자연自然스러움(What is of itself)의 평형유지를 위한 긴장이며 투쟁이다.

<허虛>로서의 <공空>은 달성할 수 없는 무능력을 감추는 자조가 아니다. 이것은 모든 것을 넌서 비려서 아무 것도 없는 텅 비어 있는 상태의 느낌보다는 오히려 더욱 풍부한 열림의 세계로 뛰어들게 되는 경험이다. 그러기에 공은 배제하기보다는 포용한다. 부정하기보다는 긍정한다. 이것은 실제로부터 움츠러드는 도피가 아니라 툭 트인 광활함의 상태로 마음이 열리는 것이다. <허虛>의 <공

空>함은 청정함의 어떤 의미를 갖기도 한다. 우리는 지혜로운 수동성이라고 표현하는데, 그것은 마치 뛰어오를 준비를 한 호랑이이나, 혹은 작전준비를 끝내고 공격명령을 기다리는 군대처럼, 사려 깊고, 생기 충만하며, 그리고 완전히 깨어 있는 그러한 상태이다. 깨어 있다는 것은 긴장과 스트레스의 상태이다. 그래서 감내할 만한 스트레스는 삶의 활력소라 부르기도 한다(Stress is the spice of life).

우주의 근원을 살아 있는 물이라 보고 태일생수太一生水라 하였다. 물은 흐르지 않으면 썩는다. 물은 차이가 있을 때는 흐르지 않는 법이 없다. 그러다 평균에 이르게 되면 스스로 멈춘다. 이것이 물의 의로움righteousness이며 형평작용이다. 기업경영에 있어서는 만족의 해satisficing solution다. 또한 적응성이다. 물은 자기 홀로 항상 밑으로 간다. 이것이 물의 겸양의 미덕이다. 낮춤이야 말로 <도道>가 깃드는 곳이요, 왕자의 그릇이다. 수평이야 말로 모든 형량의 으뜸이며 물의 무색이야말로 모든 색깔의 바탕이다.

그러나 물은 자신을 낮추지만 사실 아니 올라가는 곳이 없으며 위기의 변화에 극적으로 순응한다. 급강하는 상황을 만나면 폭포의 웅혼한 목소리를 내기도 한다. 모세관작용을 통해, 기화작용을 통해, 훨훨 타오르는 불구멍에까지 없는 곳이 없다. 자신을 항상 낮추면서도 무소부재omnipresence의 능력 즉, 존재하지 않는 곳이 없을 정도로 보지保持하고 있는 것이다. 이것이 지혜경영시대에 승리하는 경영자의 물의 지혜를 의미한다. 자본주의 사회에서 최고의 미덕으로 간주되어온 최대효율이 갖는 불안정성 즉, 비극을 보완시켜 주는 것이 <허虛>의 <도道>이다. 즉, 유동성의 여유이기도하다. 군자표변君子豹變이다. 변화를 수용해야할 상황에서는 과감한 변화를 도모할 줄 알아야 한다는 것이다.

유약자생지도柔弱者生之徒다. 사람은 부드럽고 약하게 태어나서 죽으면 뻣뻣하게 굳는다. 몸이 굳으면 죽음이 가까이 오고 있음을 감지해야 한다. 그래서 물의 마음을 배워야 한다. S대학교의 입시 커트라인이 450점이라고 하자. 그런데 우리는 내 자식이 450점으로 합격했을 때 환호성을 지르며 최고의 성과이었다고 말할 것이다. 그러나 이것은 비극이다. "450−450=0의" <허虛>이기 때문에 다음의 학업을 제대로 성취할 수 없게 된다. 여유가 없는 그 과정은 괴로움의 연속이 되며 무간지옥無間地獄이 된다. 유동성의 상실이다. 경영은 순간 최대 능력을 발휘하는 역도의 용상들기가 아니다. 항상 여력이 남아 있어야 언제 어느 방향에서 불어올지 모르는 변화의 바람을 견딜 수 있게 된다.

기업들은 경쟁력 확보를 통해 생존을 위해서 새로운 관리방안들과 혁신기법innovation technique들의 개발을 통하여 수월성excellence을 추구하고 끝없이 달려가게 되며 경쟁자의 추월을 염려하는 영원한 도망자가 된다.

긍정적 사고에 의한, 발전적 사고를 위한 현실부정을 우리는 창조적 파괴라 부르며 이를 위해 끝없는 고뇌를 하게 되는데 이것을 경영학적 용어로 고잉컨선going concern이라 부른다. 여기서 컨선concern이 주는 <염려>와 <고뇌>의 의미와 워리wary라는 단어가 가진 <염려>와 <고뇌>의 의미가 다르다. 워리wary는 잘못된 것에 대한 염려의 의미가 강하지만, 컨선concern은 잘하고 있으나 보다 더 나은 방향으로의 발전을 바라고 구(희구)하는 깊은 애정이 포함되는 염려와 고뇌를 의미한다는 것이다.

공자의 학즉불고學則不固다. 자기수정을 위한 새로운 지식의 습득은 아집과 집착으로 고착화된 마음을 여는 것이다. 즉, 마음의 유연성 확보다. 베블린의 고잉컨선going concern과 같은 내용이다. 베블린은 근대의 경영학자management scholar이나, 공자는 수천 년

전의 사상가이며 정치가다. 진리에 있어 시간과 공간의 차이가 없음을 본다.

기업이 처한 오늘의 현실이 대량산업사회의 종말기를 지나 정보화의 시대를 맞이하고 있다. 규격화·획일화에서 개성화되고 세분화된 '전자식 시골집electronic country house'으로 우리를 격리시켜 개인적 경쟁을 첨예화시키고 있을 뿐만 아니라 따뜻한 이웃의 체온을 잊어버리게 만들고 있다. 이러한 사회구조의 재형성으로 말미암아 기능주의적인functionalist 지식산출이 우월시 되므로 인하여 이른바 입과 가슴의 분열현상을 일으키고 있으며 인간적인 인간성human humanity에 대한 갈증현상을 느끼게 하고 있다.

그래서 오늘날 경험에 바탕을 둔 환경인식을 하며 인간적인 인간성을 가진 경영자를 이해관계자집단stakeholder group(고객, 근로자, 주주, 지역사회 등)은 필요로 한다. 숨 돌릴 틈 없는 경쟁의 틈바구니 속에서도 인생을 관조할 수 있는 인격을 가진 경영자를 원한다. 관조는 고요한 마음으로 사물이나 현상을 관찰하거나 비추어 보는 것을 의미한다. 또한 관조는 성품의 참 모습을 알아낼 수 있는 중요한 수행 방법이다. 생각과 분석만으로 진리로 표현되어진 내용을 파악할 수도 있지만, 언어로 표현할 수 없고 생각으로도 미치지 못하는 심오한 진리의 세계는 관조의 방식으로 체득할 수 있음을 밝힌 것이다.

그러나 경영자는 "시詩를 좋아하되 시인이 되어서는 안 된다" 왜냐하면 시인이 인생을 관조한 듯한 폭 넓은 가슴을 묘사할 줄 안다는 것은 그것을 감지하고 표현할 수 있는 섬세함을 가졌으되 폭넓은 가슴을 소유하고 있지 못하기 때문이다. 즉, 현실적 부족의 질병disease of real scarcity을 앓고 있는 상태이기에 시인으로써 예술성을 발휘할 수 있게 되기 때문이다. 시적詩的으로 되는 것은 홀로 있는 한 그루 나무 같은 것이다.

베토벤은 침상 뒤에 작은 창을 만들어 파출부가 먹다 남은 음식을 훔쳐 가는 것을 감시했다는 기록이 있으며, 사내다움의 화신으로 불린 「노인과 바다」의 작가 헤밍웨이가 두려움의 공포에서 벗어나지 못하여 불을 환히 밝혀두어야만 잠들 수 있다는 연약한 내면을 갖고 있었음을 그의 친구 루이스 카스티요는 밝히고 있다. 예술은 영혼의 연약함과 고독 속에서 창조되지만 경영은 인간적 관계성 human relationship 속에서 성공한다.

아름다움의 여신 아프로디테와 사랑을 나누기도 한 헤르메스는 제우스의 심부름을 도맡는 전령신이다. 상업을 주관하는 신이기도 하며 또한 '도둑의 신'이기도 했다. 제우스는 헤르메스를 전령신으로 삼으면서 지팡이 하나와 날개가 달린 마법의 가죽신을 내렸다. 올림포스(그리스 신화에서 신들의 궁전)의 신들 중에서 제우스의 심부름으로 이승과 저승을 자유자재로 오르내리는 신은 헤르메스밖에 없었다. 「오뒤쎄이아」에서 인용한 다음 구절을 읽어 보면 호메로스(고대 그리스의 작가)가 올림포스를 어떻게 생각했는지 알 수 있다.

... 이렇게 말하면서
파란 눈 아테나는,
올림포스 산으로 올라갔다.
신들이 사는 저 유명한 영원의 처소로.
거기에는 바람도 불지 아니하고
비도 쏟아지지 아니하고,
눈도 내리지 아니하니,
오직 구름에 가리지 않은 빛이 푸짐하게
쏟아지는 대낮이다.
신들은 거기에서 기쁨을 누리며 산다.
영원히...

그리스 로마 신화에는 신발의 이야기가 자주 나온다.

아득한 옛날 그리스인들이 잃어버린 자존심, 황금빛 양의 털가죽을 찾아오는 영웅의 왕자 이아손이 아버지의 복수를 하러 나타났을 때 외짝 신 모노산달로스mono sandalos 즉, <모노mono>는 하나라는 의미이며, <산달로스sandalos>는 오늘날 우리가 샌들이라고 부르는 신발이라는 것을 신고 나타났다.

헤라클레스와 함께 그리스를 대표하는 영웅 테세우스의 아버지는 여행길에서 나중에 테세우스의 어머니가 되는 여인을 만나 동침한다. 이후 아들(테세우스)이 태어나면서 자기들을 찾을 수 있는 칼과 가죽 신발을 신표로 남긴다.

신발은 신화에 자주 등장하는 이유는 무엇일까?

'달마도'에 나오는 소림자의 소림권법을 창시한 달마대사가 들고 있는 지팡이에는 신발 한 짝이 매달려 있다. 신데렐라는 무도회에서 잃어버린 유리 구두 한 짝으로 말미암아 왕자와 재회했으며, 우리나라 고전소설 콩쥐팥쥐에서의 콩쥐는 꽃신으로 말미암아 행운을 맞았다. 이들 역시 모노산달로스가 아닌가. 신발은 만남의 상징어가 아닐까.

신발은 발이 움직일 때 안전하게 하는 보호막이다. 양말로 발을 보호하는 장치가 아닌가. 크리스마스이브 날 산타클로스는 착한 사람의 한쪽 양말 속에 선물을 담아두고 간다지 않는가. 인간관계의 중요성을 은유하는 것은 아닐까? 어떠한 삶을 살았는가를 묻고 있는 것은 아닐까? 신발은 만남의 상징이기라도 한 것일까?

고객과의 실존적 만남의 보호막은...

인간적인 인간성을 지닌 사람을 만나기 위해서는...

아름다운 만남의 결실은...

헤르메스가 가진 날개가 달린 가죽신이 속도와 만남을 상징하며 오늘 우리가 살고 있는 21세기의 세상에도 그래도 적용되고 있다는 생각, 너무 비약된 생각일까...

우리는 무상함이라는 진리 이면에 깔린 광대한 뜻을 반복해서 발하는 섬광을 만나야 한다. 어느 것도 실재하지 않고 어느 것도 지속되지 않는다는 두려움 때문에 우리는 가장 훌륭한 친구와 마주치게 되는 것이다. 왜냐하면 이런 두려움에 우리는 이렇게 자신에게 되묻게 되기 때문이다. 모든 것이 소멸되고 변한다면 참된 것은 도대체 무엇인가? 현상 뒤에는 무엇이 있는가? 이런 의문들에 절박하게 매달려 깊이 심사숙고하게 되면, 우리의 세상을 보는 안목이 바뀌게 되고 자아가 넉넉하게 변하게 된다.

복연선경復緣善慶이다. 복 복復, 인연 연緣, 선할 선善, 경사 경慶이다. 복이라는 인연은 선을 베푼 결과인 경사로 나타난 것이다. 복잡계에 긍정적 영향으로서의 인연이다. 고로 이익의 창출은 복의 근원이 되며 경사라는 결과로 나타난다. 당대가 아니면 후대에라도 좋은 일이 일어난다는 동양적 사고다.

어느 가난한 스코틀랜드의 소작인이 늪에 빠진 소년을 구해주었다. 귀족이었던 소년의 아버지는 감사의 뜻으로 그 소작인의 아들에 대한 교육을 책임지겠다고 했다. 시간이 흘러 소작인의 아들은 영국 런던의 세인트 메리 병원의 의과대학을 졸업했다. 이 소작인의 아들이 훗날 페니실린의 발견자로 이름을 떨친 알렉산더 플레밍이다.

수년 뒤 그 귀족의 아들이 폐렴에 걸렸는데, 페니실린의 도움으로 목숨을 구했다. 이 귀족은 랜돌프 처칠경이며, 그의 아들은 20세기를 이끈 지도자 중 한 명인 윈스턴 처칠수상이었다. 작은 서비스 하나가 인류의 운명에 직·간접적으로 상상 못할 영향을 미친 예다.

그것은 우리가 일생동안 비행기를 타고 먹구름과 난기류 속을 헤매다가, 갑자기 맑고 무한하게 펼쳐진 하늘을 만나는 것과 같다. 자유라는 새로운 차원의 출현에 고취되고 생기가 돋워져, 우리는 자신을 경이로 가득 채우는 깊이 있는 평화, 기쁨, 그리고 자기 자신에 대한 확신을 발견하게 되는 것이다. 그리하여 감사와 기쁜 마음으로 변화를 넘어선 진리와, 죽음을 넘어선 진리와, 그리고 마음의 한량없는 본성을 발견하게 되는 아름다운 마음의 경영자가 된다. 먼저 마음을 열고 진실하게 다가가면 상대방도 마음의 문을 연다. 어딘가에서 이 책을 읽고 있는 독자도 계기가 주어지지 않아 아직 만나지 못한 소중한 친구다.

2. 행복의 척도

편안한 마음으로 제 분수를 지키며 만족할 줄 아는 삶을 사는 것을 안분지족安分知足이라 한다. 어느 부유한 사업가가 바닷가를 지나다가 한 어부가 배 곁에 드러누워 빈둥거리고 있는 것을 보고 어처구니 없어하며 물었다.

"왜 고기잡이 안 나가시오?"

"오늘 몫은 넉넉히 잡아 놨지요."

"필요한 것보다 더 많이 잡으면 되잖소?"

"그래서 뭘 하게요?"

"그러면 돈을 더 벌 수 있지요. 그 돈으로 당신 배에 알맞은 발동기를 살 수 있고,

그러면 더 깊은 데로 가서 고기를 더 많이 잡을 수 있고,

그러면 또 돈을 더 장만해서 나일론 그물을 갖출 수 있고,

그러면 또 더욱 고기를 많이 잡을 수도 있고,

그만큼 많은 돈을 벌 수 있지요.

그리고는 얼마 안가서 당신은 거대한 선박을 여러 척 거느리게 될지도 몰라요.

그렇게 되면 당신도 나처럼 부자가 되는 거지요."

"그리고는 뭘 하죠?"

"그리고는 편안히 앉아서 삶을 즐길 수 있죠."

어부는 흐뭇한 미소를 지으며 이렇게 말했다.

"당신은 지금 내가 뭘 하고 있다고 생각하시오?"

셰익스피어의 희극 햄릿에서 주인공 햄릿의 선친의 영혼이 나타나 자기의 독살을 얘기해주며 복수를 아들 햄릿에게 부탁한다. 이때부터 햄릿은 진정 자기를 사랑한 아버지의 영혼이 자기에게 <정확한 정보accurate information>를 준 것인지, 아니면 망령의 <거짓 정보false information>를 준 것인지를 두고 고민하게 된다. 왜냐하면 아버지의 영혼이 준 정보를 검정할 길이 없었기 때문이다. 만에 하나 마귀의 음모devil's conspiracy라면 아버지의 대를 이어 왕으로 등극한 숙부의 살인이라는 엄청난 죄악의 우를 범하는 결과를 초래하게 되며 재혼한 어머니를 다시 과부로 만들기 때문이었다.

주인공 햄릿이 선친의 영혼이 주는 정보를 믿어야 할지 여부를 두고 고민하면서 되뇌는 "이것이냐 아니면 저것이냐, 그것이 문제로다(to be or not to be, that is question)."을 경영의 활동과정 속에서도 수 없이 하게 된다. 정확한 정보를 바탕으로 소비자가 원하는 시간에 원하는 양의 재화나 용역을 공급하기 위해서 즉시관리(just in time)를 하면 불필요한 자산의 유지비용을 최소화시킬 수 있으나 상대적으로 높은 불확실성을 감수하게 된다. 그래서 경영의 영역에서 적정이라는 단어를 많이 사용하게 되며 아울러 재고관리의 필요성을 갖는다.

인간을 인간 되게 한 최초의 출발이 불확실성uncertainty을 최소화시켜 생존하겠다는 물질축적의 욕망 즉, 경영학Business Administration에서의 용어로 보면 재고관리inventory management에서부터라 할 수 있을 것이다. 진정한 아름다움과 행복은 소유의 분량에 있는 것이 아니라 존재의 부피로 가늠되는 삶에 있다. 노자의 지족자부知足者富이다. 만족할 줄 아는 사람이 부자라 했다. 불확실성 속에서의 경영의사결정management decision making의 기회는 냉혹하게도 거의 일회적이다.

어느 날 창조주이며 절대권자인 신이 인간의 모습으로 세상에 와서 부자富者를 만나 자기를 신으로 믿으면 천당에 보내주겠다고 권유한다. 그러나 부자는 그의 말을 믿지 않았다. 그래서 그는 죽은 후 지옥을 가게 되었는데 거기서 그는 세상에 살 때 자기 집에 자주 동냥오던 거지가 건너편 아름다운 천당에 살고 있는 것을 발견하고 신에게 간청한다. 저를 한번만 세상에 다시 보내주면 내가 사랑했던 가족들에게 당신의 실존을 믿게 하여 천당에 보내게 하고 싶다고 했다. 그러나 신은 이렇게 대답했다. "내가 직접 세상에 가도 나를 믿지 않았거늘 하물며 네가 가서 권하면 귀신의 이야기라 더욱 믿지 않을 것"이라고, 인간이 가진 최대의 죄성罪性은 마음과 물질의 재고자산 관리의 부적절한 욕망에서 왔다. 득롱망촉得隴望蜀이다. '농隴' 나라를 얻고 보니 '촉蜀' 나라마저 얻고 싶은 욕망이 일어난다는 것이다. 만족할 줄 모르는 인간의 속성을 드러내는 말이다. 평롱망촉平隴望蜀이라고도 한다.

신은 인간을 사랑하기 때문에 욕심의 한계장력limit tension을 줬다. 인간 죄성에 대한 아량의 한계를 선물로 준 것이다. 그러나 인간은 신의 아량의 한계가 끝나는 한계점을 모르기 때문에 절제의 삶을 살아가야 하는 것이다. 즉, 신의 주권의 영역이 존재하기 때문이다. 장력의 한계 설정이 인간을 인간 되게 하는 정의定意적 사고다.

푸른 초장을 초장 되게 하기 위해서 초장에 사슴만 둔 것이 아니라 사자도 함께 둔 것이다.

그래서 인간이 만든 기업 또한 인간을 닮아 있기 때문에 기업 경영에 있어서 적정이라는 단어와 만족의 해라는 단어를 많이 사용한다. 적정 이상의 이익이 지속적으로 창출되는 곳에는 새로운 사자가 푸른 초장에 진입해 온다는 원리다.

삶의 과정에 있어서도 마찬가지다. 행복의 척도measure of happiness는 필요한 것을 얼마나 많이 갖고 있는가에 있지 않다. 불필요한 것으로부터 얼마나 벗어나 있는 가에 있다. 홀가분한 마음, 여기에 행복의 척도가 있다. 소유물은 우리가 그것을 소유하는 이상으로 우리자신을 소유해 버린다. 내가 무엇인가를 가졌을 때 그 물건에 의해 내가 가짐을 당하는 것이다. 필요를 충족시키는 곳에서 자족할 줄 알아야 한다. 삶의 목표가 풍부하게 소유하는데 있는 것이 아니라 풍성하게 존재하는데 있어야 한다. 그래서 우리의 영이 <공空>해야 한다. 빈곳에서 영혼의 청아한 메아리가 울려나올 수 있다.

아시아에서는 원숭이를 잡는데 교묘한 덫을 사용한다. 코코넛 열매를 파내고 그 속에 달콤한 향기가 나는 것을 집어넣는다. 그리고 그 열매 밑에 조그만 구멍을 낸다. 그 구멍은 원숭이가 손을 집어넣을 수는 있지만 무엇을 움켜지고 꺼낼 수는 없을 정도의 크기로 뚫는다. 그리고는 그 열매를 나뭇가지나 말뚝에 매어 놓는다. 이윽고 원숭이가 냄새를 맡고 다가온다. 그리고는 그 속에 손을 넣고 먹을 것을 움켜쥔다. 그러면 덫에 걸리는 것이다. 사냥꾼이 다가오면 원숭이는 놀라 질색을 한다. 그러나 도망갈 수가 없다. 누가 원숭이를 덫에 걸리게 했는가? 다른 어떤 무력으로 사용한 것은 없다. 바로 원숭이 자신의 집착one's obsession이다. 이론적으로 원숭이는 손에 잡고 있는 것을 놓고 손을 빼내기만 하면 자유롭게 된다. 그러나 원숭이로서는 그렇게 할 수가 없는 것이다.

사람들도 이와 같이 무상無常한 것에 집착한다. 사람들은 흔히 묻는다. 붙들고 있는 것은 알지만, 어떻게 놓을 수가 있단 말이오! 무상한 것에 집착함으로써 우리는 고통을 만들고 있는 것이다. 그것을 알게 되면, 우리는 자연스럽게 놓게 된다.

실패는 경영자 자신의 내부에서 찾아야 할 것이리라. 견리사의見利思義와 같다. 눈앞에 이익이 보일 때 취해서 옳은 일인가를 먼저 생각해야 한다.

지족contentment은 경계할 계戒, 찰 영戒의 계영戒盈이다. 즉, '가득 차는 것을 경계하라'는 뜻으로 너무 과하게 살지 말라는 의미의 글이다. 지족은 자만complacency과 다르다. 지족이라는 말은 '조화를 이루는harmonious'이라는 형용사와 같은 의미를 갖는다. 현실의 모든 것을 있는 그대로 마음 깊이 받아들일 줄 앎으로써 행복을 느끼는, 만족을 할 줄 안다는 뜻을 가지고 있다. 지족경영은 적정의 경영이다. 그래서 경영에서 적정이라는 단어를 많이 사용한다. 자만은 리더십의 <암cancer>과 같지만 지족知足은 장님이 의지하는 흰 지팡이와 같은 것이다. 프로의 실수는 가끔 쉽다고 느끼는 자만의 순간에 일어난다. 그래서 항상 용수철을 누르고 있는 듯한 스트레스를 느껴야 하는 것이 관리의 영역이다.

중국의 회남왕淮南王 유안이 남긴 「회남자」라는 책에 축록자불견산逐鹿子不見山 확금자불견인攫金子不見人이라는 말이 있다. 사슴을 쫓는 사람은 산을 보지 못하고 금을 움켜쥐려는 자는 사람을 보지 못한다는 것이다 이익에만 집착하여 만물과 사람의 진면목을 보지 못한다는 글이다. 과도한 욕심을 버려야 한다. 물질의 주인이 있기 마련이다. 각물유주各物有主다. 불필요한 재물의 보유는 노루가 사향을 보유하므로 인해 사람들로부터 죽임을 당하면서 서재막급噬臍莫及을 하게 된다. 과분한 재물을 보유하면 화를 당할 수도 있다는 것이다. 필부무죄 덕벽유죄匹夫無罪 德壁有罪다. 어울리지 않는 물건을 갖고 있으면 재앙을 부르게 된다.

커다란 먹이를 문 까마귀 한 마리가 나뭇가지에 앉았다. 그러자 먹이를 노린 다른 까마귀들도 잇달아 나뭇가지에 앉았다. 그들은 움직이지도 않은 채 조용히 먹이를 문 까마귀를 노려보고 있었다. 먹이를 부수어 먹을 여유를 얻지 못한 까마귀는 계속 먹이를 문 채 나뭇가지에 앉아 있을 수밖에 없었다. 시간이 흘러 잠깐 휘청한 까마귀는 그만 입에 문 먹이를 놓치고 말았다. 이를 지켜보든 까마귀들 중 제일 행동이 재빠른 녀석이 먹이를 낚아채 도망가기 시작했다. 처음 먹이를 물고 온 까마귀를 비롯한 주위의 다른 까마귀들은 다시 그를 쫓았다. 얼마 후 먹이를 채어간 까마귀는 좀 전의 까마귀처럼 기진맥진하여 다시 나뭇가지에 앉아 있다가 역시 처음 까마귀가 그랬던 것처럼 먹이를 땅에 떨어뜨려 버렸다. 다시 한번 까마귀들은 새로운 먹이의 주인을 뒤쫓아 날아갔다. 이것이 의미하는 바는 무엇일까?...

3. 현시적 경영

수년 전 그레고리 베이트슨과 그의 딸 메리 캐서린 베이트슨의 책「마음과 물질의 대화 : Angels Fear」를 읽었다. 정신과 물질의 일원론적 사유에 바탕을 둔 인식론인데 나에게는 조금 난해한 부분들이 있는 글이었다. 책 내용에서의 감명보다도 아버지와 딸의 대화를 통하여 정리해 가는 대인식론을 접하면서 나의 모습을 보았다.

필자의 조부님이 우리 조국이 가난했던 시절 한국을 떠나 만주에서 자수성가하여 해방 전 귀국하여 각박했던 시절을 살아가면서 손에 잡히는 물질이 삶의 전부며 정신적 여유는 불행의 사자쯤으로 치부해 버린 정형화된 사고의 세계를 보면서 항상 답답해했던 대화의 벽을 아들에게서 아들에게로... 저 자신도 나를 사랑하는 사람들에게 넉넉한 모습으로 보여주지 못하고 있지 아니한가를 자성해보는 시간을 갖게 만들었다.

아픈 과거가 재현되지 않도록 하기 위해 미래만을 보며 현재를 잃어버린 삶을 생각하면서 필자는 "삶은 여행과 같은 것으로 그 과정 과정에 중요성과 의미가 있는 것이지 목적지의 도달에 있는 것이 아니라는 것을 인식하면서 - Life(Management) is journey, not destination. —" 이라 낙서해 보았다.

루이스C. S. Lewis(1898－1963)의 <스크류테이프 편지Screwtape Letters>는 그 속에 등장하는 상좌 마귀가 인간들을 타락하게 하는 방법을 조카에게 알려주는 편지다. 그는 조카 마귀에게 인간들이 과거와 미래만을 생각하게 만들도록 당부한다.

<절대로 현재에 살지 못하게 하라는 거야. 과거와 미래는 시간 속에 있지만 현재는 시간에 묶이지 않고(무집착) 영원하다는 거야.>

과거의 기억은 상처, 애착, 원망, 그리고 회한 그 모든 것이며 그것은 미래에 투사된다는 것이다. 현재가 없는 미래는 내일이라는 덫이다. 내일의 덫에 걸리면 진정한 행복은 없다는 거다. 어린아이가 어머니의 품에 전적으로 자신을 맡길 수 있는 그 어떤 기반을 발견하기 위해서는 심리적 시간의 종식이 필요하다는 것이다. 영원한 현재 속 즉, 집착이 없는 시간 속에 진정한 자유와 행복이 있다는 거다. 진리와 함께 한다는 것이다. 진리가 우리를 자유롭게 한다. 쾌락의 시간이 지난 후 허탈이 오면 진리의 길이 아니다. 그러나 진리는 순간순간의 충일充溢한(가득 차서 넘치는) 감정으로 연결되어 느껴지

는 것이며 자유다.

길을 가다가 비를 만난다. 햇빛이 비칠 날을 기다린다. 오늘은 일곱 빛깔 무지개와 함께 맑게 갠 하늘을 만났다. 내일의 날씨는 내일이 걱정해줄 일로 미루고 오늘은 기쁜 감사의 노래를 부른다. 삶의 진정한 의미는 그 과정 속에 있다.

성공하기 위해서는 항상 순간에 살아 있어야 한다. 현실 적응의 순발력이기도 하다. 지나간 과거나 불확실한 미래 때문에 순간을 소홀히 스쳐 보내는 것이 아니라, 항상 순간순간은 있는 그대로 맞을 수 있을 때 성공의 길로 접어들 수 있는 것이다. 또한 세상에 태어나 삶이 주어지는 가장 큰 목적은 삶을 풍요롭게 하는데 있다. 삶을 풍요롭게 하는 것은 현실에 충실했을 때 가능하다. 과거에 사로잡히면 과거의 어둠이, 미래에 사로잡히면 미래의 수많은 상념들이 그를 짓누른다. 그래서 과거와 미래로부터 자유로운 사람이 적극적인 삶을 살 수 있으며 행복의 콧노래를 흥얼거릴 수 있다.

결과에 관심을 집중시키면 과정에 기울이는 힘은 약해진다. 체계는 무너지고 변명과 비난이 난무하는 가운데 에너지가 상실된다. 또한 내일 하겠다는 자선은 선이 아니다. 연속되는 현재에 자신의 선택을 즐길 줄 아는 능력, 그것이 진정한 자유다. 우리는 지금 이 순간을 산다. 어제의 비로 오늘의 옷을 적시지 말고 내일의 비를 위해 오늘 우산을 펴지 말아야 한다.

실체는 고정된 현상이 아니다. 어제의 생각으로 오늘을 대비하면 실패한다. 어제의 생각으로 고정된 의사결정을 한다면 그것은 이미 죽은 경영이다. 내일이 오면 내일을 기쁨으로 맞지 못하게 된다. 오직 상황에 직면한 그때의 반응만이 실체와 부합할 수 있다. 그래서 오늘이 제일 중요한 때이며 오늘 만난 사람이 가장 중요한 사람이다. 오늘의 일은 오늘의 살아있는 정신으로 처리해야 한다.

인간은 준비하고, 준비하고, 또 준비하는데 자신의 삶을 다 소모한다. 단지 전혀 준비하지 못한 다음 생을 맞이하기 위해서다. 오래 전 미국 맴피스 공항 환승 터미널의 게시판에 쓰인 한 줄의 글이 떠오른다. '오늘은 여생의 첫날입니다(Today is the first day of the rest of your life).' 성악설로 유명한 순자荀子는 천지시야天地始也 금일시야今日始也라는 글을 종종 인용했다고 한다. 하늘과 땅이 비롯된(처음으로 시작된) 것은 바로 <오늘>이라는 것이다. 우리가 보내는 오늘은 어제 죽은 이가 그토록 살고 싶어 하던 내일이었다. 진리에 있어 동서고금東西古今의 차이가 있을까.

한 야생 멧돼지가 입 밖으로 삐죽 나온 이를 나무에 대고 갈고 있었다. 지나가던 이리가 보고는 사냥꾼도 없는데 누워서 쉬지 이는 왜 가느냐고 물었다. 멧돼지가 대답하기를 "사냥꾼이 들이닥칠 때 이를 갈면 너무 늦잖아!" 이 멧돼지에게는 오늘을 사는 '위기의식consciousness of crisis'이 있었던 것이다.

4. 기업경영의 평가

예전에 기업은 망해도 기업가는 망하지 않는다는 말이 있었다. 오늘과 같은 정보사회에서는 맞지 않는다. 정보사회는 정보가 유력한 자원이 되고, 정보의 가공과 처리에 의해 기업의 부가가치added value가 생산되고 이를 중심으로 사회나 경제가 운영되고 발전되어 가는 것이다. 이처럼 정보사회가 갖는 개념이 공간적으로는 <세계화globalization>를, 내용적으로는 정보의 공유로 말미암아 <투명성transparency>을 의미하고 있기 때문에 경영의 성과와 함께 기업가는 그 운명을 같이 하여야 하는 상황이기 때문이다.

Man, who is born of women, is short-lived and full of turmoil.

여인에게서 난 사람은 사는 날이 적고 괴로움이 가득하며

Like a flower he comes forth and withers.

그 발생함이 꽃과 같아서 쇠하여지고

He also flees like a shadow and does not remain.

그 그림자같이 신속하여 머물지 아니하거늘

Thou also dost open thine eyes on him, and bring him into judgement with thyself.

이와 같은 자를 눈을 들어 살피시나이까 나를 당신 앞으로 이끌어서 심문하시나이까

Who can make the clean out of the unclean? No one!

누가 깨끗한 것을 더러운 것 가운데서 낼 수 있으리이까 하나도 없나이다

Since his days are determined, the number of his months is with thee,

그 날을 정하셨고 그 달의 수도 당신께 있으므로

and his limits thou hast set so that he can not pass.

그 제한을 정하여 넘어가지 못하게 하셨사온즉

Turn thy gaze from him that he may rest,

그에게서 눈을 돌이켜 그로 쉬게 하사

until he fulfills his day like a hired man.

품꾼같이 그 날을 마치게 하옵소서

- **욥기**14 : 1-7 -

경영에 대한 품꾼인 경영자에게 경영평가management evaluation의 날이 틀림없이 온다. 품꾼hired man은 품꾼의 날을 마칠 때 일의 성과에 따라 약속된 보상을 받게 된다. 삶에 있어서도 마찬가지다. 결산은 마감의 날이 있다. 이것은 삶이라는 바닷가에서 모래성(실적 없는 일)을 쌓고 놀던 아이들이 저녁이 되어 집으로 돌아갔을 때 숙제(과업)를 마치지 않고 놀다가 온 아이들은 어머니로부터 야단을 맞는다는 것이다.

누구나 한번은 맞이하는 죽음이라는 필연의 결산이 있다는 것이다. 결산의 날이 삶의 전 과정을 마감하는 사건이다. 그래서 삶 속에서의 일 추진에 있어 씨를 뿌릴 때가 있고 거둘 때가 있으며 곳간에 드릴 때가 있음을 알아야 한다. 결산의 그날을 엄숙하게 준비해야 한다는 것이다. 신의 공의에 의한 인간통제가 있음을 알아야 한다. 만약 신에 의한 영혼불멸의 통제가 없다면, 앞선 위인들이 이 불멸의 영광을 얻기 위해 그렇게 열심히 노력하지 않았을 것이다. 삶이라는 축제가 끝나갈 때를 상상해보자. 무엇을 느끼겠는가? 허탈이냐, 충일이냐.

기업경영 평가의 날은 한 회기의 죽음이며 마감이다. 새로운 계획에로의 탄생이며, 그리고 <부활revival>인 것이다.

부활이라는 <시>, 어느 책에서 본 작자 미상의 시詩다.

내 무덤 앞에서 눈물짓지 말라.
난 그곳에 없다.
난 잠들지 않는다.
난 수천 개의 바람이다.
난 눈 위에서 반짝이는 보석이다.
난 잘 익은 이삭들 위에 빛나는 햇빛이다.
난 가을에 내리는 비다.
당신이 아침의 고요 속에 눈을 떴을 때
난 원을 그리며 솟구치는
새들의 가벼운 비상이다.
난 밤에 빛나는 별들이다.
내 무덤 앞에서 울지 말라.

난 거기에 없다.

난 잠들지 않는다.

난 영원한 부활이다.

계획이라는 기준과 실제 활동의 결과를 비교하면 편차를 수정하는 데에 통제원리의 관리 기능적인 의의가 있게 된다. 다시 말해서 계획 없이 실적과의 비교 · 평가가 행해질 수 없듯이, 통제 없이는 그 어떤 의미 있는 계획도 바랄 수는 없는 것이다. 계획과 통제라는 활동의 전과 후를 일관하는 상호의존적인interdependent 관계없이는 오늘날과 같은 급변하는 환경 속에서의 기업경영을 위한 합리화란 결코 이룩될 수 없는 것이다.

경영통제의 의의가 '설정된 기준에 따라서 경영활동이 집행되고 있는가, 아닌가를 검토하고 평가하며, 기준과의 편차를 시정하는 기능'에 있는 이상, 어떠한 종류의 통제활동이건 기본적으로 ① 표준의 설정 ② 실적의 측정, 그리고 ③ 편차의 수정이라는 세 가지 프로세스를 거치게 마련이라고 할 수 있다.

5. 의사결정의 과정

인간 누구나 단일채널 단일단계모형의 레테의 강을 넘어야할 대기행렬 속의 한 사람이라 생각해 본다. '사유死有(사유死有는 사유四有 즉, 생유生有—본유本有—사유死有 중유中有 중의 하나로서 중생이 이승에서 목숨이 끊어지는 찰나moment를 이른다.)'한다는 모든 것은 마감의 시간을 갖는다는 것이다. 그것이 바로 삶이 존재하는 방식이다. 그 시간을 준비하고 수행을 닦은 사람에게 마감의 순간은 패배가 아니라 승리 즉, 삶의 가장 영광스러운 성취의 순간이다. 시작과 끝은

둘로 나눌 수 없는 하나이며 끝이란 삶의 또 다른 시작이다. 마감의 시간은 삶의 온전한 의미가 반영된 거울과 같은 것이다.

태양은 농경지나 풀밭이나 숲 등 차별하지 않고 고루고루 비춘다는 사실을 우리는 자주 잊어버린다. 이들은 모두 햇빛을 똑같이 흡수하고 반사하지만 인간이 경작하는 농경지는 태양이 매일 내려다보는 대지의 극히 일부에 불과하다.

인간이 만든 기업, 인간을 닮아 생명을 갖고 있으며 기업이 만든 제품 또한 기업을 닮아 수명주기를 갖는다. 생산량의 증가에 따라 고정비는 낮아지지만 이와 반대로 변동비는 비례하여 급상승하게 되어 최적조업도optimum capacity 즉, 생산단가가 최저가 되는 생산수준을 지난 생산량의 증가는 오히려 손실의 영역으로 치닫게 된다. 이와 같은 원리로 달도 차면 기운다는 것이다. 그래서 성숙기에 새로운 도약을 고뇌해야 하는 영원한 도망자가 기업이며 불확실성 속에서의 의사결정론이 경영학이다. 문명사적으로 본 국가경제의 발전 또한 이와 같다. 발전에 발전을 거듭하는 경제가 가속력에 의해 지속적으로 발전할 것 같지만 어느 수준에 이르면 쇠퇴의 길을 간다.

경영의 과정에 있어서 불확실함이 지속됨으로서 모든 것이 암담하고 거의 희망 없는 것처럼 보일 때도 있다. 그러나 좀 더 깊이 바라본다면, 바로 그 불확실함 때문에 어떤 틈새가 만들어지는 것을 볼 수 있다. 만일 제대로 파악해 포착하기만 한다면, 변화를 위한 뜻 깊은 기회가 지속적으로 샘솟는 공간이 만들어 질 수 있다. 우리의 생체 리듬에 있어서도 마찬가지다. 마음이 번차례one after another로 우월감과 열등감으로 교차함을 본다. 마음의 초보적인 호메오스타시스homeostasis(항심恒心)를 획득하는 데서부터 경영의 출발을 강조하고 싶다. 이것은 일종의 신념과도 같은 것이며 고뇌 가운데서 성장의 기쁨을 볼 수 있는 원초적 마음이라고도 할 수 있다. 본서 초두에 삶의 진정한 의미는 투쟁의 연속선상에서 찾을 수 있다고 표현한바 있다. 이는 절대 부정으로 절대 긍정에 이르기 위한 방편에서다. 쫓기는 삶은 이 세상이 "싸우는 곳이나 자유라는 이름의 이불을 덮으면 '노니는 곳'이 된다."

인간 본성적 감정을 변화시킬 수 없으나 적절한 방향으로 유도할 수는 있을 것이라는 작은 믿음에서 경영과학management science 즉, 수학적 모형이나 통계적 기법으로 경영현상에 대해 가장 효율적인 해법을 도출하기 위한 학문에 관한 감성훈련을 시도하여 보았다. 건강한 콩나물이라고 하는 것은 결국 콩이라는 씨앗의 소양 위에 반복해서 이루어진 물의 퇴적이 아닐까라는 생각에서다. 그래서 죽음의 연습을 제언한다.

식물은 1년에 한 번 죽는 연습을 한다. 가을에 잎을 떨어뜨린다. 겨울이 어떤 것인지 알기 때문이다. 그들은 가장 단출한 모습으로 선다. 스스로 이미 죽을 각오가 되어 있다. 그렇기 때문에 이미 많은 열매를 맺어 놓았고, 달콤한 과육 속에 자신의 모습인 씨앗을 담아 놓았다. 새도 가져가고, 바람도 가져가고, 다람쥐도 가져간다. 또한 인간도 가져간다. 심지어 발밑에 흐르는 시냇물에도 몇 개 띄워 보낸다. 가지고 키워 낸 것은 모두 이렇게 나누어주고 기다린다. 더 가지고 있다는 것이 어리석음을 잘 알고 있기 때문이다.

벌은 제가 쓸 수 있는 것보다 더 많이 가지고 있다. 그래서 곰과 너구리에게 빼앗긴다. 물론 사람도 가지고 간다. 자기의 몫 이상으로 가지고 있는 사람도 마찬가지다. 전쟁으로, 명분으로, 간교한 사기로 자신이 더 많이 가질 권리가 있다고 허튼 소리를 하지만 결국은 빼앗기게 마련이다. 그들도 결국 목숨을 잃게 된다. 자연의 이치가 그렇다.

식물은 가진 게 없으니 단출하다. 이 세상에 자신의 모습을 모두 남겨 놓았으니 여한도 없다. 그리고 무엇보다 겨울이 끝날 것이라는 믿음을 가지고 있다. 고통이 절망이 되지 않는 이유는 봄이 틀림없이 온다는 미래를 믿고 있기 때문이다. 부유불거夫唯不居 시이불거是而不去다. 불필요하게 쌓아 둔 것이 없으니 잃어버릴 것이 없다는 것이다. 노자는 도덕경에 공성이불거功成而不居라는 말을 남겼다. 공을 이루더라도 거기에 거居하지 말라는 뜻이다.

식물은 그 변태 과정에서 3번의 <확장>과 3번의 <수축> 과정을 거친다. 씨앗에서 잎으로 확장한다. 잎은 꽃받침으로 축소한다. 그리고 꽃잎으로 커진다. 그러다가 암술과 수술로 축소된다. 다시 열매로 확장하고 그 열매 속의 씨앗으로 축소하게 된다. 에른스트 레어스Ernst Lehrs는 「물질인가 인간인가」라는 책에서 이 원리를 절제와 자제의 원리principles of temperance and self－control라 불렀다.

잎이 꽃으로 변할 때 이 원리는 절정에 달한다. 잎에 비하면 꽃은 죽어가는 기관이다. 그러나 이 죽어 감은 존재를 위한 죽어 가는 것이다. 단지 형태의 변화만을 보이던 생명력이 이 단계에서는 영혼이라는 높은 수준의 징후를 보이기 시작한다. 이것은 곤충의 세계에도 적응된다. 애벌레의 왕성한 활동력이 나비라는 아름답지만 덧없이 짧은 삶으로 변화한다. 자연은 다음의 계획에 관한 신의 산 교육장이다.

우리 인생은 천지자연에 대한 하나의 손님이다. 건곤의 무대에 던져진 하나의 손님인 것이다. 손님은 손님답게, 품위 있게 왔다 가야한다. 손님이 주인인척 모든 것을 주관하면 엉망이 되어버린다. 허허롭게 즉, 마음이 텅 빈 듯이 가야한다. 살아 있는 것은 시간의 흐름 속에서 늙고 낡아 간다. 어차피 우주의 엔트로피는 시간의 추이에 따라 증가하게 되어 있는 것이기 때문이다. 이것을 알아야 빔의 마음을 갖게 된다.

죽음 없이는 삶도 없다. 그리고 죽음 또한 산 사람들의 문제이다. 죽은 사람에게 죽음은 아무 의미가 없다. 깨어서 살아 있다는 것은 낮 동안 빛 속에 있는 시간이다. 육체로부터 자유로운 어둠이 오기 전에 그늘의 의미를 알고 있는 빛이어야 한다. 그늘은 휴식이다. 그러므로 쉬는 것이다. 그래서 오늘이 중요하다. 품꾼같이 그날을 맞이하기 위해서...

과거는 회한의 후회를 상기시키며 미래는 끝없는 준비의 탐욕을 우리에게 가르친다. <붓다의 이야기>가 생각난다. 어느 날 밀림 속에서 수련하고 있던 한 늙은 은자隱者가 움막 근처에서 뱅갈 호랑이가 크게 우는 소리를 들었다. 그는 놀라 도망을 쳤고 곧 이어 호랑이는 그를 쫓아갔다. 그는 달리고 달려 마침내 낭떠러지에 다다랐다. 어쩔 수 없이 그는 벼랑 끝에서 뛰어내리며 절벽에 매달려 있는 담쟁이덩굴을 겨우 붙잡을 수 있었다. 위를 보니 호랑이가 울부짖으며 그를 노려보고 있다. 이때 희고 검은 두 마리의 쥐가 그 덩굴을 갉아먹기 시작하였다. 그 와중에도 그 늙은이는 고개를 돌려 딸기 두 송이가 절벽에서 자라고 있는 것을 발견한다. 손을 뻗쳐 그것을 움켜쥐고 먹고 나서 부르짖었다. “아~ 정말 맛있다!”...

우리의 삶의 상황 또한 이와 다르지 않다. 우리는 삶과 죽음사이에 매달려 있다. 시간이라는 검은 쥐와 흰 쥐는 지금도 시간이라는 덩굴을 갉아먹고 있다. 이것이 우리의 삶이다. 우리는 매순간의 선물에 감사로 대처할 수 있겠는가? 우리는 그 순간에 딸기를 먹고 “아~ 정말 맛있다!”라고 감사의 찬송가를 부를 수 있겠는가?

행복한 삶을 살았다는 것은 진리와 함께 한 삶이다. 진리란 무엇인가? 또 어떻게 진리라는 것을 알 수 있는가? 현재의 끝에서 미래가 시작되지 않았을 때 느끼는 충일充溢한 기쁨이 함께 하면 행복한 삶이란 또는 성공이란 욕망을 만족시키는데 있다고 믿게끔 길들여져 왔다. 그러나 그것이 아니라 충일한 감정의 퇴적이다.

그래서 우리는 틈틈이 나는 지금 무얼 하고 있는가? 지금 나는 어디에 있는가? 물어야 한다. 그 물음의 대답은 존재론적인 대답이 아니라 지금 진행되고 있는 것에 대한 인격적이고 열정적인 현존에 대한 대답이어야 한다. 공곡전성空谷傳聲이다. 계곡이 비어 있으면 메아리를 전할 수 있는 것과 같이 마음이 맑으면 삶의 깊은 의미를 볼 수 있게 된다는 것이다.

인간이 만든 기업 인간을 닮아 있다. 지난 1세기 동안 관리의 방안이 강화되고 연구되어 지면서 조직이 갖는 3가지 자체의 속성인 목적추구성, 팽창성, 그리고 경직성에 의해 기업을 딱딱하게 정형화된 기본 틀 속에 가두어 버렸다. 그래서 파킨슨C. N. Parkinson은 일은 그 자체를 위해 사용될 수 있는 범위 내에서 확대되는 경향이 있다고 말했다. 관리방안의 강화로 대부분의 기업에서 직접경비는 감소시켰지만, 간접경비를 늘리는 결과를 가져왔다. 오늘날 분편화된 조직은 애덤 스미스가 예견했던 것과는 정반대로 놀랄만한 비경제성을 보여 주고 있다. 비경제는 직접경비가 아니라 간접경비over cost에서 나타난다.

그래서 성공경영을 위해서는 버리는 방법을 발견하여야 한다. 과부족이 없는 고객과의 만남을 위해서는 불필요한 것을 버리는 것이다. 성공경영을 위한 최상의 변화는 버리는 것이다. 버리고 버려 초심자의 마음으로 돌아가 그리고 또 버릴 것이 무엇인가를 결정하면 되는 것이다. 유아가 소년이 되기 위해서는 어머니의 젖꼭지와 기어가는 방법을 버리고 오줌 누는 방법도 버려야 한다. 버리는 것이 곧 성장한다는 의미다. 강물이 바다를 연하여 흐르지만 바다를 채우지 못하는 것과 같이 다 버린 후 마지막으로 남는 것이 있게 마련이다.

우리는 삶이라는 여행 속에서 아스팔트로 이어진 대로를 걷기도 하며 때로는 산과 강물을 합리적으로 대처해나갈 것인가를 고뇌하게 된다. 즉, 삶 자체가 의사결정의 과정이며 위험배제를 위한 관리의 과정이기도 하다.

인간 삶의 과정과도 닮아 있는 기업, 그래서 기업경영을 관리의 과정going concern이라고도 하며 의사결정decision making의 과정이라고도 부른다. 의사결정의 과정에서 순간순간 만나는 것이 위험이다. 상황마다 다른 위험의 속성을 파악하고 대처 안을 마련하는 것이 상황적합이론contingency theory인 경영학이다. 즉, 리더십 과정에 작용하는 상황적 요소에 따라 그 성과가 다르게 나타난다는 피들러F.E. Fiedler의 이론도 있다.

6. 활성화 에너지

시작의 끝에서 시작이 있는데 우리는 이것을 활성화 에너지activation energy라고 부르며 유기적 조직체가 살아 있다고도 부른다. 에너지가 심리적 시간psychological time 즉, 개인의 생리조건이나 경험에 대한 질과 양에 의해 좌우되는 주관적 시간과 만날 때 거기에 갈등이 존재한다. 바라던 어떤 것이 달성되면 그와 동시에 다른 어떤 것이 되기를 원하기 때문이다. 우리는 이것을 더 나은 것을 추구하는 욕구들의 상충성conflict 즉, '있는 그대로'와 '되어져야 할 것' 사이의 모순인 갈등이라고 말할 수 있다. 여기서의 시간은 바로 지식이기 때문이다. 지식의 속성이 시작의 끝에서 새로운 시작을 추구하며 비어 있음을 인지하면 움직이기 시작한다. 시간은 늘 종착점을 출발점으로 되돌려 놓는 속성이 있다.

살아 있다는 것은 스스로 변화한다는 것이며, 죽은 것은 스스로를 변화 시키지 못한다. 단지 상황과 주변의 환경이 그것을 바뀌게 할뿐이다. 이것은 변화가 아니다. 그저 썩어 가는 것이다. 삶의 진정한 의미는 '되어가는' 과정 속에 있다. 이미 되어 버린 것이나 미래에 동떨어져 있는 것이 아니다.

변화를 만들어 가는 가장 강력하고 극단적인 방법은 혁명이다. 혁명을 규정하는 정의들 중에서 패러다임paradigm의 변화가 있다. 패러다임은 어떤 한 시대 사람들의 견해나 사고를 지배하고 있는 이론적 틀이나 개념의 집합체로 미국의 과학사학자이자 철학자인 토머스 쿤Thomas Kuhn이 그의 저서 「과학혁명의 구조The Structure of Scientific Revolution」에서 새롭게 제시하여 널리 통용된 개념이다. 이러한 패러다임이 바뀌기 위한 전제는 정상으로 보이는 일상적인 것들에 대한 파괴와 단절을 가정하는 것이다. 혁명 속에는 항상 과거를 단절시키는 과정에서 발생하는 피(혈액)의 냄새가 나는 이유는 여기에 있다. 핏속에는 언제나 죽음의 냄새가 난다. 그러나 피는 또한 새로운 탄생을 상징한다. 우리는 피를 흘리며 죽기도 하지만 갓난아이는 어머니의 핏속에서 탄생한다.

그러므로 삶은 피와 피 사이에 존재한다. 바로 탄생과 죽음 사이에 존재한다. 살면서 새로운 삶을 살고 싶어 하는 사람이 있다면 정신적으로 우리는 죽어야 한다. 물리적 죽음이 오기 전에 우리는 정신적 해탈을 필요로 한다. 죽지 않고는 살 수 없다는 것이 혁명의 요체다. 사고의 축을 바꾼다는 것을 성서에서는 거듭난다는 단어로 표현하고 있다.

배추벌레는 열심히 먹어 살이 오르면 어느 날 고치가 된다. 고치는 배추벌레의 죽음이다. 또 어느 날 고치는 한 마리의 아름다운 나비로 변한다. 나비는 고치의 부활이다. 하나의 생명이 물리적으로 죽기 전에 그것은 눈부신 변신을 해내고 만다. 배추벌레는 자기 안에 힘을 가지고 있다. 고치가 되어야 할 시점에서 망설이지 않는다. 내일로 미루는 법이 없다. 미루는 것은 바로 돌아올 수 없는 영원한 죽음을 의미하기 때문이다. 자신의 입에서 실을 뽑아 스스로를 묶는다. 자유를 스스로 묶고 싱싱하고 맛있는 배추 잎의 추억을 고통스럽지만 잊어버린다. 그리고 스스로 나비가 되어 하늘을 나는 꿈을 꾸며 좁고 좁은 공간 안에서 옷을 벗어버린다. 이처럼 자연은 신의 산 교육장이며 바로 그 현장이다.

이스라엘 헬몬산Mt. Hermon(2815m)의 눈과 이슬이 녹아 흘러내려 갈릴리 호수를 만들고 갈릴리 호수의 물이 요단강으로 흘러 사해를 만든다. 헬몬산의 눈과 이슬이 물이 되어 흐를 때까지는 살아 있었다. 이 물이 사해로 들어와 고일 때 죽었던 것이다. 살아 있다는 것은 받아 흘러 보내는 그 사이를 의미한다.

풍요affluence의 어휘에는 '거침없이 흐른다to flow to,'는 뜻이 들어있다. 사고思考도 마찬가지며 조직organization도 또한 이와 다르지 않다. 흐르지 않으면 죽은 것이다. 생각과 돈은 힘의 한 형태다. 우리 몸속의 피(혈액)와 마찬가지로 흐를 때 살아있다는 의미를 갖는다. 돈이 가장 효과적으로 흐를 때는, 그것과 맞바꾸는 삶의 에너지가 타인에 대한 서비스의 형태로 발휘되는 경우이다. 기쁘게 받아 감사의 노래와 함께 보내는 것이 비즈니스다. 체인chain 책무는 관계경영relationship management이다.

7. 변화하는 환경

정보화의 심화로 산업구조가 하이테크Hi－Tech(hi－technology : 고도한 과학기술) 및 서비스 주도형 산업으로 전환되는 과정에서 기업의 신진대사metabolism가 급격히 진행되어 다산다사多産多死 즉,

신생기업이 많이 탄생하고 이러한 신생기업들의 사업 실패율 또한 높은 경향이 두더러 지게 나타내는 구조적 개편과정에 있다.

그 변화의 특색을 보면 단순한 육체노동은 로봇이나 컴퓨터로 대체되게 되므로 기업의 하부조직은 점차 줄어들며 프로젝트팀project team과 같은 활동이 증가되어 중간관리자 중심의 중간조직 기능이 강화되어 기업내부 조직구조가 삼각형에서 다이아몬드형 또는 역삼각형 구조로 변혁을 초래한다.

이 과정에서 지식과 정보가 산업사회에서의 자본과 노동의 역할을 대신하게 될 것이기 때문에 사회적 인간을 파악함에 있어 종래 인간의 기초를 노동에서 구했으나 지금은 의사소통 즉, 정보처리능력information processing abilities에서 찾아야 한다.

정보기술의 발달로 시장경쟁의 규모가 세계화되어 유통구조의 변화를 가져와 일반상품에 있어서는 세계적 유통구조를 확보할 수 있는 세계적 초일류 기업과 새로운 기술특성을 가진 무수히 많은 기업들로 사회조직의 양극분해가 일어난다. 아울러 유통구조가 극도로 단축되어 지면서 사회구조가 급변해 가며 부의 양극화 현상이 심화되고 중산층의 몰락을 가져오며 부의 계층화가 뚜렷해 질 것이다. 그래서 감성에 치우친 재벌기업의 해체 주장은 재고될 필요가 있다. 한국에서 만들어진 연필 한 자루를 보라. 원재료 공급, 지우개의 공급자, 나무의 공급자, 연필심의 공급자, 생산자, 그리고 판매자와 최종 소비자를...

산업사회를 주도해온 보편사상이 민주주의democracy라면 지혜경영사회의 보편사상은 개인의 능력이 중시되는 능력경쟁주의meritocracy라 명할 수 있다. 정보의 공유가 신속 정확하게 이루어지는 과정에서 부의 축적과정이 투명하게 되며 그 폭이 급속도로 줄어들게 되어 경제인들의 심성을 각박하게 만드는 상황이 도래한다. 이러한 상황이 고착화되기 전에 경쟁력을 확보하여 위기를 기회로 만들기 위해서는 국제화에 대한 열린 마음으로 문화와 언어를 국제표준에 맞추어야 한다. 정보화 마인드로 시간과 공간의 영향이 최소화됨을 인지해야 한다. 크고 많은 것만이 최선이 아니라는 사고의 축을 재구축해야 된다.

정보통신산업 후기사회 하에서는 전통적 사고의 답습으로는 미래의 경쟁력을 낙관할 수 없다. 변화와 적응시간의 초단기화와 즉시성 및 새로운 기술로 특색 있게 설계된 제품이 새로운 관리기법에 의해 저렴하게 생산되어 신속하게 공급되어질 것이 요구된다.

지혜경영의 새로운 패러다임ways of doing 하에서 기업 생존의 힘을 기를 수 있는 길은 미래 환경을 잘 이해하고, 잘 설계된 조직으로 하여금 능률적으로 그리고 유효하게 경영을 실행하게 하는 것이라 할 수 있다.

8. 미래의 특징

지식과 정보가 산업사회에서의 자본과 노동의 역할을 대신한다.

새로운 의미의 육체에 밀착된 기술이 필요하게 된다. 생산은 인간 대對 기계의 관계에서 인간 대對 인간의 관계로 변화하게 된다. 미래의 기술은 중세장인의 기술 즉, 손재주와는 달리 인격적 인간내면의 기술, 인간의 감수성 즉, 외부 세계의 자극을 받아들이는 성질과 상상력이 포함된 기술로서 인간내부 이외에 자리 잡을 영역이 없게 되는 새로운 의미의 중세장인시대의 도래가 되어 인간의 유용성이 재평가 될 것이다.

이제까지 기업의 발전은 작업자의 전문기술에 의한 능률향상에 밑바탕을 두어 왔다. 지금까지 각 부서는 각자의 일만 만족하게 처리하면 그것으로 족했다. 즉, 영업사원은 물건을 파는데 완벽하고,

재무담당자는 기업의 이익이나 부채비율을 잘 계산하면 그만이었다. 분업화와 전문화 이전에는 사실 장인craftsman이 대장일도 하고 여러 가지 잡다한 모든 일을 처음부터 끝까지 혼자서 처리해 왔다. 산업혁명 이후 규모의 경제economies of scale나 분업화division of labor(또는 전문화specialization)가 등장함으로써 장인들의 장점인 예술미는 역사의 뒤안길로 사라져 버렸다. 그러나 분업에 기초한 전문가들만으로는 효과적인 부서간의 대화나 동료 간의 협력을 도출해낼 수 없다. 즉, 다방면에 걸쳐 많은 지식을 가지고 다양한 일을 처리할 수 있는 Generalist가 필요로 하다.

현재 우리는 경제발전 과정에서 여러 요인에 의해 제조업의 생산과 고용 비중이 줄어들고, 대신 서비스산업 비중이 늘어나는 즉, 탈공업화de-industrialization와 지혜경영의 사회에 살고 있다. 이러한 시대에서 기업이 격렬한 경쟁에서 살아남고 지속적으로 성장하려면 기업의 조직구성원 모두가 생각하고 실천하는 새로운 형태의 조직으로 바뀌어야 한다. 과거의 기업조직은 계층적인 조직형태를 바탕으로 하고 있기 때문에 각 부문 또는 부서가 서로 독립된 형태를 취한다. 이는 기업 조직이 부문 또는 부서라는 장벽으로 격리되어 있음을 의미한다.

지혜경영의 사회에서는 조직은 수평적으로 운영된다. 이는 정보처리기술의 활용이 불가피해진다. 이 조직은 빠르게 변화하는 소비자의 욕구에 바로 대응할 수 있는 유연하고 순발력 있는 조직이 되어야 한다. 기업내부의 사람들뿐만 아니라 상품유통에 참여하는 외부 협력업체들, 나아가서 시장을 구성하는 고객까지도 서로 밀접한 의사소통이 가능한 통합조직integrated organization(SCM+ERP+CRM)이 되어야 한다.

미래는 경소단박輕小短薄화다. 소규모화의 아름다움이 강조되는 사회가 될 것이다. 전통적 산업사회 조직구조인 삼각형 조직구조에서 생산공정이 자동화되므로 일선 작업원이 점차 감소하여 무인화 되고 기계관리, 체크시스템 등 새로운 의미의 기술이 필요 되는 중간관리 층의 증대를 가져와 다이아몬드형(또는 역삼각형) 조직형태로 바뀌어 갈 것이다. 따라서 자동화에 수반하여 미숙련 작업자는 감소하는 반면 수요의 다변화로 인한 작업의 빈번한 변환에 적응할 수 있는 다기능 숙련multi-skilling 작업자가 필요하게 되어 노동의 양극화 현상이 두드러지게 될 것이다. 고용은 감소하거나 노동력 부족의 모순이 발생하는 이유다.

신종산업은 누가 주도해야 하는가? 지금과 같은 주주 우선주의 경영방식은 바람직하지 않다. 정보혁명은 지식혁명knowledge revolution이기 때문에 지식전문가가 주도해야 한다. 드러커는 영국이 산업혁명 이후에 장인craftsman을 신사gentleman로 격상시키지 않았기 때문에 독일이나 미국보다 기술개발이 늦어졌다고 주장하였다.

아래의 영문 글에서 이야기하고 있는 정보화의 내용을 보면 정보혁명은 거창하고 우리의 일상과 멀리 떨어져 있는 것이 아니다.

Automatic business accounting & calculation system(B. C 3000)
(Advantages : portability, battery-less), (Draw back : no print out capability)
: **주판**
The first information express delivery system : **마라톤**(B. C 444)
The first digital word process : **연필**(A. D 1805)
The first self-correction software : **지우개**(A. D 1805)

지식과 정보는 곧 권력의 심장부라 할 수 있다. 아톰atom은 과거의 것이고 비트bit는 미래의 것이다. 지금까지는 아톰 즉, 원자의 세계가 우리를 지배해 왔다. 우리는 중력의 무게를 느끼며 물리학적 역학세계를 거니는 것으로 만족했다. 그러나 어느 날 '비트'의 세계가 출현하면서 우리의 일상과 세계를 변하게 했다. '비트'는 색깔도 무게도 없으며 물리적 공간도 필요로 하지 않는다. 그러나 빛의 속도speed of light로 여행한다. 이러한 비트는 정보의 DNA를 구성하는 최소단위가 된다. 아톰의 원리가 실제로 만지고 경험하는 '아날로그'의 세계를 창출했다면, 비트의 원리는 실제 이상의 '하이퍼리얼hyperreal한 즉, 일상적인 지각의 한계를 넘어서는 방식으로 지극히 사실적이고 즉물적으로 묘사된 현실로 다가오는 디지털 세계를 창조한다. 비트로 이루어진 컴퓨터의 세계(가상의 세계)와 아톰으로 이루어진 인간의 만남은 결코 좌절과 비인간화로 얼룩진 비극의 서막이 아닐 것이다. 미래는 '에코-커뮤니케이션 환경eco-communication environment'시대가 될 것이다.

하늘의 별을 관찰하면서 걷다가 우물에 빠진 후 발 밑을 걱정하라는 하녀로부터의 핀잔을 받은 철학자로 유명한 탈레스가 '만물의 근원은 물'이라고 주장한 일은 지극히 사소해 보인다. 하지만 탈레스의 '물'은 헤라클레이토스의 '불', 아낙시메네스의 '공기', 엠페도클레스의'지수화풍', 그리고 테모크리토스의 '원자'로 깊어지면서 마침내 형이상학의 도화선이 된 후 아톰의 시대age of atoms를 지나 이제 비트의 시대age of bits로 가고 있다. 시작은 미약했으나 끝은 이토록 창대함에 경이로움을 느낀다.

그러나 원자에서 비트로의 발전과정만을 생각하면 비트의 진가는 원자의 이동을 보다 자유롭게 하는데서 발휘된다는 사실을 못 보게 될 수도 있다. 지식경제의 흐름은 단지 원자에서 비트로의 변화만 눈여겨봐서는 보이지 않는다. 원자에서 비트로, 다시 비트에서 원자로 회귀하는 과정을 총체적으로 볼 수 있는 시야가 필요하다. 정보기술의 가장 강력한 기능 중 하나는 함께 일하는 사람들을 직접 연결direct connection해서 함께 얼굴을 맞대고 토론할 시간과 장소를 약속할 수 있도록 하는 것인 것 같다.

지혜경영의 복잡적응계에서의 네트워크는 독립적, 선형적이지 않고 상호작용, 비선형적 중합체 작용을 일으킨다. 즉, 서양식 요소 환원주의와 분석주의의 한계인식과 동양식 전체론으로의 회귀다. 이 때의 조직구성의 요점은 조화로운 협동관계의 구축에 있으며 '전체는 부분의 총합보다 크다The whole is more than the sum of its parts.'는 개념이다.

이때 조직이 창조적 모델이 되기 위해서는 행동원칙 즉, 도덕성으로서의 이념이 방향타가 된다. 심리학의 세계에서 불이행 계층 default hierarchy이라고 불러지고 있는 것과 같은 원리로 성립된다. 요컨대 조직을 생명체로 본다면 생명의 본질은 이념과 가치관에 있다는 것이다. 이러한 이념과 가치관에 의해 창발emergent(하느님의 손에 의하지 않는 생명의 발생과 창조적 자기진화) 즉, 이노베이션이 가능해 진다는 것이며 조직을 생명론적으로 볼 때 참다운 창조모델에 도달한다는 것이다. 이것이 기업문화론의 중요한 의미이기도 하다.

문화론의 구성 DNA는 인간에서부터 출발한다. 그래서 기업을 인간의 관계성으로부터 출발되는 창발로 본다. 창발에는 생식이나 탄생이라는 개념의 유추로 이해되는 생명의 불어넣음과 같은 생산이 건강한 암묵지들이 형식지의 탄생에 정수essence가 된다. 이때의 조직은 DNA의 합이 생명체의 속성을 만들어 가는 것과 같이 상호교차론적 intersecting 또는 환경저합이론environmental suitability theory으로 보는 시각이다.

그래서 산업생산성은 설비의 수준과 임금에 의한 인센티브 시책에서 보다 조직운영의 방법에 의해 달라진다는데 관심을 둔다. 예를 들면, 생산성은 '신뢰'와 '빈틈없는 배려' 그리고 친밀함' 등에 의해서도 좌우될 수 있다는 것이다.

지혜경영시대의 성공요체는 생각의 유동성 개념을 포괄하는 기동성maneuverability이다. 즉, 속도다. 자본 유동성의 영역에서도 마찬가지다. 과거 2천년 동안 세계사에 가장 큰 영향을 끼친 민족은 로마민족과 몽골민족이라고 할 수 있다. 로마민족은 헬레니즘Hellenism(그리스·로마의 사상)과 헤브라이즘Hebraism(그리스도교 사상) 등 이 두 흐름은 서로 화합하기도 하고 대립하기도 하면서 서구문명에 문화를 꽃피워 왔다. 몽골민족은 동양문명과 서양문명을 연결시켰다. 이 두 민족 모두 말馬을 최대로 활용한 민족이었다. 2천년 전 로마는 말을 이용한 교통통신을 원할히 하기 위한 도로건설을 통해 세계를 지배하였다.

8백년 전 몽골의 기마 민족 징기스칸의 군대는 중원을 지배하고 중앙아시아를 거쳐 러시아와 동유럽까지 물밀 듯이 점령한 후 세계를 정복했다. 정복의 최대 무기가 말이었다. 고대사회에 있어서도 오늘날과 같은 스피드의 자극은 여전한 것이다. 중국말로 '빨리 오라'는 말은 '마상래馬上來'라고 한다. 그 후 선박으로 세계를 연결하고 지배하는 국가와 비행기로 세계를 선도하는 국가가 차례로 나타났다.

미래는 인터넷을 통한 기동성mobility의 전쟁이 전개될 것이다. 인터넷상에서 요구하는 정보가 5초안에 떠오르지 않으면 네티즌은 더 이상 기다리지 않고 다른 곳으로 떠나가 버릴 것이다. 인터넷 국내 쇼핑몰에서 미국의 플로리다 쇼핑몰로 이동하는데 1초밖에 걸리지 않는다. 인터넷 세상에는 국경이 없으며 거리 개념도 없다. 단지 속도의 개념concept of speed만 존재한다. 고대사회의 말의 개념을 대체하고 있다.

일년 치 전 세계 생산량production amount의 몇 배에 해당하는 금융거래 자금이 하루 만에 움직이는 상황이 도래했다. 실로 빛과 같은 속도로 이윤사냥profit hunting을 위해 세계를 누비고 있다. 변화의 흐름을 볼 줄 알아야 생존한다. 현대인들의 삶의 많은 부분이 너무 빠르고 힘들며 냉정하다고 생각한다는 것을 알아야 '도피하여 쉬기에 좋은 안식처'를 제공할 비즈니스의 아이디어를 창출해 낼 수 있게 된다.

고객이 정말로 원하는 것을 알고 진정 그들이 누구인가를 알고 싶다면 그들이 인터넷을 사용하는 동안 그 어깨를 들여다보라. 그들은 검색하는 정보를 얻기 위해 화살표를 차분히 내리는 사람은 거의 없다. 위아래로 스크롤 하지 않는다. 그저 상자 안에 금방 나타나는 것만을 읽고 사이트를 옮겨간다. 그래서 고객과 대화는 단 한 번에 해야 한다. 극찬과 때우기 등의 수식어는 건너뛰고 그냥 고객에게 꼭 필요한 말만 해야 한다. 고객의 요구에 답하기 위해 빨라질 줄 알아야 한다. 진실만을 간단히 이야기해야 한다.

손자병법의 병지정주속兵之精主速, 승이지불급乘人之不及, 유불려지도由不慮之道, 공기소불계야攻其所不戒也다. 군사작전은 신속함이 가장 중요한 것이며, 적의 준비가 미치지 못하는 곳을 취하고, 생각하지도 못한 길을 이용하여 적의 경계가 없는 곳을 공격한다는 것이다. 오늘날의 타임베이스 경쟁전략time base competitive strategy이다.

타임베이스 경쟁전략은 원가와 품질에 더하여 신속한 시간 대응력을 경쟁력 요소로 추가하는 것이다. 시간 대응력responsibility은 신속한 공급이라는 창과 회전율return rate 증대라는 방패를 확보하는 것과 같은 것이다.

주위상계走爲上計라는 고사성어가 있다. 36계략 중에 역부속하면 도망치는 것이 최상의 계략이라는 뜻인데 이때의 <주走>자는 도망할 주走자의 의미를 갖기도 하나 <달릴 주走>자의 의미도 있다. 열심히 움직이는 사고思考의 유연성을 생각해볼 필요성이 있는 말이다.

16세기 프랑스의 점성학자이며 물리학자인 노스트라다무스Michel de Nostredame는 마지막 세기를 이렇게 묘사했다. “Around the world thoughts shall fly in the twinkling of an eye, as if it were, a sea of glass mixed with fire at the last of second millennium.” 그는 불fire의 심판에 의한 세기의 종말이 아니라, 정보가 빛의 속도speed of light로 움직임을 묘사했을 가능성도 있다는 것이다.

경영에 부과되는 과제의 증대에 반해서 자원조달의 제약이 증대되었으며 정형적 의사결정 영역보다 비정형적 의사결정의 중요성이 증대되어 제한된 합리성bounded rationality 즉, 정보를 처리하는 능력이 제한된 상태에서 가급적 합리적인 과정 속에서 최적의 해를 도출시키며 조직 전체적 안목에서 활동계획을 수립하기 위해서 사용자-기계시스템을 도입하는 것이다. 사용자-기계시스템user-machine system이란 어떤 업무는 인간에 의해 가장 잘 수행될 수 있고 어떤 임무는 기계가 수행하는 것이 더 효과적이라는 것이다.

완벽한 시스템mature system, 모든 기능과 작동이 설계된 대로 완벽한 상태에 도달하는 시스템이라는 것은 세상 어디에도 존재하지 않는 허상에 지나지 않는다. 중요한 것은 제도와 체제 속에 숨어 이를 움직이는 인간의 정신human spirit이다. 어떤 시스템이든 정신이 죽으면 껍데기만 남게 된다. 그리고 그 시스템은 장점으로 기대된 역할을 수행하지 못하고, 단점만 부각되고 확대되어 무력한 시스템으로 남게 된다.

훌륭한 시스템이란 창조적 혁신과 생산적인 혁신을 도모하는 조직이다. 창조적 혁신creative innovation은 “something new”로 설명할 수 있겠다. 즉, 무엇인가 새로운 것을 만들어 내어 새로운 기업의 가치를 창출하는 일련의 혁신적 활동이다. 반면, 생산적 혁신productive innovation은 “something better”의 개념이다. 무엇이든 기존의 것보다 더 낫게 만들어 내는 것을 통해 가치를 창출하는 개념이다.

창조적 혁신은 새로운 트렌드trend 즉, 사상과 행동 그리고 어떤 현상에서 나타나는 일정한 방향을 만들어 내는 것이다. 기술적으로, 사회적으로, 그리고 소비문화적으로 등 해당 상품이나 서비스를 통해 새로운 조류를 만들어 내는 개념이다. 따라서 창조적 혁신은 '필요needs—욕구wants—열망desires'의 위계에서 본다면 '욕구나 열망'과 관계하는 경우가 일반적이다. 사람이나 조직의 표면화된 욕구나 열망(faced desires)을 충족시키거나, 내재되어 있던 욕구나 열망(hidden desires)을 이끌어 내는 결과를 만들어 낸다.

그러나 생산적 혁신은 기존에 형성되어 있던 시장이나 소비의 영역에 '더 싸게', '더 편리하게', '더 빠르게', '더 아름답게', 그리고 '더 미려하게' 등의 과정을 통해 고객이나 시장의 '필요나 요구needs 또는 욕구wants'를 충족시키는 개념이다. 또한 생산적 혁신은 창조적 혁신에 비해 경쟁관계에 기반한 상대적 관계구조를 지니고 있다. 따라서 가성비cost-effectiveness(가격대비 성능)와 세분화의 수준에 따라 결론지어 진다.

결과적으로 창조적 혁신과 생산적 혁신의 성공여부는 결국 '매출'이라는 측정값으로 시장을 통해 결정된다. 기업 스스로가 아무리 '우리의 상품과 서비스는 혁신적 입니다!'라고 이야기 한다고 해서 되는 것이 아니다. 시장과 소비자 및 구매자들이 스스로 소비 또는 구매의 가치value of purchase를 인식하지 못한다면, 이는 성공한 혁신이 아닌 것이다.

플라톤 이래로 지식은 자신을 성찰하고 도덕적으로 혹은 정신적으로 성장하게 하는 기능을 가진 것으로 이해되어 왔다. 그것은 무엇을 할 수 있는 실용적 능력이 아닌 know-what의 개념이었다. 지금까지 우리가 알고 있는 그러한 know-what의 개념으로 인식해

왔다. 그래서 알려진 사실의 전달에 치중한 한국의 교육에 문제가 있다는 것이다.

그러나 know-what 외에도 중요한 지식의 요소가 많다는 것을 알아야 한다. 그 중의 하나가 바로 know-why이다. 이것은 자연현상에 대한 과학적 지식이라는 특징을 가지고 있다. 왜 그렇게 될 수밖에 없는지에 대한 이유를 규명하는 것이 지식활동의 주요 목적이다. 또 하나는 know-how이다. 이것은 어떻게 그것 혹은 그 일을 하는지 그 방법을 알고 있다는 의미이다. 바로 기술적 능력 technological capability을 의미한다.

또 다른 영역은 know-where로서 지식의 원천이 어디 있는지 알고 있음을 말한다. 또 다른 영역은 know-who이다. 이것은 주로 무엇을 알고 있고, 할 수 있는 사람들과의 네트워크를 형성하고 있다는 것을 의미한다. 우리가 보통 지식이라고 할 때, 이러한 모든 영역에서의 앎과 숙련을 의미하는 것이다. 지식과 또 다른 영역의 지식이 만나 상승효과synergy effect를 낼 때 이것을 우리는 지혜 wisdom라 부른다.

지혜경영의 시대다. 비선형적 사고nonlinear thinking와 이종교합의 상상력이 신제품으로 산출되는 시대다. 지혜경영시대의 특질(real trend : what to say에서 how to say)을 정리하면 다음과 같다.

① **접속중심의 이종교환 기술 확대**

② **기술개념의 확대** : **핵심기술**critical technology(function)**에서 핵심역량**core competence **즉, 기업의 구성원들이 보유하고 있는 기술, 정보, 그리고 지식 등이 종합된 총체적 능력으로 변화**

③ **상상이 중심**mental resource : **기업 구성요소의 순위변화**(**인간, 핵심기술, 자본**)

④ **관계경영 강조**(分給者imparter : 조화로운 참여자, 창조적인 기여자)

⑤ **내용이 중심**(container에서 content중심으로 변화)

⑥ **사업의 개념변화**(커피를 파는 곳에서 안락한 분위기와 환상적인 분위기를 파는 곳)

⑦ **새로운 줄의 발견**(동물우유에서 검은콩 우유로 생각의 확대)

⑧ **구전마케팅의 중요성**(twinsumer(= 트윈스twins + 소비자consumer) : consumer to consumer)이 강조된다.

미래는 창의적이고 상상력이 뛰어난 문제아들의 세기라고 부를 수 있다. 산업사회가 지혜사회wisdom society 즉, 전문가의 지식보다는 대중의 지혜가 주도해 가는 사회로 변환하고 있다. 비연속적 혁신과 융합적 혁신이 태풍처럼 일어나 빛의 속도speed of light로 지나가는 시대다. 그래서 미래를 창의적이고 상상력이 뛰어난 문제아들의 세기라고 부른다. 우리보다 앞서 있는 서양의 산업사회라는 모델이 있을 때는 이미 완성된 성공 방식에 따라 정해진 일만 열심히 하면 됐다. 그러나 이제 우리 사회는 그런 성실한 사람을 더 이상 요구하지 않는다. 남과 다른 생각을 할 수 있는 창의적인 두뇌를 가져야 성공한다. 자기만의 창의적인 사고를 가지고 사는 사람은 자신이 원하는 삶을 살아갈 수 있다는 이야기다.

그러므로 개미와 베짱이의 이야기는 다시 쓰여 져야 한다. 노동력 밖에 가지지 못한 개미가 일생을 땀에 찌들어 살지 않고 분업화와 기계화(사동화)로 노동생산성은 향상시키면서 삶의 질을 높여가는 사회, 좋은 재능을 발견하여 한 길로 간 베짱이와 함께 더 풍요롭고 즐거운 삶을 살 수 있는 사회가 바로 지혜사회wisdom society이다. 지혜사회에서는 겨울에 거지가 된 베짱이가 구걸하기 위해 개미의 토굴을 더 이상 찾아가지 않는다. 여름 내내 몸을 혹사한 개미가 산업 재해(직업병)로 모아둔 돈을 치료비로 써버리고 빈털터리가 되지 않는 사회가 되었다. 또한 여행하며 영감을 얻고 풍부한 상상력으로 쓴 글에 곡을 붙이고 노래를 불렀던 베짱이는 재미있는 여행이야기로 책을 써서 베스트셀러 작가가 된다.

베짱이가 좋은 재능을 발휘하듯이 천재는 위대한 소설을 쓰고 만류인력을 발견한다. 그러나 기업의 성공은 독창적 창조행위만으로 이루어지는 것이 아니라 수많은 서로 다른 사람들의 노력을 조직화하고 경쟁할 수 있도록 하는 시스템을 만드느냐에 따라 좌우되기도 한다.

한때 미국 기업들의 파산이 줄을 이으면서 '인재냐, 조직이냐'하는 기업경영의 오랜 쟁점이 다시 논란거리로 떠오르고 있다. 베짱이와 개미가 만나 조직을 만들어 가는 것이 '업'을 일으킨다는 의미의 기업起業(사업을 새로 일으킴)이다. 지혜사회가 단순히 전문 기술력을 가진 사람들이 부를 분배해 가는 살벌한 사회의 수준을 극복하려면, 바로 어렸을 때부터 자신의 가치를 발견하고 그 속에서 삶의 아름다움과 창조의 즐거움을 터득한 젊은이들로 가득 찬 사회일 때 비로소 가능하다. 학교에서는 너무 많은 과목을 너무 깊게 가르친다. 어디다 쓰려고 그러는가? 이제 그것을 물어야 할 때다. 비연속적 혁신과 융합적 혁신이 태풍처럼 일어나 번개처럼 지나가는 시대에서 확실성을 어떻게 하느냐 하는 것보다 불확실성을 어떻게 다루어 나갈 것인가를 가르쳐야 할 때다. 대학의 프리미엄은 전문적 프리미엄이 가지는 가치를 따라갈 수 없게 될 것이다. 새로운 경제위기의 시기가 온 결정적 이유 중의 하나가 이미 와 있는 지혜사회의 새로운 원칙에 적절하게 준비해 오지 못한 결과가 아닌가 한다.

그리스어에 로고스logos라는 단어가 있다. 기본적으로는 '말'이라는 의미를 갖는데 법칙 기술記述이라는 뜻도 포함하고 있다. 성서 요한복음에 "태초에 말씀이 계시니라."에서 보는 바와 같이 신학적인 의미로 하나님의 말씀이라는 뜻도 갖는다. 절대자의 말씀이란 법칙 즉, 이법理法으로 이해한다. 표현을 바꾸면 '우주는 말에 의해 생겨난 것이다. 우주는 말하고 있다. 여기서 우주가 말하고 있다는 것은 무엇인가?' 패턴이다.

경영은 우주의 마음에 순응하는 것이다. 그 시대를 살아 숨쉬고 있는 생명들이 공감하고 있는 '패턴pattern'을 읽는 것이다. 패턴을 읽는 것이 고객의 마음을 읽는 것이다. 패턴을 읽는 것이 신의 마음을 읽는 것이다.

한 번은 순간이고, 두 번은 우연이다. 그러나 세 번째부터는 패턴이다. 계속해서 막히고 안 될 때는 관점을 바꾸어야 한다. 만물은 유전流轉한다. 무상無常이다. 통찰력insight을 갖추고 있다면 불규칙하게 보이는 변화 속에서도 패턴을 찾을 수 있다. 패턴을 안다는 것은 변화에 주의 한다는 것이다. TRM(technology road map)을 읽은 것이다.

변화의 패턴을 자세히 들여다보면 약한 연결고리weak link를 발견 할 수 있다. 약한 연결고리의 발견과 이에 대한 대안 마련을 한다는 것은 기업 경쟁력을 갖는다는 의미와 같다. 절대 강점만을 가진 강자만이 생존하지 않는 것이 세상사다. 대기업은 대기업만이 갖는 장점과 약점이 있고 중소기업은 중소기업이 갖는 강점과 약점이 존재한다. 불황기는 불황기 나름대로의 틈새가 있다. 이의 적응전략이 기업전략이다.

외부적 패턴은 찾아야 하고 내부적 패턴은 만들어 가야한다. 외부적 패턴은 기회의 포착이고 내부적 패턴은 관행을 만들어 가는 것이다. 좋은 관행의 패턴은 비전과 혁신에 대한 수용성을 높이고 새로운 것을 갈망하는 존재가 되도록 만드는 것이다.

지혜경영시대age of wisdom management의 창조적 인간의 특징을 정리해 본다. 주위의 몰이해나 거부에의 도전, 위험성에 대해 자신을 기꺼이 내던질 수 있는 의지, 강력한 확신감과 자기주장, 자신에 대해 긍정적이고 덜 비평적인 면, 열중하며 쉴 줄 모르는 부지런함, 사회문화적 외적 압력에 대한 자유로움을 가진 사람이리라.

9. 전체론적인 경영

경영에 있어 경제지표 등 분편이론分片理論(theory of fractions)들은 목표설정을 위한 참고자료이지 경영활동의 지표가 되어서는 아니 된다. 경영학은 경영에 관한 인식론theory of knowledge이다. 경영지식이 주는 유용성의 폭에 대한 인식이 어려운 영역이 존재하며 대학교에서 대학의 여러 기능들을 둘러 본 후 대학교는 어디에 있느냐고 묻는 범주오류를 범할 영역이 존재하는 학문이기도 하다. 그래서 경영의사결정은 행동시스템에 기반을 둔 학제적 접근interdisciplinary approach을 해야 한다. 감성적이 아닌 이성적 접근을 통한 경영관리를 추구해야 하지만 감성훈련도 충분히 되어 있어야 한다.

삶도 마찬가지다. 시간성으로 보면 뜬구름 한 점 모였다 흩어짐과 같다. 허무라는 범주오류를 범한다. 그러나 역사성으로 보면 새로운 역사의 한 페이지를 만들어 가는 발걸음이며 보람이다. 그래서 경영학에서 능력배양 훈련은 향기가 옷에 배어드는 듯한 훈습燻濕의 역사와 같은 의미를 지닌다. 향기로운 사람 즉, 유용한 경영인이 성공한다는 것이다.

높이뛰기를 할 때 맨손으로 뛰어오르면 몇 메타를 뛰어 오르지 못한다. 그러나 긴 장대 하나를 손에 쥐어 주면 몇 배의 높이를 뛸 수 있게 된다. 이것이 경영이다. 본서를 통하여 기업의 유지·성장과 경쟁의 역동적 원리를 이해하여 경쟁력을 갖기 위해서는 찰랑거리는 파도의 표면이 아니라 흔들리지 않으면서 정체되어 썩지 아니하여 생명력을 영존시켜 가는 깊은 바다의 안목 즉, 원리에 깊은 뿌리를 두고 변화를 추구하는 기업 관리의 기본원리를 이해하게 되기를 바라는데 있다. 비 오는 날에도 가려진 뒤편에 태양은 있다. 그것은 늘 거기에 존재한다. 기본을 관리할 줄 아는 것이 중요하다.

기업을 선박이라고 하면 경영활동을 조타의 기능이라 할 수 있다. 조타操舵의 기능이라는 것은 현명한 관리가 독단적으로 판단하지 않고 민주적으로 다수의 의견majority opinion에 전적으로 의지하지 않으면서 때로 홀로 행하는 것이다. 민주적 관리는 만병통치약이 아니다. 그것이 유일한 리더십 또한 아니다. 때로 투표할 시간조차 없는 상황도 많다. 그래서 경영에 있어서는 선善에 바탕을 둔 덕망 있는 독재자가 필요하다. 경영이 어려울 때 '지금 이 정상의 자리에는 저 혼자입니다'를 외칠 수 있는 경영자가 되어야 한다.

경영을 관계성으로 보면 수익을 건강한 관계의 보상이며 결과물로의 인식이 필요하다. 이성의 절대적 기준보다는 정의 상대적 기준, 그리고 사물과 인간의 독립된 개체로서의 존재보다는 그 연계성의 강조에서 경영이해의 기저基底로 삼아야 한다.

관계경영의 중심에 <돈>과 <사람>과 그리고 <갈등>이 있다. 돈은 모든 사람이 갖기를 희구하기 때문에 관계경영을 성공적으로 이끌어 간다는 것이 쉽지 않다. 그래서 기본에 충실한 관계경영의 연구가 필요하다. 사람 또한 지극히 어려운 관리요소다. 복잡계의 중심이 인간이기 때문에, 경영의 중심이 되는 인간에 대한 깊은 이해가 필요하다. 그래서 <정情>패러다임에 입각한 동양의 인간이해의 '관계경영' 연구가 필요 된다.

지혜경영시대에 경영 마인드는 서양식 요소 환원주의reductionism(다양한 현상을 기본적인 하나의 원리나 요인으로 설명하려는 인식론)·분석주의analyticalism(사물의 현상을 정확히 분석하는데 중심을 두는 사고

방식)의 한계를 나타내고 있다. 그래서 동양식 전체론으로서의 회귀가 필요함을 인식하고 동양의 사자성어에서 나타나는 경영에 관한 교훈의 연구가 필요하다. 유구한 동양 역사 속에서 발견 할 수 있는 동양적 가치관과 태도, 정서에 부합하는 리더십을 발휘할 수 있는 경영자가 되는데 도움이 되기 때문이다.

미래사회가 개방적 관계중심사회로 진전되어 갈 때 <이理>패러다임에 입각한 서구의 경영사상과 <정情>패러다임에 입각한 동양의 인간이해 '관계경영'이 통합될 때 경영효율을 보다 더 높일 수 있다. 미래경제의 글로벌화는 불가피하게 시스템간의 경쟁을 초래할 것이므로, 각국의 문화적 특성을 근간으로 하는 차별화된 시스템의 발견이 경쟁력의 요체가 될 것이다.

경영은 독특한 우리의 강점(情)을 계승하면서 보편성(理)을 인정받는 경영원리나 경영방식과 실질적인 경영관리 방식의 개발이 필요하다. <정情>패러다임을 <이理>에 부응할 수 있도록 승화시켜 나간다면 한국적 경영의 세계적 전개 즉, 글로벌화가 가능할 것이다. 글로벌화는 선의의 차별화를 인정하는 열린 공간 속에서의 경쟁력이며 그 시스템이 배태된 문화적 특성을 가진다. 이 문화적 특징이 차별화의 중심축을 이룬다. "글로벌화는 곧 시스템간의 경쟁을 의미한다(open borders imply systems competition)." 예컨대 경영학의 핵심이 효율성의 확보를 서구적 경험에서 빌려올 수도 있고 동양적 지혜에 의탁할 수도 있다.

순자荀子는 이의以義, 고이의분즉화故以義分則和, 화즉일和則一, 일즉다력一則多力, 다력즉강多力則强, 강즉승물强則勝物이라 했다. 의(리더십)로서 나눔(나눌 분分)이 행해지면 화和가 이루어지고, 화에 의해 하나가 될 수 있으며, 하나가 되면 힘이 많아지고 강해진다. 강해지면 환경(物)을 극복(勝)할 수 있다는 것이다.

율곡은 이통이기국理通而氣局이요 기발이리승지氣發而理乘之라 하였다. <기氣>가 <이理>를 따라 발하고 <이理>가 이에 탄다고 하였다. <이理> 이기관理氣觀에서 <이理>는 곧 <성性>이며, 인간생존의 구체적 모습으로서의 <기氣>는 곧 <정情>이 된다. 이기理氣가 결합되어 존재와 변화를 결정하듯이 <성性>과 <정情> 역시 결합되어 인간의 존재와 삶을 규정한다는 것이다. 불교의 일절유심조一切有心造와 맥락을 같이 함을 이해할 수 있다. 동양적 사고가 근본적 차원에서는 이성의 절대적 기준보다는 정의 상대적 기준, 그리고 사물과 인간의 독립된 개체로서의 존재보다는 그 연계성을 강조하고 있다.

정은 본질적으로 정의적正義的 끈 즉, 연계적 상황인식에 바탕을 두고 있기 때문에 편법주의adhocracy, 정실주의patronage systems 등 부정적인 측면이 없을 수 없으나 목표의 공유와 역동성, 상황변화에 따른 유연성 등에서 긍정적인 역할을 할 수 있다. 특히 관계중심의 지혜경영사회에서는 정의적 끈이 성공적인 경쟁요인으로서 긍정적인 역할을 할 수 있을 것이기 때문에 <정情>문화의 동양 사고에 대한 연구의 필요성을 역설하는 것이다.

특히 동일 문화권에 속해 있으며 미래 제일의 경제 파트너가 될 것으로 예상되는 중국이 시장자본주의가 아니라 유교적 자본주의라 부르는 관계에 기초한 네트워크 자본주의network capitalism을 지향하고 있다는 견해에 주목할 필요가 있다. 그래서 이 시대를 살아가고 있는 사람들의 공통인식과 유교적 문화원형文化原型이 체화되어 있는 사자성어에서 경영의 아포리즘aphorism(체험적 진리를 간결하고 함축된 형식으로 나타내는 짧은 글) 발견이 필요 된다.

경영의 요체는 관계다. 관계의 요체는 인간이다. 인간관계의 기저는 적자식자積者食者다. 관자는 권수權修, 입정立政편에서 적자식

자라는 글을 사용했다. 덕이 그 직위에 맞는지, 공적이 그 녹봉에 맞는지, 능력이 그 관직에 맞는 지 살핀 후 인사관리 해야 한다고 했다. 인사관리의 궁극적 목표는 조직구성원이 자신의 위치에서 자신의 역할을 감당할 수 있도록 만드는 것이다. 자신의 위치에서 자신의 역할을 한다는 유소작위有所作爲다.

유소작위는 명확한 임무의 부여to do suggestion로 명세화된 직무를 합리적(envision, enable, energize, empower)으로 부여하여 분급자分給者가 되도록 하는 것이다. 분급자imparter는 조화로운 참여자harmonious coordinator인 동시에 창조적인 기여자creative contributor를 의미한다.

홀리스틱 패러다임holistic paradigm을 맞는 조직에 필요 되는 분급자分給者(imparter)를 만드는 절차다.

10. 합리적인 사유

지피지기知彼知己면 백전불패百戰不敗다. 자기조직 역량을 알고 환경을 이해한 후 경영에 대한 생각의 방향을 정해야 한다. 건강한 사유emotional maturity(≒합리적인 이유)을 가진 리더leader의 철학에 조직 구성원은 공명共鳴 즉, 다른 사람의 사상이나 감정과 행동 등에 공감하여 자기 자신도 그와 같이 따르려 한다는 것이다. 이용후생利用厚生의 경영인식에 대한 건강한 사상적 뼈대가 있어야 한다.

조직역량 – **사업수행능력, 핵심역량, 시장성, 수익성, 위험과 기회**

환경인식mega trend – **투명사회**transparent, **위기와 기회의 공존**paradox, **개인능력중시**meritocracy, **사고의 이원화**dualism

경영인식 – 기본에 충실한 경영 : 품질

만남의 경영 : 조우遭遇(만날 조遭, 만날 우遇 : connection), 안安(편안할 안安calmness), 낙樂(즐길 낙樂contentment)

나눔의 경영 : 호혜경영-약팽소선若烹小鮮

문화culture – 믿음believe, 열정self-esteem, 건강한 사유emotional maturity, 주인의식membership을 가질 수 있는 조직문화를 만든다. 건강한 작업의식calling을 가진 응집력을 구사하는 조직의 유지다. 능력mastery, 관계역량interpersonal skills, 꿈의 성취meaning을 추구하는 자, 적자식자積者食者의 목소리에 서로 공명하는 조직문화를 만들어야 한다.

전략strategies – 지화자조타知化自照他의 전략이 필요하다. 지식知, 화장化, 특장점自, 선택照, 차별화他 전략의 구사가 필요하다.

전술tactics - 계획, 조직, 평가 등의 도식화schema를 통해 기억지식을 경험지식으로 바꾸어 효율적 조직운용을 도모한다. 이를 위해 명확한 조직목표 아래 합리적 실행방법to do의 제시로 표준화를 도모한다.

리더십leadership - 리더십의 발휘는 자신을 다스리는 것, 수기치인修己治人에서 출발하여 관계갈등의 순기능화를 이루는 것이다.

글로벌 리더십 – 머리 : 전문지식

손 : 컴퓨터

입 : 외국어

가슴 : 배려와 열정

눈 : 멀리 내다보는 비전과 꿈

다리 : 실천력

조선시대 성공대상成功大商들에서 나타나는 성공 리더십의 공통점은 외길, 열정, 나눔으로 정리된다(조선거상).

조직품격big quality - **자신을 조직의 연결고리**chain manager**로 인식할 줄 아는 구성원을 창출한다. 꿈**envision**과 능력**enable, **열정**energize**과 힘**empower**을 가진 구성원 즉, 분급자**imparter**가 존재하는 홀리스틱 패러다임**holistic paradigm**에 맞은 조직을 만든다.**

분급자imparter-internal customer :

① **참여의식**chain manager

② **일의 우선순위 판단능력**ABC control

③ **합목적 추구**rational objective pursue

④ **창조적 자원**increase creative resource

⑤ **지속적 차별화 추구**differentiation

⑥ **지혜로운 수동성 · 역동적 작전준비 완료**potentiality

⑦ **동력자**coordinator

⑧ **관계성 중시**system-cracy recognition

⑨ **그리고 보상에 대한 장기적 인내**long term endurance of reward**를 할 줄 아는 내부고객이다.**

원리原理와 과학성science이 강조되는 서구의 사고와 <정情>과 기예성art이 강조되는 동양적 사고를 포괄하는 패러다임이 지혜경영사회에 적합한 홀리스틱 패러다임holistic paradigm에 부합하는 사고다. 분급자imparter는 좌 뇌와 우 뇌가 균형 발달되어 <이理>와 <정情>이 균형 잡힌 사고를 할 줄 아는 인재를 말한다. 이러한 사람이 모인 조직이 지혜경영사회에서 적합한 holistic paradigm에 맞은 실천적 조직이 된다. 성공은 지식 속에 있는 것이 아니라 만남의 행동 속에 있다. 좌 뇌와 우 뇌의 만남, 고객과의 만남, 종업원과의 만남, 그리고 공급자와 건강한 만남이 성공경영의 요체다.

본서를 통하여 성산위덕成山爲德 월정지심月井之心 즉, 이름은 덕으로 하며 달을 조용히 포용하는 우물의 마음을 갖게 되길 바라면서, 끝까지 필독해 주신 분께 감사드린다. 분식粉飾되지 않은 진솔한 이야기만을 남기기 위해 노력하였다.

참고문헌

Ames, Roger. T., Sun－tzu : The art of warfare, Ballantine Books, 1993
강종열 외 공역, 생산운영관리, 맥그로힐에듀케이션, 2019
곽노선 외 공역, 버냉키－프랭크 경제학, 박영사, 2016
권구혁 외 공역, 경영학의 이해, 생능출판사, 2016
김경환 외 공역, 맨큐의 경제학, CENGAGE, 2018
김대식 외 공저, 현대경제학원론, 박영사, 2018
김득순 저, 이야기 속의 철학, 새날, 1993
김병도 저, 경영학 두뇌, 해냄, 2016
김용옥 저, 노자와 21세기, 통나무, 2000
김은홍 외 공저, 사용자 중심의 경영정보시스템, 다산출판사, 1999
김정우 역, 파라독스 이솝 우화, 정신세계사, 1991
남상완 저, 경영학적 사고의 원리, 피엔씨미디어, 2022
남상완 저, 창업이야기, 박영사, 2022
오은숙 역, 그리스 로마 인간경영학, 생각의 나무, 2002
오진탁 역, 티베트의 지혜, 믿음사, 1999
윤남수 저, 경영학의 이론과 실제, 한올출판사, 2017
이건희 외 공저, 21세게를 위한 경영학의 이해, 학문사, 2005
이두희 저, 통합적 인터넷 마케팅, 박영사, 2013
이병락 역, 경제학원론, 박영사, 2012
이창희 역, 피자의 열역학, 고려원미디어, 1992
정갑영 저, 열보다 더 큰 아홉, 매일경제신문사, 2002
조동성 역, 마이클 포터의 경쟁우위, 21세기북스, 2010
조동성 저, 조동성 전략경영, 서울경제경영, 2013

최광 외 공역, 경제학이해, 생능출판사, 2013
최만기 외 공저, 윤리경영, 탑북스, 2020
홍동선 역, 마음과 물질의 대화, 고려원미디어, 1993

찾아보기

[ㄴ]

[ㅇ]

[ㅈ]

[ㅍ]

[ㅎ]

[저자 약력]

남 상완 교수(Doctor of Philosophy)

영남대학교 경영학부에서 경영정보시스템(MIS)을 세부전공으로 하여 학문연구를 시작하였다. MIS와 Database를 기초학문으로 Data Warehousing, Data mining, On-line analytical processing(OLAP), 그리고 Business Intelligence 등 통계학과 데이터 분석 관련 연구에 전념하여 「A study on the data warehousing characteristic factors affecting end-users' satisfaction」로 박사학위를 받았다.

현재 동서대학교에서 경영정보시스템, 생산관리, 경영과학, 통계학 등 수업하면서 집필활동과 청년 창업연구에 많은 관심을 두고 있다.
기업에서 경영기술연구소장과 경영자문위원 등 현장 실무경험도 했다.

저서로는
2014년도 「병원정보시스템 분야 도서(도서출판 고려의학)」 1판을 시작으로 2017년도에는 개정판을 출간하였다.
2020년 가을에는 전공 학생들을 위한 「생산운영관리론(으뜸출판사, 2020)」을 출간하였다.
2022년 1월 「창업이야기(박영사, 2022)」, 이어서 2022년 12월 「경영학적 사고의 원리(피앤씨미디어, 2022)」을 출간했으며,
현재 ＜재미있는 경영이야기＞ 집필 중에 있다.

재미있는 경영이야기

초판 발행 2023년 8월 31일

지은이 남상완
펴낸이 박노일

총괄기획 최준규
편 집 이상민

펴낸곳 pnc publishing and culture 피앤씨미디어
경기도 고양시 일산동구 강송로 153 310-1501
등록 제396-2012-000203호
전 화 070)7550-3758 팩 스 02)718-8554
홈페이지 www.pncmedia.co.kr 이메일 pnc@pncmedia.co.kr
ISBN 979-11-5730-898-9 93320

정 가 18,000원